全国一级建造师执业资格考试一次通关

建设工程经济
一次通关

品思文化专家委员会　组织编写

梅世强　主　编

中国建筑工业出版社

图书在版编目（CIP）数据

建设工程经济一次通关 / 品思文化专家委员会组织
编写；梅世强主编. -- 北京：中国建筑工业出版社，
2025. 6. --（全国一级建造师执业资格考试一次通关）.
ISBN 978-7-112-31317-4

Ⅰ. F407.9

中国国家版本馆 CIP 数据核字第 2025LW7848 号

责任编辑：李　璇
责任校对：芦欣甜

全国一级建造师执业资格考试一次通关

建设工程经济一次通关

品思文化专家委员会　组织编写

梅世强　主　编

＊

中国建筑工业出版社出版、发行（北京海淀三里河路 9 号）

各地新华书店、建筑书店经销

北京建筑工业印刷有限公司制版

建工社（河北）印刷有限公司印刷

＊

开本：787 毫米×1092 毫米　1/16　印张：$19\frac{1}{2}$　字数：489 千字

2025 年 6 月第一版　　2025 年 6 月第一次印刷

定价：**70.00** 元（含增值服务）

ISBN 978-7-112-31317-4

（45219）

品思文化专家委员会

（按姓氏笔画排序）

丰朴春　　王树京　　龙炎飞　　许名标

李　想　　张　铭　　张少华　　陈　印

陈　明　　赵长歌　　胡宗强　　侯杏莉

秦臻伟　　梅世强　　董美英　　游　霄

前　言

自 2004 年全国首次举行一级建造师考试以来，已经举行了 20 次考试。20 年来，考试题目难度逐渐加大、灵活性越来越强、与工程实践的结合越来越紧密，考试的通过率始终不高。为了更好地帮助广大考生复习应考，提高考试通过率，我们专门组织国内顶级名师，依据 2024 年版考试大纲和 2025 年版考试用书的要求，对各门课程的历年考情、核心考点、考题设计等进行了全面的梳理和剖析，精心编写了"全国一级建造师执业资格考试一次通关"辅导丛书，丛书共分六册，分别为《建设工程经济一次通关》《建设工程项目管理一次通关》《建设工程法规及相关知识一次通关》《建筑工程管理与实务一次通关》《机电工程管理与实务一次通关》《市政公用工程管理与实务一次通关》。

其中《建设工程经济一次通关》主要包括以下内容：

1. "导学篇"——汇总考点及分值分布、命题涉及的核心考点、各个考点的复习难度、命题规律及复习技巧，为考生提供清晰的复习思路，突出重点、把握规律，帮助制订系统全面的复习计划。

2. "核心考点升华篇"——①"核心考点分析"：按照章节顺序，提炼每章核心考点提纲，针对各个核心考点，结合真题或模拟题，总结各种典型考法，深入剖析核心考点，使考生全面了解考试命题意图、明晰解题思路；②"强化练习"：针对核心考点，精心编辑接近实战的习题，通过强化练习，让考生对每个核心考点做到心中有底。

3. 模拟预测试卷（数字资源）——以最新考试大纲要求和最新命题信息为导向，参考历年试题核心考点分布情况，以配套数字资源的形式，精编两套模拟预测试卷，并对难点进行解析。两套试题覆盖全部核心考点，力求预测 2025 年命题新趋势，帮助广大考生准确把握考试命题规律。

本丛书具有以下三大特点：

1. "全"——依据 2024 年版考试大纲和 2025 年版考试用书，对 2025 年核心考点进行了全面归纳和剖析，点睛考点，总结考法，指明思路；每个核心考点都配套了近年典型真题和模拟题，帮助考生消化考点内容，加深对知识点的理解，拓宽解题思路，提高答题技巧；结合核心考点，精心编写模拟预测试卷并对难点进行解析，帮助考生进一步巩固知识点。

2. "新"——严格依据最新考试用书和考试大纲，充分体现 2025 年考试趋势；体例新颖，每一核心考点均总结各种考法，并对其进行精准剖析，理清解题思路，提炼答题技巧，每节附模拟强化练习并逐一解析，使考生举一反三，尽快适应 2025 年的考试要求。

3. "简"——核心知识点罗列清晰，在涵盖所有考点的前提下，简化考试用书内容，使考生一目了然，帮助考生在短时间内将考试用书由厚变薄，节省时间，掌握考点。

本系列丛书在编写过程中得到了诸多专家学者的指点，在此一并表示感谢！由于时间仓促，虽经反复推敲和校阅，书中难免有疏漏和不当之处，敬请广大考生批评指正。

愿我们的努力能够帮助大家顺利通过考试！

目　录

导　学　篇

一、核心考点及出题频率 ………………………………………………… 2
二、命题规律及复习方法 ………………………………………………… 5

核心考点升华篇

第1篇　工程经济 ………………………………………………… 10
　　第1章　资金时间价值计算及应用 ………………………………… 10
　　　　1.1　利息的计算 ……………………………………………… 10
　　　　1.2　名义利率与有效利率计算 ……………………………… 12
　　　　1.3　资金等值计算及应用 …………………………………… 14
　　第2章　经济效果评价 …………………………………………… 20
　　　　2.1　经济效果评价内容 ……………………………………… 20
　　　　2.2　经济效果评价指标体系 ………………………………… 22
　　　　2.3　多方案比选 ……………………………………………… 29
　　第3章　不确定性分析 …………………………………………… 32
　　　　3.1　盈亏平衡分析 …………………………………………… 32
　　　　3.2　敏感性分析 ……………………………………………… 35
　　第4章　设备更新分析 …………………………………………… 39
　　　　4.1　设备磨损与补偿 ………………………………………… 39
　　　　4.2　设备经济寿命确定 ……………………………………… 42
　　　　4.3　设备更新方案经济分析 ………………………………… 44
　　　　4.4　设备租赁方案经济分析 ………………………………… 47
　　第5章　价值工程 ………………………………………………… 50
　　　　5.1　价值工程原理 …………………………………………… 50
　　　　5.2　价值工程实施步骤 ……………………………………… 52
　　本篇模拟强化练习 ………………………………………………… 57

第 2 篇　工程财务 ·· 76

　　第 6 章　财务会计基础 ·· 76

　　　　6.1　会计要素组成及计量 ·· 76

　　　　6.2　财务会计工作基本内容 ······································ 80

　　　　6.3　会计假设与会计基础 ·· 81

　　　　6.4　会计核算过程与会计等式 ···································· 82

　　　　6.5　会计监督 ·· 84

　　第 7 章　费用与成本 ·· 86

　　　　7.1　费用与成本的关系 ·· 86

　　　　7.2　施工企业费用确认及计量 ···································· 88

　　　　7.3　工程成本核算 ·· 91

　　　　7.4　施工企业期间费用核算 ······································ 93

　　第 8 章　收入 ·· 94

　　　　8.1　收入的分类、确认及计量 ···································· 94

　　　　8.2　建造合同收入 ·· 97

　　第 9 章　利润与所得税费用 ·· 102

　　　　9.1　利润 ·· 102

　　　　9.2　所得税费用 ·· 105

　　第 10 章　财务分析 ·· 107

　　　　10.1　财务报告构成及列报的基本要求 ···························· 107

　　　　10.2　财务分析方法 ··· 111

　　第 11 章　筹资管理 ·· 117

　　　　11.1　筹资主体 ··· 117

　　　　11.2　筹资方式 ··· 120

　　　　11.3　资金成本分析 ··· 122

　　　　11.4　资本结构分析 ··· 124

　　第 12 章　营运资金管理 ·· 126

　　　　12.1　现金管理 ··· 126

　　　　12.2　应收账款管理 ··· 128

　　　　12.3　存货管理 ··· 129

　　　　12.4　短期负债管理 ··· 131

　　本篇模拟强化练习 ·· 134

第 3 篇　工程计价 ·· 151

　　第 13 章　建设项目总投资构成及计算 ································ 151

　　　　13.1　建设项目总投资构成 ······································· 151

　　　　13.2　设备及工器具购置费构成及计算 ···························· 153

　　　　13.3　建筑安装工程费构成及计算 ································· 156

13.4 工程建设其他费构成及计算 ·································· 161

13.5 预备费计算 ·································· 164

13.6 增值税计算 ·································· 165

13.7 建设期利息与流动资金计算 ·································· 165

第 14 章 工程计价依据 167

14.1 工程造价管理标准体系与工程定额体系 ·································· 167

14.2 人工、材料与施工机具台班消耗量确定 ·································· 170

14.3 人工、材料与施工机具台班单价确定 ·································· 176

14.4 预算定额、概算定额与概算指标 ·································· 179

14.5 工程造价指标与指数 ·································· 182

第 15 章 设计概算与施工图预算 183

15.1 设计概算编制 ·································· 183

15.2 施工图预算编制 ·································· 189

15.3 设计概算与施工图预算的审查 ·································· 193

第 16 章 工程量清单计价 ·································· 196

16.1 工程量清单计价原理 ·································· 196

16.2 工程量清单编制 ·································· 203

16.3 最高投标限价编制 ·································· 208

16.4 投标报价编制 ·································· 211

16.5 合同价款约定 ·································· 216

第 17 章 工程计量与支付 217

17.1 工程计量 ·································· 218

17.2 合同价格调整 ·································· 222

17.3 工程变更价款确定 ·································· 231

17.4 工程索赔 ·································· 235

17.5 合同价款期中支付 ·································· 243

17.6 结算与支付 ·································· 248

17.7 合同价款争议的解决 ·································· 253

第 18 章 工程总承包计价 254

18.1 工程总承包计价原理 ·································· 254

18.2 工程总承包最高投标限价与投标报价编制 ·································· 259

18.3 工程总承包合同价款约定 ·································· 261

18.4 工程总承包合同价款调整与索赔 ·································· 264

18.5 工程总承包项目结算与支付 ·································· 267

第 19 章 国际工程投标报价 269

19.1 国际工程投标报价构成及程序 ·································· 269

19.2 国际工程投标报价编制 ·································· 271

19.3 国际工程投标报价技巧 ·· 274

第 20 章 工程计价数字化与智能化 ·· 277

20.1 BIM在工程计价中的应用 ·· 277

20.2 人工智能在工程计价中的应用 ·· 278

20.3 大数据在工程计价中的应用 ·· 278

本篇模拟强化练习 ·· 280

导　学　篇

一、核心考点及出题频率

核心知识		核心考点	出题频率
第1篇 工程经济 （分值预估 18~22分）	第1章 资金时间价值 计算及应用	利息和利率：利率的影响因素	★★
		利息的计算方法：单利计息、复利计息	★★★★
		名义利率与有效利率计算	★★★★★
		资金时间价值的影响因素	★★★★
		资金等值的概念及其判断	★
		现金流量图（表）绘制规则	★★
		资金等值计算	★★★★★
	第2章 经济效果评价	经济效果评价内容	★★★
		经济效果评价指标体系	★★★★
		投资回收期分析	★★★★★
		财务基准收益率的概念及确定	★★★★
		财务净现值分析	★★★★★
		财务内部收益率分析	★★★★★
		多方案比选	★★★★
	第3章 不确定性分析	盈亏平衡分析	★★★★★
		敏感性分析	★★★★★
	第4章 设备更新分析	设备磨损类型与补偿方式	★★★★★
		设备经济寿命的确定	★★★★★
		设备更新方案经济分析	★★★★★
		设备租赁方式	★★★
		设备租赁优缺点	★★★
		设备租赁费用	★★★★
	第5章 价值工程	价值工程概念及其特点	★★★★
		提高价值的途径	★★★
		价值工程对象的选择	★★★
		功能分类	★★
		功能评价：价值系数的计算及结果分析	★★★★
		价值工程创新阶段	★
第2篇 工程财务 （分值预估 20~26分）	第6章 财务会计基础	会计要素的组成	★★★★★
		会计要素计量属性	★★★★
		财务会计工作基本内容	★★
		会计假设	★★★

核心知识		核心考点	出题频率
第2篇 工程财务 （分值预估 20～26分）	第6章 财务会计基础	会计基础	★★★
		会计核算过程与会计等式	★★★
		内部会计控制	★
		会计监督	★★
	第7章 费用与成本	费用与成本的关系	★★★★★
		费用计量	★★★★
		工程成本核算	★★★★★
		施工企业期间费用核算	★★★★★
	第8章 收入	收入的概念及特点	★★★
		收入的分类	★★★★★
		收入的确认和计量	★
		建造合同的特征和类型	★★
		建造合同的分立与合并	★
		建造合同收入的内容	★★
		建造合同收入的确认	★★★★★
	第9章 利润与所得税费用	利润的计算	★★★★★
		税后利润的分配	★★
		所得税费用	★★★★
	第10章 财务分析	财务报告	★★★★★
		财务报告列报的基本要求	★★
		财务分析方法的分类	★
		财务比率分析	★★★★★
	第11章 筹资管理	企业筹资	★★★★
		项目融资	★★★★
		短期筹资的特点和方式	★★
		长期筹资的方式和特点	★★
		资金成本的概念及计算	★★★★★
		资本结构分析	★★★
	第12章 营运资金管理	现金管理	★★★★★
		应收账款管理	★★
		存货管理	★★★★★
		短期负债管理	★★★★★

核心知识		核心考点	出题频率
第3篇 工程计价 （分值预估 55~65分）	第13章 建设项目总投资 构成及计算	建设项目总投资构成	★★★★★
		设备及工器具购置费构成及计算	★★★★★
		建筑安装工程费构成及计算	★★★★★
		工程建设其他费构成及计算	★★★★★
		预备费计算	★★★
		建设期利息与流动资金计算	★★★★
	第14章 工程计价依据	工程造价管理标准体系	★
		工程计价定额体系	★★★★
		人工、材料与施工机具台班消耗量确定	★★★★★
		人工、材料与施工机具台班单价确定	★★★★★
		预算定额、概算定额与概算指标	★★
		工程造价指标与指数	★
	第15章 设计概算与施工图 预算	设计概算定义、作用、编制依据及程序	★★
		设计概算编制方法	★★★★★
		施工图预算定义及作用	★★
		施工图预算编制方法	★★★★★
		设计概算与施工图预算的审查	★★★★
	第16章 工程量清单计价	工程量清单计价原理	★★★★★
		工程量清单编制	★★★★★
		最高投标限价编制	★★★★★
		投标报价编制	★★★★★
		合同价款约定	★
	第17章 工程计量与支付	工程计量	★★★★★
		合同价格调整——工程量清单缺陷	★★★★★
		合同价格调整——暂列金额	★★★
		合同价格调整——暂估价	★★★★
		合同价格调整——总承包服务费	★★★★
		合同价格调整——计日工	★★★★
		合同价格调整——物价变化	★★★★
		工程变更	★★★★★
		新增工程	★★
		工程变更价款调整方法的应用	★★
		因法律法规与政策变化事件导致的工程索赔	★★★★

核心知识		核心考点	出题频率
第3篇 工程计价 （分值预估 55～65分）	第17章 工程计量与支付	因不可抗力事件导致的工程索赔	★★★★★
		因非承包人原因发生暂停施工事件导致的工程索赔	★★★
		因提前竣工（赶工）事件导致的工程索赔	★★★★
		因工期延误导致的工程索赔	★★★
		承包人索赔及发包人索赔	★★
		索赔费用的组成与计算	★★★★★
		现场签证	★
		合同价款期中支付	★★★★★
		结算与支付	★★★★★
		合同价款争议的解决	★
	第18章 工程总承包计价	工程总承包模式的类型与适用情形	★★★★
		工程总承包计价方式	★★★★
		工程总承包费用项目构成	★★★★★
		工程总承包最高投标限价与投标报价编制	★★
		工程总承包合同价款约定	★★★★
		工程变更及合同价款调整	★★
		索赔	★★★
		工程总承包项目结算与支付	★★
	第19章 国际工程投标报价	国际工程投标报价构成及程序	★★★★
		国际工程投标报价编制	★★★★★
		国际工程投标报价技巧	★★★★
	第20章 工程计价数字化 与智能化	BIM在工程计价中的应用	★★
		人工智能在工程计价中的应用	★★
		大数据在工程计价中的应用	★★

二、命题规律及复习方法

（一）命题规律

1. 紧扣考纲

每年的全国一级建造师执业资格考试大纲是确定考试内容的唯一依据，而考试教材是对考试大纲的具体细化。

2. 挖掘陷阱

主要表现为三个方面：（1）在题干中设置隐含陷阱，教材中以肯定形式表达的内容，命题者以否定形式提问；教材中从正面角度阐述的内容，命题者从反面角度提问；（2）命题者喜欢将教材中某些知识点的关键字拉出来设置其他干扰项；（3）题干和选项同时设置陷阱，命题者会同时选择两个以上的知识点来迷惑考生。

3. 体现关联

某些多项选择题可能涉及两个以上知识点，回答问题时要依据教材所阐述的概念、方法、公式，注重不同知识点之间的关联性，多方面多角度考虑、慎重选择。

4. 注重实务

全国一级建造师执业资格考试的目的是考查考生运用基本理论知识和基本技能综合分析解决问题的能力。回答问题时，要善于利用相关理论方法，同时结合工程实际，来分析和解答试题。

（二）题型分析

1. 概念型选择题

此类选择题主要依据基本概念来出题，对基本概念的特点、原因、分类、原则、内容、作用、结果等进行选择，经常出现的主要标志性措辞有"性质是""内容是""特点是""标志是""准确地理解是"等。在各备选项的表述上，命题者一般会采用混淆、偷梁换柱、以偏概全、以末代本、因果倒置等手法。

2. 否定型选择题

也称为逆向选择题，此题型题干部分采用否定式的提示或限制，如"无""不是""没有""不包括""无关的""不正确""错误的""不属于"等提示语。

3. 因果型选择题

此类选择题即考查原因和结果的选择题，其基本结构一般有两种形式：一种是题干列出了原因，各备选项列出结果，在试题中常出现的标志性词语有"影响""结果"等；另一种是题干列出了结果，而各备选项列出了原因，在试题中常出现的标志性词语有"原因是""目的是""是为了"等。

4. 计算型选择题

对于计算型的选择题，一般计算量不会很大，需要我们熟记一些计算公式，如果考生对解决该有问题的计算方法很明白，就可轻而易举地作答，而且备选项还可以起到验算的作用。

5. 程度型选择题

此类选择题的题干多有"最主要""最重要""主要""根本"等表示程度的副词或形容词，每个备选项都可能符合题意，但只有一项最符合题意，其余选项因不够全面或处于次要地位而不能成为最佳选项。

6. 比较型选择题

比较型选择题是把具有可比性的内容放在一起，让考生通过分析、比较，归纳出其相同点或不同点。此类题在题干中一般会出现"相同点""不同点""共同""相似"等标志性词语，有些题也有反映程度性的词语，如"最大的不同点""最根本的不同""本质上的相似之处"等，主要考查考生的分析、归纳和比较能力。

7. 组合型选择题

此类选择题是将同类选项按一定关系进行组合，并冠之以数字序号，然后分解组成各选项作为备选项。解答组合型选择题的关键是要有准确牢固的基础知识，同时由于此题型的逻辑性较强，所以考生还应具备一定的分析能力。

（三）复习方法

1. 依纲靠本

我们首先要根据考试大纲的要求，确保有充足的时间理解教材中的知识点，尤其是核心知识点；然后，我们要明白，考试时所有的试题和标准答案均来自考试指定教材，答题时必须严格按考试指定教材的内容、观点和要求去回答每个问题。

2. 提前准备

根据经验，教材至少要通读三遍。第一遍要仔细地看，不放过任何一个要点、难点、关键词；第二遍要快速地看，主要针对核心考点和第一遍中不理解的内容；第三遍要飞快地看，主要是看第二遍没有看懂或者没有彻底掌握的核心考点。复习前，要制定一个切实可行的学习计划，杜绝先松后紧、突击复习造成精神紧张甚至失眠。很多考生临考前总会抱怨"再给我一周时间，肯定能够过关"，与其考后后悔，不如笨鸟先飞，提前准备。

3. 紧抓核心

复习时，要特别注意知识点之间的内在联系，有些知识点可能跨越好几页，而这些知识点往往是多项选择题的出题点，要留意层级关系，深刻把握，举一反三，以不变应万变。复习中，必须把握重点，避免平均分配。本书提供的核心考点几乎囊括了该课程所有出题点，建议考生严格按照本书顺序和逻辑，好好复习，大幅提高效率。

4. 学会总结

我们要做到一边看书，一边作总结性标记，罗列要点、难点，将书由厚变薄。要注意准确把握文字背后的复杂含义，要注意不同章节之间的内在联系。本书是作者多年教学辅导经验的结晶，总结了该课程所有的核心考点，同时非常注意章节之间的联系，可以带领大家快速掌握教材内容。

5. 精选资料

复习资料不宜过多，多了浪费时间，难以取舍、增加压力。备考过程中，适当做一些真题和模拟题，但千万不要舍本逐末，以题代学，杜绝题海战术。本书针对每个核心考点，都详细讲解了命题思路、考试方法，配套了例题、历年真题和强化模拟题，相信此书能让大家达到事半功倍的效果。

（四）答题技巧

1. 控制情绪

考试前一定要休息好，考试过程中，要学会控制自己的情绪，不要急躁，如果心里紧张，深呼吸几口气，做到心平气和，面对不会的题，善于跳跃，千万不要被命题者一开始就来个下马威，更加要杜绝心里想的是答案 A 却涂成答案 C 的情况。

2. 稳步推进

单项选择题难度较小，答题要稍快，同时注意准确率；多项选择题可以稍慢一点，但要求稳。一定要耐着性子把题目中每个字读完，提高准确率，杜绝心急。根据考试时间的分配，单项选择题按照每题 1 分钟、多项选择题按照每题 1.5 分钟的速度稳步推进，效果良好。

3. 讲究方法

针对上述 7 类题型，可以采用不同的答题方法。概念性选择题采用逻辑推理法，解题的关键是要注意一些隐性的限制词，结合相关的理论知识来判断选项是否符合题意。否定性选择题可以采用排除法、推理法、直选法等方式进行。因果性选择题要正确理解有关概念的含义，注意相互之间的内在联系，全面分析和把握影响的各种因素，准确把握题干与各备选项之间的逻辑关系，弄清二者之间谁因谁果。计算性选择题可以采用估算法、代入法、比例法、极端法来作答。程度性选择题主要运用优选法，逐个比较、分析备选项，找出最佳答案。比较性选择题一般都是对教材内容的重新整合，要善于运用理论进行分析判断，采用排除法，从同中找异，从异中求同。组合性选择题可以采用肯定筛选法和否定筛选法，肯定筛选法是先根据试题要求分析各个选项，确定一个正确的选项，排除不包含此选项的组合，然后一一筛选，最后得出正确答案。否定筛选法即确定一个或两个不符合题意的选项，排除包含这些选项的组合，得出正确答案。

4. 回头检查

按照上述时间稳步推进，至少可以预留 15～20 分钟的回头检查时间。考试过程中，把不太肯定或不会做的题目在题号位置标记一个符号，回头主要对这些题进行检查，做到心中有数、有的放矢。

核心考点升华篇

第1篇 工程经济

第1章 资金时间价值计算及应用

本章核心考点提纲

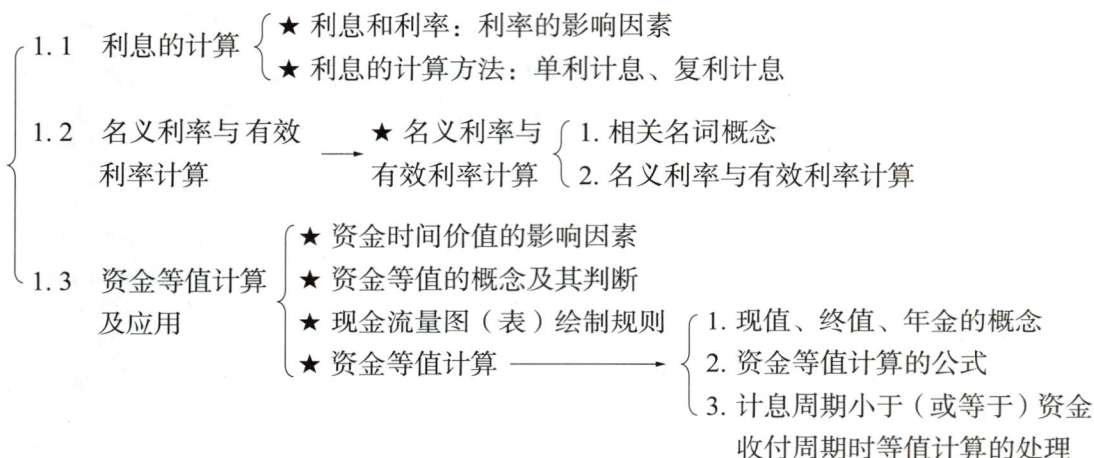

1.1 利息的计算
- ★ 利息和利率：利率的影响因素
- ★ 利息的计算方法：单利计息、复利计息

1.2 名义利率与有效利率计算 → ★ 名义利率与有效利率计算
- 1. 相关名词概念
- 2. 名义利率与有效利率计算

1.3 资金等值计算及应用
- ★ 资金时间价值的影响因素
- ★ 资金等值的概念及其判断
- ★ 现金流量图（表）绘制规则
- ★ 资金等值计算 →
  - 1. 现值、终值、年金的概念
  - 2. 资金等值计算的公式
  - 3. 计息周期小于（或等于）资金收付周期时等值计算的处理

本章核心考点分析

1.1 利息的计算

核心考点一 利息和利率：利率的影响因素

利息是资金收益或代价的绝对数，利率是资金收益或代价的相对数，表示资金的增值程度。

利率的影响因素：

（1）社会平均利润率的高低：利率与社会平均利润率同向波动，社会平均利润率是利率的最高界限。社会平均利润率是决定利率水平的首要因素。

（2）市场资金供求对比状况：在社会平均利润率不变的情况下，市场上资金供过于求，利率下降；求过于供，利率上升。

（3）借出资金的用途和使用方式：借出资金的用途和使用方式不同，资金回收的风险不同，风险越大，要求利率越高。

（4）债务资金使用期限长短：期限越长，不可预见因素越多，风险越大，利率就高；

反之利率就低。

（5）政府宏观调控政策：政府通过信贷政策调控宏观经济，影响市场利率波动。

（6）经济周期所处阶段：在经济周期的扩张期利率上升，而在经济衰退期利率下降。

◆**考法：利率高低的决定因素**

【例题·多选题】关于影响利率高低因素的说法，正确的有（　　　）。

    A. 通常借贷资本供过于求时，利率会呈上涨趋势

    B. 社会平均利润率的高低直接影响利率的高低

    C. 在经济周期的扩张期利率上升

    D. 通常借贷资本的期限越长其利率越低

    E. 借出资本的风险越高其利率可能越高

【答案】B、C、E

【解析】本题的考核点是利率的影响因素。

核心考点二　利息的计算方法：单利计息、复利计息

（1）单利计息：某计息周期利息＝本金×利率。

（2）复利计息：某计息周期利息＝（本金＋以前各期应付未付的利息）×利率。

（3）单利和复利计息比较——不同计息方式的利息差异。

同一笔资金，在利率和计息周期均相同的情况下，用复利计算出的利息金额与用单利计算出的利息金额相比的特点有：（1）除第1个计息周期外，同一计息周期中，用复利计算出的利息金额比用单利计算出的利息金额多，因此，计息周期数超过1时，就应当考虑单利计息和复利计息的差别；（2）本金越大，利率越高，计息周期数越多，用复利计算出的利息金额与用单利计算出的利息金额差距越大。

◆**考法1：利息计算　单利计算**

【例题1·单选题】某企业以单利计息的方式年初借款1000万元，年利率6%，每年末支付利息，第5年末偿还全部本金，则第3年末应支付的利息为（　　　）万元。

    A. 300.00　　　　　　　　　　B. 180.00

    C. 71.46　　　　　　　　　　　D. 60.00

【答案】D

【解析】本题的考核点是利息计算的单利计算方法的应用。

第3年末应支付的利息＝本金×利率＝1000×6%＝60万元

【例题2·单选题】某施工企业年初从银行借款200万元，按季度计息并支付利息，季度利率为1.5%，则该企业一年支付的利息总计为（　　　）万元。

    A. 12.27　　　　　　　　　　　B. 12.00

    C. 6.05　　　　　　　　　　　　D. 6.00

【答案】B

【解析】本题的考核点的是单利计息的计算应用。

该笔借款按季度计息并支付利息，计息周期和资金收付周期均为季度，为单利计息。

一年利息总和＝200×1.5%×4＝12.00万元。

◆**考法2：利息计算 单利与复利的综合分析**

【**例题3·2024年真题·单选题**】某企业拟从金融机构借入一笔期限5年的资金，四种计息方案如下表，在其他条件相同的情况下，仅从资金使用成本考虑，最佳的方案是（ ）。

方案	贷款利率	计息方式
方案一	年利率5%	按年单利计息，当期支付利息
方案二	年利率5%	按年复利计息，到期还本付息
方案三	月利率0.4%	按年单利计息，当期支付利息
方案四	月利率0.4%	按年复利计息，到期还本付息

　　A. 方案一 　　　　　　　　　B. 方案二
　　C. 方案三 　　　　　　　　　D. 方案四

【**答案**】C

【**解析**】本题的考核点的是终值和现值计算、单利与复利的综合计算分析。

仅从资金使用成本考虑，5年借款利息最低的方案为最佳方案。

方案一：5年借款利息＝本金×5%×5。

方案二：5年借款利息＝本金×$(1+5\%)^5$－本金。

方案三：5年借款利息＝本金×0.4%×12×5。

方案四：5年借款利息＝本金×$(1+0.4\%×12)^5$－本金。

可以看出，单利计算的利息（资金使用成本）更低。单利计息方法中，方案三的年利率4.8%（0.4%×12）小于方案一的年率5%，所以，最佳方案是方案三。

1.2 名义利率与有效利率计算

核心考点 名义利率与有效利率计算

1. 相关名词概念

（1）计息周期：是指某笔资金计算利息的时间间隔。计息周期数m，计息周期利率i。

（2）资金收付周期：是指某方案发生现金流量的时间间隔，资金收付周期数n。

（3）名义利率r：通常是指单利计息情况下的年利率。

（4）有效利率i：也称为实际利率，通常是指复利计息情况下的利率，包括计息周期有效利率和年（资金收付周期）有效利率。

（5）当计息周期等于一年时，名义利率与年有效利率是一致的；当计息周期小于一年时，名义利率小于年有效利率；每年计息周期越多，则年有效利率与名义利率差别越大。

2. 名义利率和有效利率计算

（1）名义利率的计算

已知：计息周期m，计息周期利率i，计算确定名义利率r，$r＝m×i$。

（2）计息周期（有效）利率的计算

已知：名义利率r，计息周期m，计算确定计息周期利率i，$i＝r/m$。

（3）年（资金收付周期）有效利率的计算

已知名义利率 r，计息周期 m，资金收付周期 n，计算资金收付周期（年）有效利率 i。

$i = \left(1 + \dfrac{r}{m}\right)^m - 1$ 或 $i = (1 + i)^m - 1$。

◆ **考法 1：实际利率（有效利率）的计算**

【例题 1·2024 年真题·单选题】 某企业向金融机构借入一笔资金，年名义利率 5%，按季计息，该笔资金的年有效利率是（   ）。

A. 5%
B. 5.06%
C. 5.09%
D. 5.12%

【答案】 C

【解析】 本题的考核点是资金收付周期有效利率的计算。

（1）计息周期（季度）利率：$i = r / m = 5\% / 4 = 1.25\%$。

（2）年有效利率：$i = (1 + i)^m - 1 = (1 + 1.25\%)^4 - 1 = 5.09\%$。

【例题 2·单选题】 某企业面对金融机构提出的四种存款条件，相关数据如下表，最有利的选择是（   ）。

存款条件	年计息次数	年名义利率
条件一	1	5%
条件二	2	4%
条件三	4	3%
条件四	12	2%

A. 条件一
B. 条件二
C. 条件三
D. 条件四

【答案】 A

【解析】 本题的考核点是名义利率与有效利率的计算及应用。

如果各方案的计息周期不同，就不能简单地使用名义利率来评价，必须换算成有效利率进行评价。本题的存款方案比选的标准是存款年有效利率最高的方案。

存款条件	年计息次数	年名义利率	年有效利率
条件一	1	5%	5%
条件二	2	4%	4.04%
条件三	4	3%	3.03%
条件四	12	2%	2.02%

年有效利率最高的是条件一，故对企业最有利的存款条件是条件一。

◆ **考法 2：有效利率和名义利率相关概念分析**

【例题 3·多选题】 关于年有效利率和名义利率的说法，正确的有（   ）。

A. 当每年计息周期大于 1 时，名义利率大于年有效利率

B. 年有效利率比名义利率更能准确反映资金的时间价值

C. 名义利率一定，计息周期越短，年有效利率与名义利率差异越小

D. 名义利率为 r，一年内计息 m 次，则计息周期利率为 $r \times m$

E. 当每年计息周期数等于 1 时，则年有效利率等于名义利率

【答案】B、E

【解析】本题考查的是名义利率、有效利率的概念及其计算。

1.3 资金等值计算及应用

核心考点一 资金时间价值的影响因素

资金的时间价值来源于资金在生产运营中发挥作用带来的增值，因此，影响企业生产经营效益的因素都会成为资金时间价值的影响因素，其中直接相关的影响因素有：

（1）资金使用的时机。不同时机生产运营获利的可能性及水平高低不同，资金在不同时机使用增值潜力不同，具有不同的时间价值。

（2）资金的使用时长。在单位时间的资金增值率一定的条件下，资金使用时间越长，则资金的时间价值越大；使用时间越短，则资金的时间价值越小。

（3）投入运营的资金数量的多少。在其他条件不变的情况下，投入运营的资金数量越多，资金的时间价值就越多；反之，资金的时间价值则越少。

（4）资金周转的速度。在资金周转效率一定的情况下，资金周转越快，在一定的时间内等量资金的周转次数越多，资金的时间价值越多；反之，资金的时间价值越少。

◆考法：相关因素影响资金时间价值的分析判断

【例题1·多选题】下列关于资金时间价值的说法中，正确的有（　　　）。

A. 在单位时间资金增值率一定的条件下，资金使用时间越长，则时间价值就越大

B. 在其他条件不变的情况下，资金数量越多，则资金时间价值越少

C. 在一定的时间内等量资金的周转次数越多，则资金时间价值越少

D. 资金在不同时机使用增值潜力不同，具有不同的时间价值

E. 资金的时间价值来源于资金在生产经营中发挥作用带来的增值

【答案】A、D、E

【解析】本题的考核点是影响资金时间价值因素的分析。

【例题2·单选题】关于资金时间价值的说法，正确的是（　　　）。

A. 资金本身并不会增值，是资金作为生产要素通过生产经营活动新创造价值实现增值

B. 资金的时间价值与资金数量无关

C. 资金的时间价值与资金周转的速度成反比

D. 利率是衡量资金时间价值的绝对尺度

【答案】A

【解析】本题的考核点是资金时间价值的含义及其影响因素分析。

核心考点二 资金等值的概念及其判断

1. 资金等值的含义

资金有时间价值，金额相同的资金在不同时间点上其价值是不相同的，不同时点上绝对不等的资金在时间价值的作用下却可能具有相等的价值。

2. 资金等值的判断

（1）两笔资金金额相同，在不同时间点，在资金时间价值的作用下，两笔资金不等值。（2）两笔金额不等的资金，在不同时间点，在资金时间价值的作用下，两笔资金是有可能等值的。（3）两笔金额不等的资金，在不同时间点，在资金时间价值的作用下，如果在某个时间点等值，则在其他时间点上它们的价值都是等值的。（4）两笔资金金额相同，在同一时间点上，在资金时间价值的作用下，在任何时间点上他们的价值都是等值的。（5）两笔资金金额不同，在同一时间点上，在资金时间价值的作用下，是不可能等值的。

◆ 考法：资金等值的判断

【例题 1·单选题】现在的 100 元和 5 年以后的 248 元这两笔资金在第 2 年年末价值相等，若利率不变，则这两笔资金在第 3 年末的价值（   ）。

    A. 前者高于后者   B. 前者低于后者

    C. 两者相等   D. 两者不能进行比较

【答案】C

【解析】掌握从不同角度判断资金是否等值的方法。

【例题 2·单选题】考虑资金时间价值，两笔资金不可能等值的情形是（   ）。

    A. 金额相等，发生在不同时点   B. 金额相等，发生在相同时点

    C. 金额不等，发生在不同时点   D. 金额不等，但分别发生在期初和期末

【答案】A

【解析】理解资金等值概念。

核心考点三 现金流量图（表）绘制规则

1. 现金流量三要素

现金流量的三要素为：

（1）现金流量的大小（数额）。

（2）方向（流入和流出）。

（3）作用点（发生的时点）。

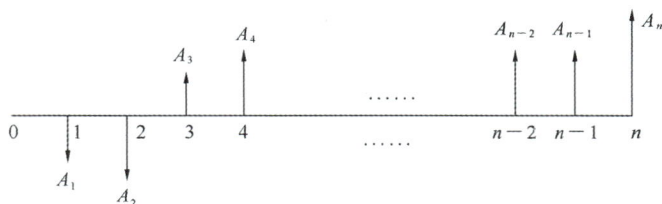

现金流量图

2. 现金流量图作图规则

（1）横轴为时间轴，向右延伸表示时间的延续，时间轴上每一刻度表示一个时间单位，可取年、半年、季或月等。时间轴上的点称为时点，其中 0 表示时间序列的起点；n 表示时间序列的终点。（2）箭线方向表示现金流量的方向，即资金是流入还是流出，时间轴上方的箭线表示现金流入，下方的箭线表示现金流出。（3）箭线与时间轴的交点表示现金流量发生的时点（作用点）。现金流量图中，某一期发生的资金流汇总在期末标注。（4）箭线长短相对表示现金流量的大小。由于分析对象多项资金收付差额可能较大，难以在现金流量图中严格按比例绘制其长度，在现金流量图中，只要箭线长短能相对体现各时点现金流量数值的差异即可。

3. 现金流量表的绘制规则

现金流量表中，时间单位数值表示该时间单位期末，如 1 表示第 1 期末，记在某一时间单位的现金流量视为发生在该期末；分析需要时，可增加 0 期，表示第 1 期初；现金流量表中分列现金流入和现金流出时，直接填写现金流量数据，不分列现金流入和现金流出而统称为现金流量时，现金流出用负数表示。

现金流量表

时间单位	1	2	3	……	$n-1$	n
现金流入						
现金流出						

◆ **考法：现金流量图作图规则**

【例题·多选题】关于现金流量图绘制规则的说法，正确的有（　　　）。

　　A. 横轴为时间轴，向右延伸表示时间的延续

　　B. 垂直箭线代表不同时点的现金流量情况

　　C. 箭线长短应能体现各时点现金流量数值的差异

　　D. 对投资人而言，横轴上方的箭线表示现金流出

　　E. 箭线与时间轴的交点即为现金流量发生的时点

【答案】A、B、C、E

【解析】本题的考核点的是现金流量图的作图方法和规则。

核心考点四　资金等值计算

1. 现值、终值、年金的概念

（1）现值（P）：资金"现在"的价值，即资金在某一特定时间序列起点时的价值。

（2）终值（F）：资金在"未来"时点上的价值，资金在某一特定时间序列终点的价值。

（3）年金（A）：也称为等年值，发生在某一特定时间序列各计息期末（不包括零期）的等额资金序列。

（4）贴现或折现：把将来某一时点的资金金额在一定的利率条件下换算成现在时点的等值金额的过程。

2. 资金等值计算的公式

（1）一次支付现金流量终值计算（已知 P 求 F）：

$$F = P(1+i)^n \qquad\qquad F = P(F/P, i, n)$$

（2）一次支付现金流量现值计算（已知 F 求 P）：

$$P = \frac{F}{(1+i)^n} = F(1+i)^{-n} \qquad\qquad P = F(P/F, i, n)$$

（3）等额支付系列终值计算（已知 A 求 F）：

$$F = A\frac{(1+i)^n - 1}{i} \qquad\qquad F = A(F/A, i, n)$$

（4）偿债基金计算（已知 F 求 A）：

$$A = F\frac{i}{(1+i)^n - i} \qquad\qquad A = F(A/F, i, n)$$

（5）等额支付系列现值计算（已知 A 求 P）：

$$P = A\frac{(1+i)^n - 1}{i(1+i)^n} \qquad\qquad P = A(P/A, i, n)$$

（6）资金回收计算（已知 P 求 A）：

$$A = P\frac{i(1+i)^n}{(1+i)^n - 1} \qquad\qquad A = P(A/P, i, n)$$

3. 计息周期小于（或等于）资金收付周期时等值计算的处理

（1）若资金收付周期与计息周期相同，则应采用单利计息方法计算资金等值。

（2）若计息周期小于资金收付周期，应采用下列方法之一进行等值计算：

① 按收付周期实际利率计算。

② 按计息周期利率 i 的时间单位计算。

◆ **考法 1：资金等值的基本计算**

【例题 1·2024 年真题·单选题】某企业从金融机构借入资金 5000 万元，期限 4 年，年利率 4%，按年复利计息，该企业第 4 年年末还本付息额为（ ）万元。

    A. 5624.32   B. 5800.00

    C. 5849.29   D. 6083.26

【答案】C

【解析】本题的考核点是一次支付终值计算：

$$F = P(1+i)^n = 5000(1+4\%)^4 = 5849.29 \text{ 万元}。$$

【例题 2·单选题】某施工企业每年末存入银行 100 万元，用于 3 年后技术改造。已知银行存款年利率为 5%，按年复利计息，则到第 3 年末可用于技术改造的资金总额为（ ）万元。

    A. 331.01   B. 330.75

    C. 315.25   D. 315.00

【答案】C

【解析】本题的考核点是等额支付系列终值的计算：

$$F = A \frac{(1+i)^n - 1}{i} = 100 \frac{(1+5\%)^3 - 1}{5\%} = 315.25 \text{ 万元}。$$

【例题3·2024年真题·单选题】 某企业希望未来5年每年末等额投入一笔资金，用于偿还第5年年末的借款本息和2000万元，年收益率4%，按年复利计算，该企业每年末应投入的资金是（　　）万元。

    A. 369.254　　　　　　　　　　B. 449.254

    C. 470.980　　　　　　　　　　D. 550.980

【答案】 A

【解析】本题的考核点是偿债基金的计算：

$$A = F \frac{i}{(1+i)^n - 1} = 2000 \times \frac{4\%}{(1+4\%)^5 - 1} = 369.254 \text{ 万元}。$$

◆ **考法2：计息周期小于（或等于）资金收付周期时的等值计算**

【例题4·单选题】 某施工企业年初从银行借款200万元，按季度计息并支付利息，季度利率为1.5%，则该企业一年支付的利息总计为（　　）万元。

    A. 12.27　　　　　　　　　　　B. 12.00

    C. 6.05　　　　　　　　　　　　D. 6.00

【答案】 B

【解析】本题的考核点是计息周期等于资金收付周期时等值计算。

借款按季度计息并支付利息，其计息周期和资金收付周期均为季度，故为单利计息：

一年利息总和 = 200 × 1.5% × 4 = 12.00 万元。

【例题5·单选题】 某企业从金融机构借款100万元，月利率1%，按月复利计息，每季度付息一次，则该企业一年需向金融机构支付利息（　　）万元。

    A. 12.00　　　　　　　　　　　B. 12.12

    C. 12.55　　　　　　　　　　　D. 12.68

【答案】 B

【解析】本题的考核点是计息周期小于资金收付周期时等值计算。

第一步，计算资金收付周期（季度）有效利率：

月利率 $i = 1\%$，则，季度有效利率 $i = (1 + 1\%)^3 - 1 = 3.03\%$。

第二步，计算每季度利息：100 万元 × 3.03% = 3.03 万元。

第三步，计算年利息：3.03 万元 × 4 = 12.12 万元。

【例题6·单选题】 某施工企业向银行借款250万元，期限2年，年利率6%，半年复利计息一次。第二年末还本付息，则到期时企业需支付给银行的利息为（　　）万元。

    A. 30.0　　　　　　　　　　　　B. 30.45

    C. 30.90　　　　　　　　　　　D. 31.38

【答案】 D

【解析】掌握计息周期小于资金收付周期时等值计算。

计息周期半年利率：$i = \dfrac{r}{m} = \dfrac{6\%}{2} = 3\%$，

年有效利率：$i = (1+i)^m - 1 = (1+3\%)^2 - 1 = 6.09\%$，

第二年末本利和：$F = P(1+i)^n = 250(1+6.09\%)^2 = 281.38$ 万元，

到期支付的利息：$281.380 - 250 = 31.38$ 万元。

第2章 经济效果评价

本章核心考点提纲

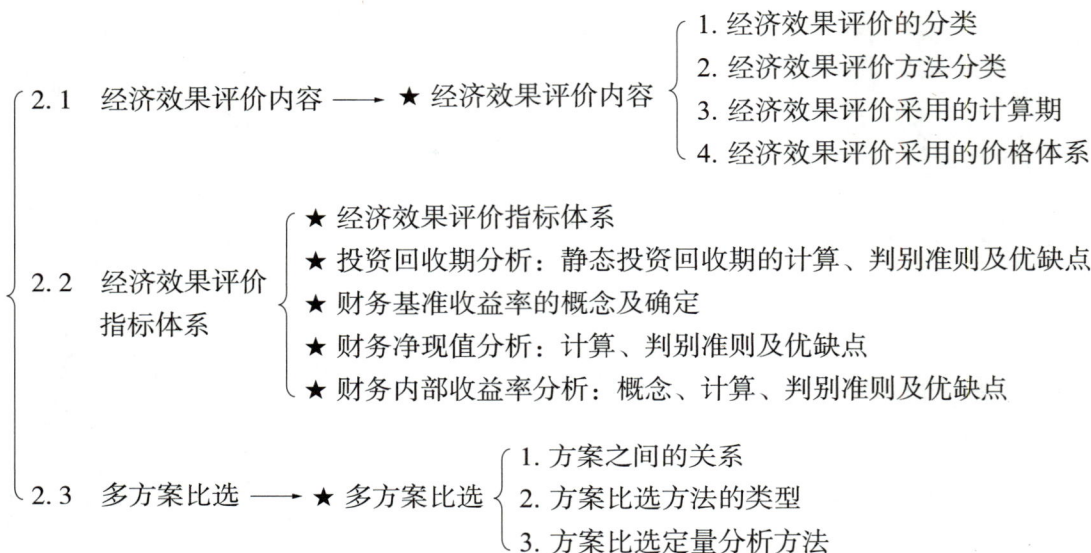

2.1 经济效果评价内容 —— ★ 经济效果评价内容
- 1. 经济效果评价的分类
- 2. 经济效果评价方法分类
- 3. 经济效果评价采用的计算期
- 4. 经济效果评价采用的价格体系

2.2 经济效果评价指标体系
- ★ 经济效果评价指标体系
- ★ 投资回收期分析：静态投资回收期的计算、判别准则及优缺点
- ★ 财务基准收益率的概念及确定
- ★ 财务净现值分析：计算、判别准则及优缺点
- ★ 财务内部收益率分析：概念、计算、判别准则及优缺点

2.3 多方案比选 —— ★ 多方案比选
- 1. 方案之间的关系
- 2. 方案比选方法的类型
- 3. 方案比选定量分析方法

本章核心考点分析

2.1 经济效果评价内容

核心考点　经济效果评价内容

1. 经济效果评价的分类

经济效果评价包括财务评价（也称财务分析）和经济分析两个方面。

（1）财务评价

① 对于经营性的方案，财务分析可通过编制财务分析报表，计算财务指标，分析项目的盈利能力、偿债能力和财务生存能力（财务可持续能力），判断财务可接受性，明确项目对财务主体及投资者的价值贡献，为项目决策提供依据。

② 对于非经营性项目，财务分析应主要分析财务生存能力。

财务评价的内容主要侧重于盈利能力、偿债能力以及财务可持续能力三方面的评价：

① 盈利能力分析

方案盈利能力分析重点是现金流分析，通过相关财务报表，计算方案的财务内部收益率、财务净现值等指标，判断方案盈利能力大小。财务收入是构成方案财务现金流入的主要来源，成本费用是方案财务现金流出的主要构成。

② 偿债能力分析

偿债能力分析主要指标包括利息备付率、偿债备付率和资产负债率等。

③ 财务可持续能力分析

财务可持续能力分析是在方案的财务计划现金流量表基础上，综合考察方案计算期内各年度的投资活动、融资活动和经营活动所产生的各项现金流入和流出，计算净现金流量和累计盈余资金，判断方案是否有足够的净现金流量维持其正常运营，对于在经营期出现经营净现金流量不足的方案，应研究提出现金流接续方案。

（2）经济分析：评价项目在宏观经济上的合理性。

2. 经济效果评价方法分类

（1）按结果的肯定程度，分为确定性评价和不确定性评价。

对同一个方案必须同时进行确定性评价和不确定性分析。

（2）按评价方法的性质，分为定量分析和定性分析。

（3）按是否考虑时间因素，分为静态分析和动态分析。

（4）按是否考虑融资，分为融资前分析和融资后分析。

① 融资前分析应以动态分析为主，静态分析为辅。动态分析以营业收入、建设投资、经营成本和流动资金估算为基础，考察整个计算期内现金流入和现金流出，编制投资现金流量表，计算财务内部收益率和财务净现值等指标。② 融资前分析计算的相关指标，应作为初步投资决策与融资方案研究的依据和基础。融资后分析用于比选融资方案。融资后的盈利能力动态分析主要是进行项目资本金现金流量分析和投资各方现金流量分析。

3. 经济效果评价采用的计算期

（1）方案经济评价采用的计算期包括建设期和运营期。运营期一般分为投产期和达产期两个阶段。

（2）建设期可按合理工期或预计的建设进度确定，运营期一般应以方案主要设备的经济寿命期确定。因此，方案的计算期应根据多种因素综合确定，包括行业特点、主要装置（或设备）的经济寿命等。行业有具体规定时，应从其规定。

4. 经济效果评价采用的价格体系

（1）财务分析应采用以市场价格体系为基础的预测价格。

（2）对建设期的投入物，在实践中一般以涨价预备费（价差预备费）的形式综合计算。

（3）对运营期的投入物和产出物价格，由于运营期比较长，一般仅预测经营期初价格，运营期各年采用同一的不变价格。

◆ 考法：经济效果评价基本内容的概念

【例题1·单选题】对于非经营性技术方案，经济效果评价主要分析拟定方案的（　　）。

A. 盈利能力　　　　　　　　　　B. 偿债能力

C. 财务生存能力　　　　　　　　D. 抗风险能力

【答案】C

【解析】本题考核点是经济效果评价的内容。

【例题 2·单选题】关于方案经济效果评价方法的说法，正确的是（   ）。

    A. 投资回收期和资产负债率分析属于不确定性分析方法

    B. 融资前分析充分考虑了融资方案变化对方案财务净现值的影响

    C. 对同一方案进行确定性评价后，无需再进行不确定性分析

    D. 按评价方法的性质不同，经济效果评价可分为定量分析和定性分析

【答案】D

【解析】本题的考核点是经济效果评价方法分类的相关内容。

【例题 3·单选题】下面关于方案经济效果评价采用的价格体系，正确的是（   ）。

    A. 对建设期的投入物，由于需要预测的年限较短，故只需要考虑其相对价格变化，不需考虑物价总水平变动

    B. 财务分析应采用以市场价格体系为基础的预测价格

    C. 对建设期的投入物价格变化，在实践中一般以基本预备费的形式综合计算

    D. 对运营期的投入物和产出物价格，由于运营期比较长，应预测每年的价格变化

【答案】B

【解析】本题的考核点是经济效果评价价格体系的相关内容。

2.2　经济效果评价指标体系

核心考点一　经济效果评价指标体系

方案的比选工作可以分为两个阶段：第一阶段是方案的绝对效果分析，第二阶段是相对效果分析，即进行多方案比选。绝对效果评价通常选用的评价指标体系如下图。

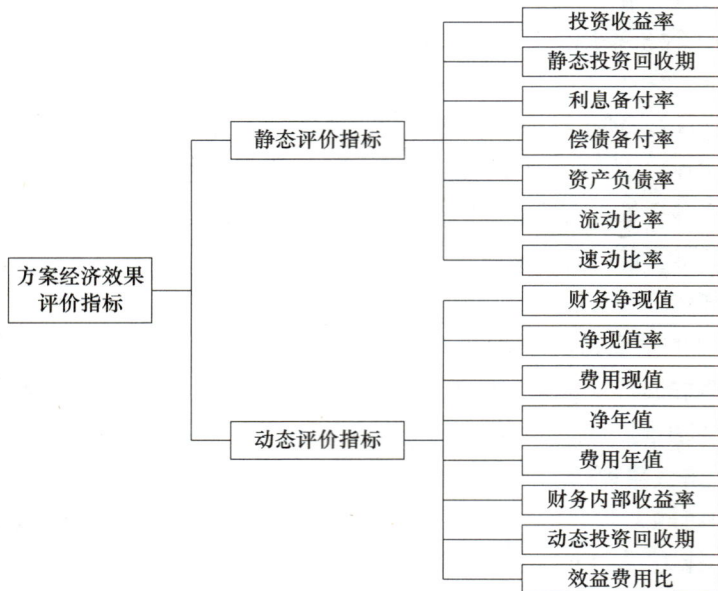

（1）价值型指标：财务净现值、费用现值、净年值和费用年值。

（2）时间型指标：静态和动态投资回收期。

（3）比率型指标：投资收益率、利息备付率、偿债备付率、资产负债率、流动比率、速动比率、净现值率、财务内部收益率、效益费用比。

（4）偿债能力评价指标：利息备付率、偿债备付率、资产负债率、流动比率、速动比率。

（5）盈利能力评价指标：财务净现值、费用现值、净年值、费用年值、财务内部收益率、效益费用比、静态和动态投资回收期。

（6）财务可持续能力评价指标：净现金流量、累计净现金流量。

◆**考法：绝对效果评价指标的组成及分类**

【例题1·2024年真题·多选题】下列方案经济效果评价指标中，属于动态评价指标的有（　　　）。

    A. 费用年值   B. 净现值率

    C. 速动比率   D. 财务内部收益率

    E. 偿债备付率

【答案】A、D、E

【解析】本题的考核点是绝对效果评价指标的分类。

【例题2·多选题】下面关于绝对效果评价指标的说法中，错误的是（　　　）。

    A. 财务可持续能力评价指标包括效益费用比和财务净现值

    B. 内部收益率是价值型指标

    C. 静态和动态投资回收期是时间型指标

    D. 盈利能力评价指标包括静态投资回收期、费用现值、费用年值、净年值等

    E. 净年值和费用年值属于时间型指标

【答案】A、B、E

【解析】本题的考核点是绝对效果评价指标的分类。

核心考点二　投资回收期分析：静态投资回收期的计算、判别准则及优缺点

1. 静态投资回收期的计算

静态投资回收期宜从方案建设开始年算起。

静态投资回收期（P_t）＝（累计净现金流量首次出现正数的年份数－1）＋

$$\frac{累计净现金流量首次出现正数之前一年累计净现金流量的绝对值}{累计净现金流量首次出现正数之年的净现金流量}$$

若某方案只有初始投资 I（发生在第1年初），且计算期内各年的净现金流量 A 保持不变，则投资回收期 P_t 的计算公式可以表示为：

$$P_t = \frac{初始投资额}{年净现金流量}$$

2. 评价准则

（1）若 $P_t \leqslant P_c$，则技术方案可接受；（2）若 $P_t > P_c$，则技术方案不可行。

3. 静态投资回收期的优缺点

（1）优点：容易理解，计算也比较简便，可以反映方案原始投资的补偿速度和方案投

资风险大小。静态投资回收期越短，风险越小，方案抗风险能力强。

（2）适用范围：以下技术方案采用静态投资回收期评价特别有实用意义：① 技术上更新迅速的技术方案；② 资金相当短缺的技术方案；③ 未来的情况很难预测而投资者又特别关心资金补偿的技术方案。

（3）不足：静态投资回收期没有全面地考虑技术方案整个计算期内的现金流量，即只考虑回收之前的效果，不能反映投资回收之后的情况，故无法准确衡量技术方案在整个计算期内的经济效果。所以，它只能作为辅助评价指标，或与其他评价指标结合应用。

◆ 考法1：静态投资回收期计算

【例题1·单选题】某项目估计建设投资为1000万元，全部流动资金为200万元，建设当年即投产并达到设计生产能力，各年净收益均为270万元。则该项目的静态投资回收期为（　　）年。

A. 2.13　　　　　　　　　　B. 3.70
C. 3.93　　　　　　　　　　D. 4.44

【答案】D

【解析】本题的考核点是静态投资回收期的计算。

当技术方案实施后各年的净收益（即净现金流量）均相同时，静态投资回收期的计算：

$$P_t = \frac{I}{A} = \frac{总投资}{年净收益} = \frac{1000 + 200}{270} = 4.44 \text{ 年。}$$

【例题2·单选题】某技术方案的现金流量如下表，设基准收益率（折现率）为8%，则静态投资回收期为（　　）年。

计算期（年）	0	1	2	3	4	5	6	7	8
现金流入（万元）	—	—	—	800	1200	1200	1200	1200	1200
现金流出（万元）	—	600	900	500	700	700	700	700	700
净现金流量（万元）	—	−600	−900	300	500	500	500	500	500
累计净现金流量（万元）	—	−600	−1500	−1200	−700	−200	300	800	1300

A. 2.25　　　　　　　　　　B. 3.58
C. 5.40　　　　　　　　　　D. 6.60

【答案】C

【解析】本题的考核点是静态投资回收期的计算。

计算期（年）	0	1	2	3	4	5	6	7
现金流入（万元）	—	—	—	800	1200	1200	1200	1200
现金流出（万元）	—	600	900	500	700	700	700	700
净现金流量（万元）		−600	−900	300	500	500	500	500
累计净现金流量（万元）		−600	−1500	−1200	−700	−200	300	

P_t＝（累计净现金流量首次出现正数的年份数－1）＋

$$\frac{\text{累计净现金流量首次出现正数之前一年累计净现金流量的绝对值}}{\text{累计净现金流量首次出现正数之年的净现金流量}}$$

＝（6－1）＋|－200|／500＝5.4 年。

◆**考法 2：静态投资回收期判别准则、优缺点综合分析**

【例题3·单选题】现有甲和乙两个项目，静态投资回收期分别为 4 年和 6 年，该行业的基准投资回收期为 5 年。关于这两个项目的静态投资回收期的说法，正确的是（　　）。

    A. 甲项目的静态投资回收期只考虑了前 4 年的投资效果

    B. 乙项目考虑全寿命周期各年的投资效果确定静态投资回收期为 6 年

    C. 甲项目投资回收期小于基准投资回收期，据此可以准确判断甲项目可行

    D. 乙项目的资本周转速度比甲项目更快

【答案】A

【解析】本题的考核点是静态投资回收期的判别准则和优劣等相关概念。

核心考点三　财务基准收益率的概念及确定

1. 财务基准收益率（基准折现率）的概念

财务基准收益率，是企业或行业投资者以动态的观点所确定的、可接受的方案最低标准的收益水平。其在本质上体现了投资决策者对方案资金时间价值的判断和对方案风险程度的估计，是投资资金应当获得的最低盈利率水平，它是评价和判断方案在财务上是否可行和进行方案比选的主要依据。

2. 财务基准收益率的确定

（1）对于产出物由政府定价的方案，其财务基准收益率根据政府政策导向确定。

（2）对于产出物由市场定价的方案，其财务基准收益率根据资金成本和收益由投资者自行测定，一般应考虑一定时期内国家和行业发展战略、发展规划、产业政策、资源供给、市场需求、自身的发展战略、经营策略、方案的特点与风险、资金成本、机会成本等情况的基础上综合测定。一般投资者自行测定的基准收益率应不低于单位资金成本和单位投资的机会成本，同时应考虑投资风险和通货膨胀率。在中国境外投资方案的财务基准收益率的测定，应首先考虑国家风险因素。

◆**考法：财务基准收益率的概念及其确定方法**

【例题1·多选题】对于产出物由市场定价的方案，其财务基准收益率根据资金成本和收益由投资者自行测定，一般应考虑（　　）等情况综合测定。

    A. 自身的发展战略和经营策略　　　B. 资金成本

    C. 方案的特点和风险　　　　　　　D. 沉没成本

    E. 机会成本

【答案】A、B、C、E

【解析】掌握财务基准收益率的概念及确定财务基准收益率应考虑的因素。

【例题2·单选题】关于财务基准收益率的说法，正确的是（　　）。

A. 中国境外投资项目基准收益率的测定，可忽略国家风险因素

B. 财务基准收益率必须由政府投资主管部门统一确定

C. 一般投资者自行测定的基准收益率应不低于单位资金成本和单位投资的机会成本，同时应考虑投资风险和通货膨胀率

D. 财务基准收益率是投资项目可能获得的最高盈利水平

【答案】C

【解析】本题的考核点是财务基准收益率确定应考虑的相关因素。

核心考点四　财务净现值分析：计算、判别准则及优缺点

财务净现值（$FNPV$）是反映技术方案在计算期内盈利能力的动态评价指标，是按设定的折现率（一般采用财务基准收益率 i_c）计算的方案计算期间内各年所发生的净现金流量都折现到技术方案开始实施时的现值之和。

1. $FNPV$ 的计算

计算公式：财务净现值（$FNPV$）＝现金流入现值之和－现金流出现值之和。

计算方法：（1）基本计算；（2）利用现值系数计算。

2. 判别准则

（1）$FNPV \geqslant 0$，技术方案经济上可行；（2）$FNPV < 0$，技术方案经济上不可行。

3. 优缺点

（1）优点：

① 考虑了资金的时间价值，并全面考虑了技术方案在整个计算期内现金流量的时间分布的状况。② 经济意义明确直观，能够直接以货币额表示技术方案的盈利水平。

（2）不足之处：

① 必须首先确定一个符合经济现实的折现率（财务基准收益率），由于环境因素变化和决策者心理预期波动，该折现率的设定往往是比较困难的。② 该指标并不能直接反映方案单位投资的收益水平，也不能反映投资回收的速度。

◆ **考法：财务净现值计算**

【例题 1·单选题】某技术方案现金流量表如下，基准收益率为 8%，该技术方案的财务净现值为（　　）万元。

计算期（年）	0	1	2	3	4
现金流入（万元）	—	300	400	400	300
现金流出（万元）	500	100	150	150	150

A. 58.23
B. 192.81
C. 208.23
D. 347.12

【答案】C

【解析】本题的考核点是财务净现值的计算。

（1）计算每年末现金净流量：

计算期（年）	0	1	2	3	4
现金流入（万元）	—	300	400	400	300
现金流出（万元）	500	100	150	150	150
净现金流量（万元）	−500	200	250	250	150

（2）计算净现值：

$$FNPV = \left[\frac{200}{(1+8\%)^1} + \frac{250}{(1+8\%)^2} + \frac{250}{(1+8\%)^3} + \frac{150}{(1+8\%)^4} \right] - 500$$

$$= 708.23 - 500 = 208.23 \text{ 万元}。$$

【例题2·单选题】 某投资方案的初期投资额为1500万元，此后每年年末的净现金流量为400万元，若基准收益率为15%，方案的寿命期为12年，则该方案的财务净现值为（   ）万元。已知（P/A，15%，12＝5.421）。

A. 668.4   B. 892.6

C. 1200.2   D. 566.4

【答案】 A

【解析】 本题的考核点是利用现值系数计算财务净现值的方法：

$FNPV = 400 \times (P/A，15\%，12) - 1500 = 400 \times 5.421 - 1500 = 668.4$ 万元。

核心考点五　财务内部收益率分析：概念、计算、判别准则及优缺点

1. 财务内部收益率（$FIRR$）的概念

财务内部收益率是使方案在计算期内各年净现金流量的现值累计等于零时的折现率。也称为财务内部报酬率。财务内部收益率的经济含义是方案占用的尚未回收资金的获利能力，也可以看作是方案所能承受的最高贷款利率。

2. 财务内部收益率的计算

常规流量方案财务净现值是折现率的函数，如下图所示，即净现值随折现率的增大而减小，财务净现值函数曲线会穿越横轴，该曲线与横轴的交点就是财务内部收益率。

手算试算确定财务内部收益率的原理如下图所示，分别确定对应 $FNPV > 0$ 的点和对应 $FNPV < 0$ 的点，然后用线性内插法可以计算出 $FIRR$ 的近似值，公式为：

$$\frac{i_2 - i_1}{FIRR - i_1} = \frac{FNPV_2 - FNPV_1}{0 - FNPV_1}$$

常规方案净现值函数曲线

3. 判别准则

（1）$FIRR \geq i_c$，技术方案经济上可行。（2）$FIRR < i_c$，技术方案经济上不可行。

对于独立型方案的评价分析，采用 $FNPV$ 和采用 $FIRR$ 指标得到的结论是一致的。

4. 优缺点

（1）优点：财务内部收益率（$FIRR$）指标考虑了资金时间价值以及在整个计算期内的现金流量，其大小完全取决于方案投资过程净现金流量系列的情况，不受外部参数（财务基准收益率）影响。

（2）缺点：财务内部收益率计算比较麻烦，对于非常规现金流量的方案来讲，在某些情况下财务内部收益率可能不存在或有多个解。

◆ **考法 1**：财务内部收益率的概念、判别准则及优缺点

【例题 1 · 单选题】 关于财务内部收益率的说法，正确的是（   ）。

    A. 财务内部收益率大于基准收益率时，技术方案在经济上可以接受

    B. 财务内部收益率是一个现实确定的基准折现率

    C. 财务内部收益率受项目外部参数的影响较大

    D. 独立方案用财务内部收益率评价与财务净现值评价，结论通常不一样

【答案】 A

【解析】 本题的考核点是财务内部收益率概念。

◆ **考法 2**：财务内部收益率的近似计算及判断

【例题 2 · 单选题】 某常规技术方案，$FNPV$（16%）＝160 万元，$FNPV$（18%）＝－80 万元，则方案的 $FIRR$ 最可能为（   ）。

    A. 15.98%   B. 16.21%

    C. 17.33%   D. 18.21%

【答案】 C

【解析】 本题的考核点是采用线性内插法近似计算财务内部收益率：

$$\frac{18\% - 16\%}{FIRR - 16\%} = \frac{-80 - 160}{0 - 160}$$

则，$FIRR \approx 17.33\%$。

【例题 3 · 单选题】 对某常规技术方案进行现金流量分析，当折现率为 10% 时，财务净现值为 900 万元；当折现率为 12% 时，财务净现值为 16 万元。则该方案财务内部收益率可能的范围是（   ）。

    A. 小于 10%   B. 大于 10%，小于 11%

    C. 大于 11%，小于 12%   D. 大于 12%

【答案】 D

【解析】 本题的考核点是财务内部收益率近似计算的概念判断。

◆ **考法 3**：经济效果评价指标之间变化关系综合分析

【例题 4 · 单选题】 某常规技术方案当折现率 10% 时，财务净现值为 －360 万元；当折现率为 8% 时，财务净现值为 30 万元。则关于该方案经济效果评价的说法，正确的有（   ）。

A. 内部收益率在 8%～9%

B. 当折现率为 9% 时，财务净现值一定大于 0

C. 当行业基准收益率为 8% 时，方案可行

D. 当行业基准收益率为 9% 时，方案不可行

E. 当行业基准收益率为 10% 时，内部收益率小于行业基准收益率

【答案】A、C、D、E

【解析】本题的考核点是财务内部收益率的近似计算及分析。

先用内插法大致估算内部收益率，根据估算即可判定各选项：

$$\frac{i-8\%}{10\%-8\%}=\frac{0-30}{-360-30}$$

$$i=8.15\%$$

2.3 多方案比选

核心考点　多方案比选

1. 方案之间的关系

（1）独立关系

独立关系是指各个方案的现金流量是独立的，不具有相关性，其中任一方案的采用与否与方案自身的可行性相关，而与其他方案采用与否没有关系。

（2）互斥关系

互斥关系是指各个方案之间存在着互不相容、互相排斥的关系。互斥型关系要求备选方案可以相互替代，即备选方案应满足项目的需求（如项目要求的生产规模和容量）和消耗的性质及计算范围可比、方案的风险水平可比、采用的计算期（满足要求的方案服务寿命）可比。

（3）相关关系

相关关系是指各个方案之间，某一方案的采用与否对其他方案的现金流量带来一定的影响，进而影响其他方案的采用或拒绝。

① 当一个方案的执行虽然不排斥其他方案，但可以使其效益减少，这时方案之间具有负相关关系，方案之间的比选可以转化为互斥关系；② 当一个方案的执行使其他方案的效益增加，这时方案间具有正相关关系，方案之间的比选可以采用独立方案比选方法。

2. 方案比选方法的类型

（1）局部比选和整体比选

局部比选通常相对容易，操作简单，而且容易提高比选结果差异的显著性。若备选方案在许多方面都有差异，采用局部比选的方法工作量大，而且每个局部比选结果之间出现交叉优势，其比选结果呈现出多样性，难以提供决策，这时应采用整体比选方法。

（2）定性和定量的方案比选

定性方法主要依靠经验及主观判断和分析能力，定量的方法的核心是提出方案优化的数学模型，在定量的基础上评价方案的经济效益、环境效益和社会效益。定性分析较适合

于方案比选的初级阶段，在一些比选因素较为直观且不复杂的情况下，定性分析简单易操作。

3. 方案比选定量分析方法

（1）独立方案比选方法

独立方案是否可行主要取决于方案自身的经济性，是一种绝对经济效果的检验。若通过了绝对经济效果检验，就认为方案在经济上是可行的；否则，应予拒绝。

（2）互斥方案比选方法

互斥方案比选工作分为两个阶段，第一阶段是方案的绝对效果分析；第二阶段是相对效果分析。

常用的互斥方案比选方法有两大类，一是评价指标直接对比法，另一类是增量指标对比法。

① 评价指标直接对比法

评价指标直接对比的方法要求所选用的指标是价值型。

a. 计算期相同的互斥方案的比选

计算期相同的互斥方案的比选常用的评价指标有财务净现值、净年值、费用现值、年折算费用等。

财务净现值评价互斥方案的判据是：财务净现值不小于零且为最大的方案是最优可行方案。按方案财务净现值的大小直接进行比较，可同时满足对互斥方案绝对效果评价和相对效果评价的要求。

对效益相同或效益基本相同但难以具体估算的方案进行比选时，可采用费用现值指标和费用年值指标。

b. 计算期不同的互斥方案的比选

计算期不同的互斥方案的比选，需要对各备选方案的计算期和计算公式进行适当的处理，使各方案在相同的条件下进行比较。满足时间可比条件，通常的处理方法包括年值法、最小公倍数法和研究期法等。

② 增量指标分析法

增量指标分析法是互斥方案比选最常用的方法。常用的增量指标有增量财务净现值、增量投资财务内部收益率、增量静态投资回收期等。

◆ **考法 1：方案之间的关系及比选方法的相关内容**

【例题 1 · 单选题】进行多方案比选时，下列说法中正确的是（　　　　）。

    A. 局部比选通常相对容易，操作简单，而且容易提高比选结果差异的显著性。所以，若备选方案在许多方面都有差异，宜采用局部比选的方法

    B. 定性分析较适合于方案比选的最终决策阶段

    C. 当一个方案的执行虽然不排斥其他方案，但可以使其效益减少，这时方案之间具有负相关关系，方案之间的比选可以转化为独立关系

    D. 当一个方案的执行使其他方案的效益增加，这时方案间具有正相关关系，方案之间的比选可以采用独立方案比选方法

【答案】D

【解析】本题的考核点是方案之间的关系及多方案比选方法的相关内容。

◆ **考法 2：计算期相同的互斥方案比选——财务净现值指标**

【例题 2·2024 年真题·单选题】现有四个投资方案（现金流量数据如下表），计算期均为 5 年，设财务基准收益率为 10%，若某企业可筹集到的资金总额为 10000 万元，则应选择的方案是（   ）。

方案	第一年年初投资（万元）	第 1～5 年各年年末净现金流量（万元）
1	20000	5500
2	15000	4500
3	10000	3500
4	5000	3300

A. 1   B. 4

C. 2   D. 3

【答案】B

【解析】本题的考核点是互斥方案比选的评价指标直接对比法的应用。

首先，根据企业可筹集资金总额限制条件，方案 1 和方案 2 的投资均超过 10000 万元，为不可选择的方案，只需要比较方案 3 和方案 4 的财务净现值指标即可。

$FNPV_3 = -10000 + 3500 \times (P/A，10\%，5) = 3265.00$ 万元

$FNPV_4 = -5000 + 3300 \times (P/A，10\%，5) = 7507.00$ 万元

因为 $FNPV_4 > FNPV_3 > 0$，所以方案 4 为应选择的最优方案。

◆ **考法 3：增量指标对比法及经济效果评价指标综合分析应用**

【例题 3·2024 年真题·单选题】某建设项目，初始方案建设期 2 年、运营期 10 年，财务内部收益率 17.67%。若因追加建设投资导致建设期第一年年初现金流出增加 40000 万元，运营期前 4 年的年现金净流入增加 10000 万元，则该项目财务内部收益率可变为（   ）。

A. 15.00%   B. 17.67%

C. 21.00%   D. 22.00%

【答案】A

【解析】本题的考核点是增量指标对比法、财务净现值与财务内部收益率综合分析。

首先，计算增量财务净现值：

$\Delta FNPV = 10000 \times (P/A，i，4) \times \times (P/F，i，2) - 40000$

当 $i > 0$，则 $\Delta FNPV$ 一定小于 0。对于独立型方案，财务净现值与财务内部收益率指标具有一致性关系，所以，增加投资后的财务内部收益率应小于 17.67%。

第3章 不确定性分析

本章核心考点提纲

3.1 盈亏平衡分析 ⟶ ★ 盈亏平衡分析 { 1. 线性盈亏平衡分析的前提条件
                              2. 盈亏平衡点的计算和评价

3.2 敏感性分析 ⟶ ★ 敏感性分析 { 1. 敏感性分析的概念和分类
                            2. （单因素）敏感性分析的方法与步骤

本章核心考点分析

3.1 盈亏平衡分析

核心考点 盈亏平衡分析

根据生产成本及销售收入与产销量之间是否呈线性关系，盈亏平衡分析又可分为线性盈亏平衡分析（也称量本利分析）和非线性盈亏平衡分析。

盈亏平衡分析只用于财务分析。

1. 线性盈亏平衡分析的前提条件

在进行线性盈亏平衡分析时，为了简化计算，一般假设方案应符合以下三个条件：

（1）产量等于销售量，即当年生产的产品当年全部销售。

（2）产量发生变化时，单位可变成本不变，即总成本费用是产量的线性函数。

根据成本费用与产量的关系可以将总成本费用分解为可变成本和固定成本两大类：

① 可变成本是随项目产品产量的增减而呈正比例变化的成本，如原材料、燃料、动力费、包装费、计件工资、单位产品税金及附加（不包含增值税）等。在产量发生变化时，假设单位产品的可变成本不发生变化。

② 固定成本是指在一定的产量范围内不受产品产量影响的成本，如固定工资及福利费（计件工资除外）、固定资产折旧费、修理费、无形资产及其他资产摊销费、长期借款利息支出等。

（3）产量发生变化时，产品售价不变，即销售收入是销售量的线性函数。

2. 盈亏平衡点的计算和评价

（1）盈亏平衡点的表达形式及量本利模型

盈亏平衡点（BEP）有多种表达方式，可以用产量、产品售价、单位可变成本和年总固定成本等绝对量表示，也可以用生产能力利用率等相对值表示。

量本利分析的模型公式：$B = p \times Q - C_u \times Q - C_f - T_u \times Q$

为应用方便，也可以用文字来描述：

利润＝总销售收入（单价×产量）－总成本［可变成本（单位可变成本×产量）＋固定成本］

盈亏平衡点即为利润为零（总销售收入＝总成本）的点。

（2）盈亏平衡点的计算及评价

利用量本利模型公式的计算：

① 盈亏平衡点产销量：当利润为零时的产销量即为盈亏平衡点 $BEP（Q）$。

② 盈亏平衡点生产能力利用率：一般用设计生产能力表示正常产销量。

盈亏平衡点生产能力利用率越低，表明方案适应市场需求变化的能力越大，抗风险能力越强。通常认为盈亏平衡点生产能力利用率 $BEP（\%）$ 不超过 70%，方案运营是基本安全的。

③ 盈亏平衡点产品售价计算。

用产品售价表示的盈亏平衡点越低，表明方案适应市场价格下降的能力越大，抗风险能力越强。

（3）优缺点

① 优点：计算简便，可直接对方案最关键的盈利性问题进行初步分析，还可预先估计方案对市场需求变化的适应能力，有助于了解方案可承受风险的程度，也可以检测方案规模（如设计生产能力等）确定得是否经济合理。

② 缺点：不能揭示产生方案风险的根源。

◆ **考法 1：总成本费用的划分**

【例题 1·单选题】为了进行线性盈亏平衡分析，一般假设总成本费用是产量的线性函数，根据成本费用与产量的关系可以将总成本费用分解为（　　　）。

    A. 历史成本和现实成本　　　　　　B. 过去成本和现在成本

    C. 预算成本和实际成本　　　　　　D. 固定成本和可变成本

【答案】D

【解析】根据成本费用与产量（或工程量）的关系可以将总成本费用分解为可变成本、固定成本两大类。

◆ **考法 2：线性盈亏平衡分析的前提条件**

【例题 2·多选题】下列条件中，属于线性盈亏平衡分析模型前提条件的有（　　　）。

    A. 生产量等于销售量

    B. 产销量和单位可变成本保持不变

    C. 产量超过一定规模时，固定成本线性增加

    D. 产量发生变化时，产品售价按一定比例波动

    E. 产量变化，产品售价不变，即销售收入是销售量的线性函数

【答案】A、E

【解析】本题的考核点是线性盈亏平衡分析的前提条件。

【例题 3·单选题】某技术方案的设计年产量为 8 万件，单位产品销售价格为 100 元 / 件，单位产品可变成本为 20/ 件，单位产品营业税金及附加为 5 元 / 件，按设计生产能力生产时，年利润为 200 万元，则该技术方案的盈亏平衡点产销量为（　　）万件。

  A. 5.33　　　　　　　　　　　　　　B. 5.00

  C. 4.21　　　　　　　　　　　　　　D. 4.00

【答案】A

【解析】本题的考核点是盈亏平衡点产销量的计算。

第 1 步，利用量本利模型公式计算年固定成本：

$2000000 = 100 \times 80000 - [(20 + 5) \times 800000 + 年固定成本]$，年固定成本 = 4000000 元。

第 2 步，利用量本利模型公式计算盈亏平衡点产销量：

$0 = 100 \times Q - [(20 + 5)Q + 4000000]$，$Q = 53300$ 件。

【例题 4·单选题】某技术方案，年设计生产能力为 8 万台，年固定成本为 100 万元，单位产品售价为 50 元，单位产品变动成本为售价的 55%，单位产品销售税金及附加为售价的 5%，则达到盈亏平衡点时的生产能力利用率为（　　）。

  A. 55.50%　　　　　　　　　　　　B. 62.50%

  C. 60.00%　　　　　　　　　　　　D. 41.67%

【答案】B

【解析】本题的考核点是利用量本利模型公式计算技术方案的盈亏平衡点生产能力利用率。计算应分为两个步骤：

（1）计算盈亏平衡点产销量：

$0 = 50 \times Q - [(50 \times 55\% + 50 \times 5\%) \times Q + 1000000]$，$Q = 50000$ 台。

（2）盈亏平衡点生产能力利用率 = 盈亏平衡点产销量 / 年设计生产能力 $\times 100\%$

$= 50000/80000 \times 100\% = 62.50\%$。

【例题 5·单选题】某技术方案年设计生产能力为 10 万台，单台产品销售价格（含税）为 2000 元，单台产品可变成本为 1000 元，单台产品税金及附加为 150 元。若盈亏平衡点年产量为 5 万台，则该方案的年固定成本为（　　）万元。

  A. 4250　　　　　　　　　　　　　　B. 5000

  C. 5750　　　　　　　　　　　　　　D. 9250

【答案】A

【解析】本题的考核点是盈亏平衡点的相关指标计算。

根据量本利模型公式：$0 = 2000 \times 50000 - [(1000 + 150) \times 50000 + 固定成本]$，固定成本 = 42500000 元。

【例题 6·多选题】项目盈亏平衡分析中，若其债务条件不变，可以降低盈亏平衡点产量的有（　　）。

A. 提高设计生产能力　　　　　B. 降低固定成本

C. 降低产品售价　　　　　　　D. 降低单位产品变动成本

E. 提高税金及附加率

【答案】B、D

【解析】本题的考核点是盈亏平衡点计算公式的分析。

3.2　敏感性分析

核心考点　敏感性分析

1. 敏感性分析的概念和分类

（1）概念

敏感性分析是用以考察方案涉及的各种不确定因素对方案经济效果评价指标的影响，找出敏感因素，估计方案效益对它们的敏感程度，粗略预测方案可能承担的风险，为进一步的风险分析打下基础。敏感性分析对方案财务分析和经济分析同样适用。

（2）目的

敏感性分析的目的就是在诸多不确定因素中找到敏感因素，有利于方案的决策。

（3）分类

敏感性分析可分为单因素敏感性分析和多因素敏感性分析。

（4）局限性

如果进行敏感性分析的目的是对不同的方案进行选择，一般应选择敏感程度小、承受风险能力强、可靠性大的方案。

敏感性分析在一定程度上对不确定因素的变动对方案经济效果的影响作了定量的描述，有助于搞清方案对不确定因素的不利变动所能容许的风险程度，有助于鉴别何者是敏感因素。但局限性在于敏感性分析虽然可以找出方案分析指标对之敏感的不确定因素，并估计其对方案分析指标的影响程度，但却并不能得知这些影响发生的可能性有多大，还要借助于概率分析等方法。

2. （单因素）敏感性分析的方法与步骤

（1）分析步骤

① 确定分析指标；② 选取不确定性因素；③ 计算不确定性因素的变化对分析指标的影响；④ 确定敏感性因素（敏感度系数、临界点）；⑤ 对敏感性分析结果进行分析。

（2）敏感度系数

通常判别敏感因素的方法有相对测定法和绝对测定法两种，其中相对测定法主要是通过敏感度系数确定，绝对测定法主要是通过临界点确定。

敏感度系数就是用评价指标的变化率除以不确定因素的变化率，公式如下：

$$S_{AF} = \frac{\Delta A/A}{\Delta F/F}，或，敏感度系数 = \frac{分析指标变化率}{某不确定因素变化率}$$

$S_{AF} > 0$ 表示评价指标与不确定性因素同方向变化；$S_{AF} < 0$ 表示评价指标与不确定性因素反方向变化。

$|S_{AF}|$ 越大，表明评价指标 A 对于不确定性因素 F 越敏感；反之，则不敏感。

（3）临界点

临界点是指允许不确定因素向不利方向变化的极限值，超过此点之后，技术方案的指标将由可行变为不可行。临界点可用临界点百分比或者临界值分别表示。

临界点的确定可以通过敏感性分析图求得临界点的近似值，但由于方案分析指标的变化与不确定因素变化之间不完全是直线关系，有时误差较大，因此最好采用试算法或函数求解。

◆ **考法 1：敏感性分析的概念和分类**

【例题 1·单选题】投资项目敏感性分析是通过分析来确定评价指标对主要不确定性因素的敏感程度，粗略预测方案可能承担的风险。敏感性分析的目的就是（　　　）。

  A. 选择最优投资方案

  B. 估算方案的盈利能力

  C. 分析各不确定性因素对效益指标影响发生的可能性

  D. 在诸多不确定因素中找到敏感因素，有利于方案的决策

【答案】D

【解析】本题的考核点是敏感性分析的概念和目的。

【例题 2·多选题】下面关于敏感性分析方法和步骤的说法中，正确的有（　　　）。

  A. 一般应与方案经济效果评价选用的指标一致，如财务净现值、财务内部收益率、静态投资回收期等，但只能选定其中一个作为分析指标

  B. 应选取可能对方案经济效果评价指标的影响较大的不确定性因素进行分析

  C. 一般应选择敏感程度小、承受风险能力强、可靠性大的方案

  D. 必要时可以同时针对两个或两个以上的指标进行敏感性分析

  E. 判断敏感性因素的绝对测定法是指敏感度系数的确定

【答案】B、C、D

【解析】本题的考核点是敏感性分析步骤的相关内容。

◆ **考法 2：敏感度系数的概念、计算和判断应用**

【例题 3·多选题】某技术方案经济评价指标对甲、乙、丙三个不确定因素的敏感度系数分别为 −0.1、0.05、0.09，据此可以得出的结论有（　　　）。

  A. 经济评价指标对甲因素最敏感

  B. 甲因素下降 10%，方案达到盈亏平衡

  C. 经济评价指标与丙因素反向变化

  D. 经济评价指标对乙因素最不敏感

  E. 丙因素上升 9%，方案由可行转为不可行

【答案】A、D

【解析】本题的考核点是单因素敏感性分析中敏感度系数的概念及应用分析。

【例题 4·单选题】关于敏感度系数的说法，正确的是（　　　）。

  A. 敏感度系数可以用于对敏感因素敏感性程度的排序

  B. 敏感度系数大于零，表明评价指标与不确定因素反方向变化

C. 利用敏感度系数判别敏感因素的方法是绝对测定法

D. 敏感度系数的绝对值越大，表明评价指标对于不确定因素越不敏感

【答案】A

【解析】本题的考核点是敏感度系数的计算及其应用。

◆ **考法 3：临界点的概念和判断应用**

【例题 5·单选题】某技术方案进行单因素敏感性分析。当预计投产后的单位产品销售价格为 1000 元时，其财务内部收益率为 15%；当预计单位产品销售价格为 800 元时，其财务内部收益率为 12%；当预计单位产品销售价格为 700 元时，该技术方案财务内部收益率为 9%；当预计单位产品销售价格为 500 元时，该技术方案财务内部收益率为 0。如果基准收益率为 9%，则该技术方案预计投产后单位产品销售价格下降的临界点为（　　）元。

A. 1000　　　　　　　　　　B. 800

C. 700　　　　　　　　　　 D. 500

【答案】C

【解析】本题的考核点是临界点的概念及其应用。

【例题 6·多选题】某方案单因素敏感性分析示意图如下。根据该图，可以得出的结论有（　　）。

A. 销售价格的临界点小于 10%

B. 建设投资的临界点大于 10%

C. 销售价格是最敏感的因素

D. 原材料成本比建设投资更敏感

E. 建设投资比销售价格更敏感

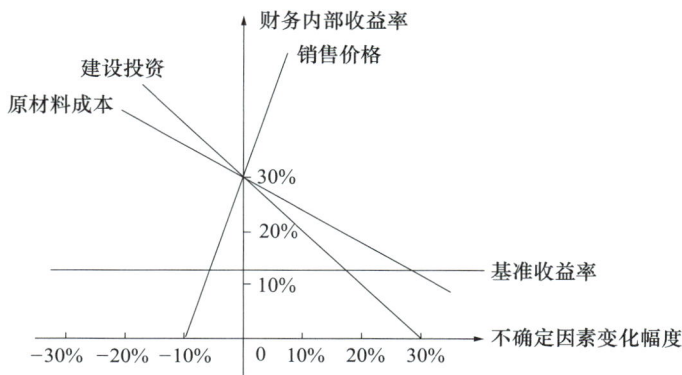

【答案】A、B、C

【解析】本题的考核点是临界点的概念及其应用。

【例题 7·2024 年真题·多选题】关于敏感性分析中临界点的说法，正确的有（　　）。

A. 临界点可用百分比或临界值表示

B. 临界点只能用图解法求得

C. 临界点的测定方法属于相对测定法

D. 利用敏感性分析图可求得临界点的近似值

E. 临界点是使方案由可行变为不可行的不确定因素变化的临界数值

【答案】A、D、E

【解析】本题的考核点是临界点的概念及其应用分析。

第4章　设备更新分析

本章核心考点提纲

4.1　设备磨损与补偿 —→ ★ 设备磨损类型与补偿方式 ┌ 1. 设备磨损类型
　　　　　　　　　　　　　　　　　　　　　　　　　└ 2. 设备磨损的补偿方式

4.2　设备经济寿命确定 —→ ★ 设备经济寿命的确定 ┌ 1. 设备寿命的类型
　　　　　　　　　　　　　　　　　　　　　　　　└ 2. 设备经济寿命的估算

4.3　设备更新方案经济分析 —→ ★ 设备更新方案经济分析 ┌ 1. 设备更新策略
　　　　　　　　　　　　　　　　　　　　　　　　　　├ 2. 设备更新方案的比选原则
　　　　　　　　　　　　　　　　　　　　　　　　　　└ 3. 设备更新的技术经济分析

4.4　设备租赁方案经济分析 ┌ ★ 设备租赁方式
　　　　　　　　　　　　　├ ★ 设备租赁优缺点
　　　　　　　　　　　　　└ ★ 设备租赁费用

本章核心考点分析

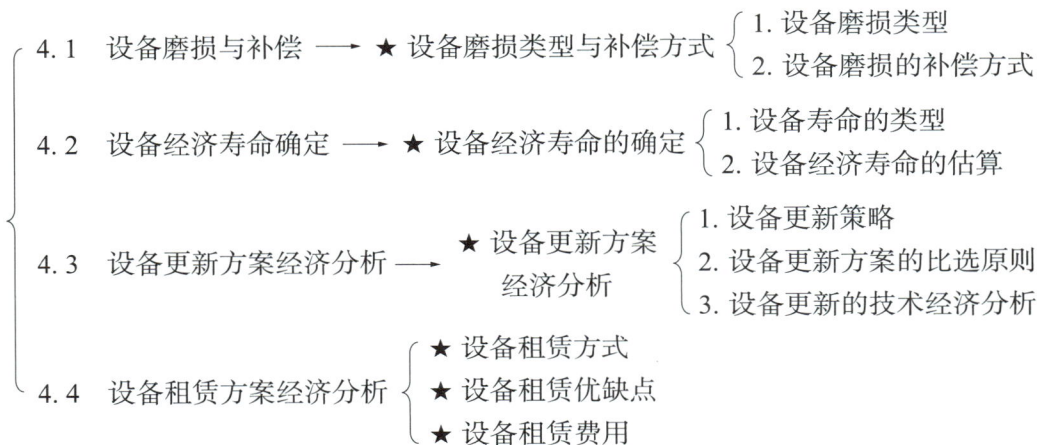

4.1　设备磨损与补偿

核心考点　设备磨损类型与补偿方式

1. 设备磨损类型

设备磨损分为有形磨损、无形磨损和综合磨损三种类型。

（1）有形磨损概念及类型

① 第Ⅰ类有形磨损：设备在使用过程中，在外力的作用下实体产生的磨损、变形和损坏，这种磨损的程度与使用强度和使用时间长度有关，其后果使设备零部件精度降低，劳动生产率下降。通常表现为以下情况：设备零部件的原始尺寸或形状发生变化；设备零部件的精度降低；零部件损坏。

② 第Ⅱ类有形磨损：设备在闲置过程中受自然力的作用而产生的实体磨损，如金属件生锈、腐蚀、橡胶件老化等，这种磨损与闲置的时间长度和所处环境有关。

上述两类有形磨损都会造成设备的性能、精度和生产效率等降低，使设备的运行费用和维修费用增加，导致设备使用价值降低或者丧失。

（2）无形磨损的概念及类型

① 第Ⅰ类无形磨损：由于科学技术进步的影响，设备制造工艺不断改进，劳动生产效率不断提高，使生产同样结构或性能的设备所需的社会必要劳动时间相应减少，设备制

造成本和价格不断降低，致使原设备相对贬值。

此类无形磨损的后果只是现有设备原始价值部分贬值，设备本身的技术特性和功能（即使用价值）并未发生变化，故不会影响现有设备的使用。

② 第Ⅱ类无形磨损：由于科学技术的进步，市场上出现了结构更先进、性能更完善、生产效率更高、耗费原材料和能源更少的新型设备，使原有设备在技术上显得陈旧落后，其经济效益相对降低而发生贬值。

此类磨损的后果不仅是使原有设备价值降低，而且会使原有设备生产精度和能耗达不到新的标准和要求，致使其局部或全部失去使用价值。

由于技术上更先进新设备应用会使原有设备的使用价值局部或全部丧失，因而产生了是否用新设备代替原有设备的问题。

第Ⅱ类无形磨损导致原有设备使用功能降低的程度与技术进步的具体形式有关：

① 当技术进步表现为不断出现性能更完善、效率更高的新设备，但加工方法没有原则性变化时，将使原有设备的使用功能大幅度降低；② 当技术进步表现为采用新的加工对象，如原有设备的使用功能无法对新材料进行加工时，原设备必然要被淘汰；③ 当技术进步表现为改变原有生产工艺，采用新的加工方法时，则为旧工艺服务的原有设备也将失去使用功能；④ 当技术进步表现为生产产品的更新换代时，不能适用于新产品生产的原有设备也将被淘汰。

（3）综合磨损

设备的综合磨损是指设备同时存在有形磨损和无形磨损的情况。

（4）有形和无形两种磨损的后果

① 两种磨损后果的相同点：有形和无形两种磨损都引起设备原始价值的贬值。

② 不同点：遭受有形磨损的设备，特别是有形磨损严重的设备，在修理之前，常常不能工作；而遭受无形磨损的设备，并不表现为设备实体的变化和损坏，即使无形磨损很严重，其固定资产物质形态却可能没有磨损，仍然可以使用，只不过继续使用它在经济上是否合算，需要分析研究。

2. 设备磨损的补偿方式

（1）补偿方式概念

① 设备有形磨损的局部补偿是大修理；② 设备无形磨损的局部补偿是现代化改装；③ 设备有形磨损和无形磨损的完全补偿是更新。

（2）设备磨损补偿如下图所示

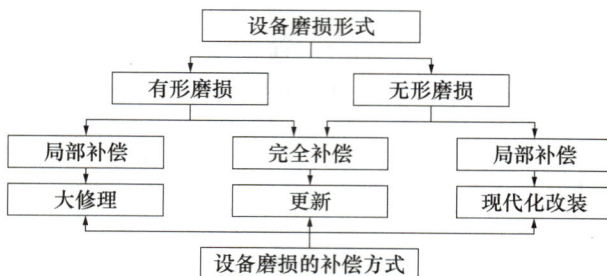

（3）设备磨损补偿方式的选择

① 对于材料和能耗等消耗高、性能差、使用操作条件不好、对环境污染严重的设备，应当用较先进的设备更新。

② 对整机性能尚可，有局部缺陷，个别技术经济指标落后的设备，应选择吸收新技术，不断地加以改造和现代化改装。

③ 若设备磨损主要是有形磨损所致，在磨损较轻时可以通过修理进行补偿。

④ 若设备有形磨损较严重，需花费较高的修复费用，则应对其进行经济分析比较，以确定恰当的补偿方式。

⑤ 若设备磨损太严重而无法修复，或虽然修复但其精度仍达不到要求的，则应该采取更新补偿方式。

⑥ 若设备磨损主要是由无形磨损所致，则应采取现代化改装或全部更换。

◆ 考法 1：设备磨损类型的概念区分

【例题 1·2024 年真题·单选题】设备第Ⅰ类无形磨损造成的后果是（　　）。

    A. 导致设备自身技术特性和功能发生改变

    B. 导致原有设备相对贬值

    C. 导致设备生产精度达不到新标准要求

    D. 导致设备在修理之前不能正常工作

【答案】B

【解析】本题的考核点是设备磨损类型的相关概念。

【例题 2·多选题】第Ⅰ类有形磨损的程度与设备使用强度和使用时间长短有关，通常表现为以下情况（　　）。

    A. 设备零部件的原始尺寸或形状发生变化

    B. 设备零部件的精度降低

    C. 零部件损坏

    D. 金属零部件生锈

    E. 当技术进步表现为不断出现性能更完善、效率更高的新设备，但加工方法没有原则性变化时，将使原有设备的使用功能大幅度降低

【答案】A、B、C

【解析】本题的考核点是设备磨损的相关概念。

◆ 考法 2：设备磨损补偿方式的选择

【例题 3·多选题】关于设备磨损补偿方式的说法，正确的是（　　）。

    A. 设备的无形磨损可以通过大修理进行补偿

    B. 若设备有形磨损较严重，需花费较高的修复费用，应立即采取更新补偿方式

    C. 设备的综合磨损只能通过更新进行补偿

    D. 若设备磨损主要是有形磨损所致，在磨损较轻时可以通过修理进行补偿

    E. 若设备磨损主要是由无形磨损所致，则应采取现代化改装或全部更换

【答案】D、E

【解析】 本题的考核点是设备磨损补偿图和补偿方式选择。

4.2 设备经济寿命确定

核心考点 设备经济寿命的确定

1. 设备寿命的类型

（1）设备的自然寿命

设备从全新状态下开始使用，直到因实体磨损严重而不能继续使用、报废为止所经历的全部时间，主要是由设备的有形磨损决定。做好设备维修和保养可延长设备的自然寿命，但不能从根本上避免设备的有形磨损。设备的自然寿命不能成为设备更新的决策依据。

（2）设备的技术寿命

设备从投入使用到因技术落后而被淘汰所持续的时间。

技术寿命主要由设备的无形磨损决定，一般比自然寿命要短，而且科学技术进步越快，技术寿命越短。

（3）设备的经济寿命

设备从全新状态投入使用开始，到继续使用在经济上不合理而被更新所经历的时间，即设备从投入使用开始，到年度费用最低的使用年限。经济寿命是从经济角度衡量设备最合理的使用年限，由有形和无形磨损共同决定。经济寿命是由设备维护费用的提高和使用价值的降低决定。

2. 设备经济寿命的估算

（1）设备经济寿命的确定原则

① 使设备在经济寿命内平均每年净收益（纯利润）达到最大；

② 使设备在经济寿命内一次性投资和各种经营费总和达到最小。

（2）设备经济寿命确定方法列表法

① 列表法——根据设备年度费用曲线图确定其经济寿命。

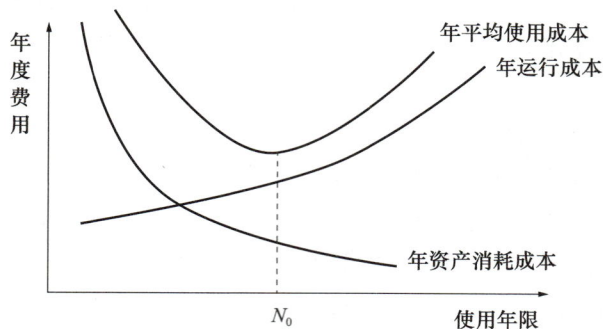

设备的经济寿命就是包括实际价值（购置成本）和各年运行成本在内的设备年平均使用成本最低对应的使用年限。

设备年度费用曲线图可以直观地表示为：

年平均使用成本＝平均年度资产消耗成本＋平均年度运行成本。

$$平均年度资产消耗成本 = \frac{实际价值（原始价值）－第 N 年末净残值}{使用年限}$$

平均年度资产消耗成本，随着设备使用年限的延长而逐渐减少。

$$平均年度运行成本 = \frac{使用各年运行成本总和}{使用年限}$$

平均年度运行成本，随着设备使用年限的延长而逐渐增加。

② 设备经济寿命的简化计算

$$N_0 = \sqrt{\frac{2(P - L_N)}{\lambda}}$$

式中：P——设备目前的实际价值，或称为目前的账面价值；L_N——预计净残值；λ——设备的低劣化值，即设备年均递增的运行成本。若每年运行成本的增量是相等的，则运行成本呈线性增长。

◆考法 1：设备寿命的相关概念及判断

【例题 1·多选题】关于设备技术寿命的说法，正确的有（　　）。

    A. 设备的技术寿命是指设备年平均维修费用最低对应的使用年限

    B. 设备的技术寿命主要由设备的无形磨损决定

    C. 设备的技术寿命一般长于设备的自然寿命

    D. 科学技术进步越快，设备的技术寿命越短

    E. 设备的技术寿命受产品物理寿命的影响

【答案】B、D

【解析】本题的考核点是设备寿命的相关概念。

【例题 2·多选题】关于确定设备经济寿命的说法，正确的有（　　）。

    A. 使设备在自然寿命期内一次性投资最小

    B. 使设备的经济寿命与自然寿命、技术寿命尽可能保持一致

    C. 使设备在经济寿命期平均每年净收益达到最大

    D. 使设备在经济寿命期年平均使用成本最小

    E. 使设备在可用寿命期内总收入达到最大

【答案】C、D

【解析】本题的考核点是设备寿命的相关概念及确定原则。

◆考法 2：设备的经济寿命的估算

【例题 3·单选题】某设备在不同使用年限时的平均年度资产消耗成本和平均年度运行成本数据见下表。该设备的经济寿命为（　　）年。

使用年限（年）	1	2	3	4	5	6	7
平均年度资产消耗成本（万元）	90	50	35	23	20	18	15
平均年度运行成本（万元）	30	35	30	35	40	45	60

A. 7   B. 5

C. 4   D. 3

【答案】C

【解析】本题的考核点是根据设备年度费用曲线图确定经济寿命的方法。

使用年限（年）	1	2	3	4	5	6	7
平均年度资产消耗成本（万元）	90	50	35	23	20	18	15
平均年度运行成本（万元）	30	35	30	35	40	45	60
年平均使用成本（万元）	120	85	65	58	60	63	75

年平均使用成本最低的是第 4 年。

【例题 4·单选题】某设备目前的账面价值为 50000 元，预计净残值为 5000 元，第 1 年设备运行成本为 500 元，此后每年运行成本均等递增 400 元，则该设备的经济寿命为（   ）年。

A. 10   B. 8

C. 15   D. 12

【答案】C

【解析】本题的考核点是设备经济寿命的计算：

$$N_0 = \sqrt{\frac{2(P - L_N)}{\lambda}} = \sqrt{\frac{2(50000 - 5000)}{400}} = 15 \text{ 年。}$$

【例题 5·2024 年真题·多选题】关于设备使用过程中年运行成本的说法，正确的有（   ）。

A. 年平均运行成本是设备各年运行成本总和的平均

B. 每年运行成本随设备使用年限的延长而逐渐增加

C. 若设备每年运行成本的增量相等，则总运行成本呈线性增长

D. 年运行成本包括人工费、材料费、能源费、维修费等

E. 年平均运行成本最低对应的使用年限是设备的经济寿命

【答案】A、B、C、D

【解析】本题的考核点是列表法估算设备经济寿命的相关概念。

4.3 设备更新方案经济分析

核心考点 设备更新方案经济分析

1. 设备更新策略

通常优先考虑更新的设备是：

（1）设备损耗严重，大修后性能、精度仍不能满足规定工艺要求的；

（2）设备耗损虽在允许范围之内，但技术已经陈旧落后，能耗高、使用操作条件不好、对环境污染严重，技术经济效果很不好的；

（3）设备役龄长，大修虽然能恢复精度，但经济效果上不如更新的。

2. 设备更新方案的比选原则

（1）设备更新分析只考虑未来发生的现金流量

在设备更新分析中，只有现在和未来的现金流量才应纳入考虑范畴，不考虑沉没成本（需要更新设备未回收的价值）。

沉没成本＝旧设备账面价值－当前市场价值

或　沉没成本＝（旧设备原值－历年折旧费）－当前市场价值

（2）设备更新分析应站在咨询者（第三方）的视角分析问题

与旧设备相关的价值概念有三个：旧设备购置价值、旧设备待更新时的账面价值和市场价值。设备更新分析时的设备的价值应该按旧设备当前市场价值来确定。

为使旧设备功能相对于新设备具有竞争力，需要产生一笔新的投资支出（如修理费用）来升级旧设备，必须将这笔额外费用和现在的实际市场价值相加，以计算旧设备的总投资额，从而应用于设备更新分析和决策。

（3）设备更新分析以费用年值法为主

3. 设备更新的技术经济分析

（1）原型设备更新分析

原型设备更新的时机应该选择在原设备经济寿命期结束的时间。这样，原型设备更新的决策问题就可以转化为设备经济寿命的计算问题。

（2）新型设备更新分析通常可采用年值法

① 无限期情况下的设备更新分析（年值法），可以根据以下步骤来进行更新分析：

a. 分别计算现有旧设备和新型设备的经济寿命。

b. 比较新设备和旧设备在各自经济寿命期内的年平均使用成本。若旧设备的年平均使用成本大于新型设备的年平均使用成本，则旧设备应该现在更换；否则，不应现在更新。

② 有限研究期的设备更新分析

◆ 考法 1：设备更新策略应用分析

【例题 1 · 单选题】某施工企业做设备更新改造工作，应优先考虑更新的设备是（　　）。

    A. 某施工设备损耗严重，大修后运行性能能够满足施工工艺要求

    B. 某设备技术已落后，但由于应用的施工工艺简单，要求不高，技术经济效果尚可

    C. 某施工设备损耗严重，大修后运行性能能够满足施工工艺要求，但运行成本远高于同类新设备

    D. 沉没成本大于运行成本的设备

【答案】C

【解析】本题的考核点是设备更新策略的选择。

◆ 考法 2：沉没成本的判断

【例题 2 · 2024 年真题 · 单选题】某企业有一台原值 30 万元的设备，预计使用年限

10 年，净残值 3 万元，年折旧 2.7 万元，已计折旧 6 年。现在以 10 万元价格售出，该设备的沉没成本（ ）万元。

  A. 0.8   B. 3.0

  C. 13.8   D. 3.8

【答案】D

【解析】本题的考核点是沉没成本的概念及判定：

旧设备账面价值＝旧设备原值－历年折旧费＝$30-6\times2.7=13.8$ 万元。

沉没成本＝$13.8-10=3.8$ 万元。

 ◆ 考法 3：设备更新方案比选原则的综合分析

【例题 3 · 多选题】某设备 5 年前的原始成本为 10 万元，目前的账面价值为 4 万元，现在的市场价值为 3 万元，同型号新设备的购置价格为 8 万元。现进行新旧设备更新分析和方案比选时，正确的做法有（ ）。

  A. 采用新设备的方案，投资按 10 万元计算

  B. 继续使用旧设备的方案，投资按 3 万元计算

  C. 新旧设备现在的市场价值差额为 4 万元

  D. 新旧设备方案比选不考虑旧设备的沉没成本 1 万元

  E. 新设备和旧设备的经济寿命和运行成本相同

【答案】B、D

【解析】本题的考核点是设备更新方案比选的原则。

旧设备产生的沉没成本＝账面价值（4 万元）－当前市场价值（3 万元）＝1 万元。

在进行设备更新方案比选时，原设备的价值（投资）应按目前的实际价值计算，而不考虑其沉没成本。

【例题 4 · 单选题】某建筑公司准备购买一辆新挖掘装载机，价格为 18 万元，公司现有的挖掘装载机目前在市场上可以卖 10 万元。旧设备是 3 年前购置，目前的账面价值为 12 万，为了使旧设备达到新设备的使用状态，需对其进行维修，预计费用 1 万元。如果考虑继续使用旧设备，则旧设备的投资额为（ ）万元。

  A. 10   B. 18

  C. 13   D. 11

【答案】D

【解析】本题的考核点是设备更新方案比选的原则的应用分析。

【例题 5 · 多选题】关于设备更新分析立场的说法，正确的有（ ）。

  A. 需要考虑过去已经发生的沉没成本的影响

  B. 旧设备待更新时的市场价值是从独立第三方视角确定的公允市场价值

  C. 在更新分析中关注现在和未来的现金流量

  D. 不考虑升级旧设备产生的新的投资支出

  E. 旧设备的总投资额以设备账面价值扣除折旧后的余额为准

【答案】B、C

【解析】本题的考核点是设备更新方案比选的原则的应用分析。

4.4　设备租赁方案经济分析

核心考点一　设备租赁方式

设备租赁的方式主要有两种：经营租赁和融资租赁。

1. 经营租赁

（1）出租人除向承租人提供租赁设备外，还要承担设备的维修保养。（2）承租人不需要获得该设备的所有权，只是支付相应的租金来取得该设备的使用权。（3）经营租赁的任何一方都可以随时以一定方式在通知对方的规定时间内取消或终止租赁。（4）该类租赁具有可撤销性、短期性、租金高等特点，适用于技术进步快、用途较广泛、使用具有季节性的设备。

经营租赁设备的租赁费计入企业成本，可以减少企业所得税纳税基数。

2. 融资租赁

（1）以融通资金和对设备的长期使用为前提，租赁期相当于设备的寿命期，具有不可撤销性、周期长等特点，适用于大型设备、专有技术设备等。（2）出租人对设备的维修保养等不承担责任。（3）融资租赁设备费用由两部分组成，即初始直接费和资产本身价值。

◆ **考法：两种租赁方式的特点及区分**

【例题 1·单选题】下列设备类型中，适宜采用融资租赁的是（　　　　）。

　　A. 临时使用的设备　　　　　　　B. 一般的车辆

　　C. 大型专用设备　　　　　　　　D. 单位价值较低的设备

【答案】C

【解析】本题的考核点是设备租赁方式的特点及区分。

【例题 2·单选题】关于设备租赁的说法，错误的是（　　　　）。

　　A. 融资租赁通常适用于长期使用的贵重设备

　　B. 临时使用的设备适宜采用经营租赁方式

　　C. 经营租赁的任一方可以一定方式在通知对方后的规定期限内取消租约

　　D. 租赁期内，融资租赁承租人拥有租赁设备的所有权

【答案】D

【解析】掌握设备融资租赁与经营租赁的概念及特点。

核心考点二　设备租赁优缺点

1. 设备租赁（与设备购买相比）的优点

（1）节省设备投资。在资金短缺的情况下，用较少的资金获得急需的生产设备，使企业在资金短缺情况下仍可以使用设备。

（2）加快设备更新速度。科学技术快速发展，设备更新速度大大提高，租赁可以引进先进设备，减少企业因设备陈旧、技术落后而带来的风险。

（3）提高设备的利用率，特别是针对一些季节性或临时性需要使用的设备，企业通过租赁进行使用，可以避免设备购置带来的闲置。

（4）设备租金可在所得税前扣除，能享受税费上的利益。设备租赁费用作为企业费用，可以在所得税税前扣除，能减少企业所得税的支出，给企业带来一定的利益。

（5）可以保持资金的流动状态，不会使企业资产负债状况恶化；

（6）可避免通货膨胀和利率波动的冲击，减少投资风险。

2. 设备租赁（与设备购买相比）的缺点

（1）在租赁期间承租人对设备只有使用权而没有所有权，因此不能随意对设备进行技术改造或处置，如不能用于担保、抵押贷款。

（2）资金成本高。通常承租人所交的租金总额要高于直接购置设备的费用。长期支付租金，形成承租人的长期负债。

（3）租赁合同规定严格，毁约要赔偿损失，罚款较多。

◆ **考法：设备租赁的优缺点内容**

【例题1·多选题】对于承租人来说，设备租赁与设备购买相比的优越性有（　　）。

    A. 能用较少资金获得生产急需的设备

    B. 设备可用于担保、抵押贷款

    C. 设备租金可在所得税前扣除

    D. 加快设备更新速度

    E. 资金成本较低

【答案】A、C、D

【解析】本题的考核点是设备租赁的优越性和缺点。

【例题2·单选题】对于承租人来说，设备租赁与设备购买相比，不足之处在于（　　）。

    A. 长年支付租金，形成长期负债

    B. 不能获得良好的技术服务

    C. 不能享受税费上的利益

    D. 容易受利率波动的冲击

【答案】A

【解析】本题的考核点是设备租赁相对于设备购买的优越性和不足之处。

核心考点三　设备租赁费用

租赁费用主要包括：租赁保证金、租金和担保费。

1. 影响租金的因素

影响租金的因素很多，如设备的价格、融资的利息及费用、各种税金、租赁保证金、运费、租赁利差、各种费用的支付时间，以及租金采用的计算公式等。

2. 租金的计算

（1）附加率法计算年租金。附加率法是在租赁资产的设备货价或概算成本上再加上一个特定的比率来计算租金：

$$R = P \frac{(1 + N \times i)}{N} + P \times r$$

（2）年金法的概念。年金法是将一项租赁资产价值按动态等额分摊到未来各租赁期间内的租金计算方法。年金法计算有期末支付和期初支付租金之分。

若每期期末支付租赁，则每期末的租金：

$$A = P \frac{i(1+i)^n}{(1+i)^n - 1}$$

3. 设备租赁与购置方案的比较——互斥方案比较优选。

如果设备带来的收入相同，则只需要比较租赁费用和购置费用。

（1）当设备寿命相同时，一般可以采用净现值法；（2）设备寿命不同时，可以采用年值法。无论采用净现值法还是年值法，都以收益效果最大或成本较少的方案为优。

◆ **考法：租金的计算**

【例题1·单选题】某施工企业拟租赁一台设备，该设备价格为100万元，寿命期和租期均为6年，每年年末支付租金，折现率为6%，附加率为3%，则按附加率法计算每年租金为（　　）万元。

  A. 18.00   B. 22.67

  C. 25.67   D. 36.00

【答案】C

【解析】本题的考核点是用附加率法计算设备的年租金：

$$R = P \frac{(1 + N \times i)}{N} + P \times r = 100 \frac{(1 + 6 \times 6\%)}{6} + 100 \times 3\% = 25.67 \, 万元。$$

【例题2·单选题】租赁公司拟出租给某施工企业一台设备，设备的价格为48万元，租期为5年，利率为10%。租金在每年年末支付，则每年年末支付的租金（　　）万元。

  A. 8.15   B. 10.25

  C. 12.00   D. 12.66

【答案】D

【解析】本题的考核点是租金计算——年金法：

$$A = P \frac{i(1+i)^n}{(1+i)^n - 1} = 48 \frac{10\% \times (1 + 10\%)^5}{(1 + 10\%)^5 - 1} = 12.66 \, 万元。$$

第5章 价 值 工 程

本章核心考点提纲

5.1 价值工程原理 { ★ 价值工程概念及其特点
★ 提高价值的途径

5.2 价值工程实施步骤 { ★ 价值工程对象的选择
★ 功能分类
★ 功能评价：价值系数的计算及结果分析
★ 价值工程创新阶段

本章核心考点分析

5.1 价值工程原理

核心考点一 价值工程概念及特点

1. 价值工程的概念

（1）价值工程：是通过各相关领域的协作，对研究对象的功能和费用进行系统分析，持续创新，旨在提高研究对象价值的一种管理思想和管理技术。

（2）价值工程对象：是指为获取功能而发生费用的事物，可以是产品、过程、服务或他们的组成部分。

（3）价值：对象所具有的功能与获得功能所发生费用之比，理论公式为：$V = F/C$

（4）工程：为提高对象价值所进行的一系列活动。

2. 价值工程的特点

（1）价值工程能有效实现对象技术和经济的结合

对象的功能设置或配置是技术问题，而对象的费用是经济问题。

（2）价值工程基于用户/顾客（消费者）视角解决问题

企业提供的商品或服务受用户欢迎须具备两个条件：① 商品或服务具有的功能可以满足消费者的某种需求；② 商品或服务的价格适当，符合甚至低于消费者愿意支付的代价。

（3）价值工程的目标是提高对象的价值

价值工程的"价值"是功能与费用（成本）的比较价值，体现的是功能与成本之间的协调关系，不是单纯地提高或增加功能，也不是为降低成本而节省费用，目标是提高对象的价值，这种价值提高的效果应为消费者和企业所共享。

（4）价值工程活动的核心是功能分析。

（5）价值工程强调技术方案创新

以产品为对象实施价值工程时，重点应放在产品的研发和设计阶段。

（6）价值工程需要进行量化分析。

（7）价值工程是一种有组织的管理活动。

◆**考法**：价值工程概念及特点的相关内容

【例题1·多选题】下列关于价值工程原理的描述中，正确的有（　　　）。

    A. 价值工程中所述的"价值"是指研究对象的使用价值

    B. 运用价值工程的目的是提高研究对象的价值

    C. 价值工程的核心是对研究对象进行功能分析

    D. 价值工程是一门旨在提高研究对象价值的一种管理思想和管理技术

    E. 价值工程中所述的"成本"是指研究对象建造／制造阶段的全部费用

【答案】B、C、D

【解析】本题的考核点是价值工程相关概念。

【例题2·2024年真题·单选题】运用价值工程优化某项目设计方案时，工程的含义是（　　　）。

    A. 为提高设计方案价值进行的活动

    B. 为评价该设计方案工程有可行性进行的活动

    C. 为估计该设计方案工程概算价值的活动

    D. 为降低设计方案寿命周期成本的活动

【答案】A

【解析】本题的考核点是价值工程的相关概念。

核心考点二　提高价值的途径

根据基本原理公式 $V = F/C$，提高价值有以下五种途径：

（1）双向型 $\dfrac{F\uparrow}{C\downarrow}$ ——在提高产品功能的同时，又降低产品成本。

（2）改进型 $\dfrac{F\uparrow}{C-}$ ——在产品成本不变的条件下，通过提高产品的功能，提高利用资源的成果或效用。

（3）节约型 $\dfrac{F-}{C\downarrow}$ ——保持产品功能不变前提下，通过降低成本达到提高价值的目的。

（4）投资型 $\dfrac{F\uparrow\uparrow}{C\uparrow}$ ——产品功能有较大幅度提高，产品成本有较少提高。

（5）牺牲型 $\dfrac{F\downarrow}{C\downarrow\downarrow}$ ——产品功能略有下降、产品成本大幅度降低。

确定何种途径提高对象价值应遵循的原则：

（1）功能调整应以顾客对功能的需求为依据；（2）提高对象价值应着眼于提升用户体

验背后的商业价值；（3）应从方案创新、替代方案选择和管理控制三方面寻求具体解决办法。

◆ **考法：提高价值的案例应用分析**

【例题1·单选题】 某轻轨工程，原计划采用甲工艺进行施工，计划工期835天，后经价值工程优化，决定采用乙工艺代替甲工艺，达到了同样的施工质量，且工程成本未变，但工期提前了250天，同时减少业主贷款利息上千万元。根据价值工程原理，该提高建设项目价值的途径属于（　　　）。

  A. 功能提高，成本降低   B. 功能不变，成本降低

  C. 功能提高，成本不变   D. 功能不变，成本不变

【答案】 B

【解析】 本题的考核点是提高价值途径的应用分析。

【例题2·单选题】 人防工程设计时，在考虑战时能发挥其隐蔽功能的基础上平时利用为地下停车场。这种提高产品价值的途径是（　　　）。

  A. 改进型   B. 双向型

  C. 节约型   D. 牺牲型

【答案】 A

【解析】 本题的考核点是价值工程分析中提高价值途径的判断。

5.2　价值工程实施步骤

价值工程的一般工作程序包括四个阶段：（1）准备阶段；（2）分析阶段；（3）创新阶段；（4）实施阶段。

核心考点一　价值工程对象的选择

（1）选择原则

① 设计维度：选择结构或构造复杂、性能和技术指标差、体积和/或重量大的工程项目或其分部分项工程。

② 施工维度：选择工程量大、工序繁琐、工艺复杂、原材料和能源消耗高、质量难以保证的工程项目或其分部分项工程。

③ 市场维度：选择用户意见多、竞争力差的工程项目或其分部分项工程。

④ 成本/费用维度：选择成本/费用高或占比大的工程或其分部分项工程。

建设单位可侧重于从市场维度、设计维度、成本/费用维度选择价值工程对象；设计单位可侧重于从设计维度、成本/费用维度选择价值工程对象；施工单位可侧重于从施工维度和成本/费用维度选择价值工程对象。

（2）选择方法

① 因素分析法：考虑的各种因素，凭借分析人员的经验集体研究确定选择对象的方法。适用于备选对象彼此差异较大，量化比较意义不大和时间紧迫难以量化比较的情形。

② ABC分析法：对工程项目而言，可以按照工程项目类型或者一个项目中的组成部分及相应的造价或成本划分ABC类，应优先选择A类为价值工程对象。

③强制确定法：以功能重要程度作为选择价值工程对象的一种分析方法。

强制确定重要性的常用方法如 0-1 评分法、0-4 评分法等。该方法适用于从产品或其组成部分的性能、效用维度选择价值工程对象。

④百分比分析法：通过分析某种费用或资源对企业或产品的某个技术经济指标的影响程度的大小（百分比），据以选择价值工程对象的方法。

该方法侧重于从成本／费用维度选择价值工程对象。

⑤价值指数法：计算备选对象的价值指数，根据指数大小选择价值工程对象。

◆**考法：价值工程对象选择的原则和方法**

【**例题·单选题**】从设计维度看，优先作为价值工程研究对象的是（　　　　）。

    A. 结构复杂、性能和技术指标较差的工程产品

    B. 用户意见少竞争力较强的工程产品

    C. 成本较低或占总成本比重较小的工程产品

    D. 工艺简单、原材料能耗较低、质量有一定保障的工程产品

【**答案**】A

【**解析**】本题的考核点是准备阶段价值工程分析对象的选择原则。

核心考点二　功能分类

1. 功能分类

（1）基本功能和辅助功能

基本功能是与对象的主要目的直接有关的功能，基本功能是对象存在的主要理由；辅助功能是为更好实现基本功能服务的功能。

（2）使用功能和品位功能

使用功能是对象具有的与技术经济用途直接有关的功能；品位功能是与使用者的精神感觉、主观意识有关的功能，包括贵重功能、美学功能、外观功能、欣赏功能等。

（3）必要功能和不必要功能

必要功能是为满足使用者的需求而必须具备的功能；不必要功能是对象具有的与满足使用者需求无关的功能。

（4）不足功能和过剩功能

不足功能和过剩功能是相对于使用者的必要功能而言的，不足功能是指对象尚未足量满足使用者需求的必要功能；过剩功能是对象具有的超量满足使用者需求的必要功能。

2. 功能分析基本过程

功能定义、功能整理和功能计量。

◆**考法：功能分类的相关概念**

【**例题·多选题**】价值工程分析中，将功能分为使用功能和品位功能。下列功能中，属于品位功能的有（　　　　）。

    A. 美学功能   B. 不足功能

    C. 贵重功能   D. 辅助功能

    E. 外观功能

【答案】A、C、E

【解析】本题的考核点是价值工程分析中的功能分类。

核心考点三　功能评价：价值系数的计算及结果分析

功能评价是对功能进行量化，以确定功能评价值（绝对值）或功能指数（相对值），并与实现功能的成本或成本指数进行比较，计算价值系数，以确定价值工程改进对象或运用价值工程原理进行方案择优的过程。

1. 价值系数（指数）的计算方法

（1）方法一：价值系数 $= \dfrac{\text{初始目标成本（功能评价值）}}{\text{目前成本（现实成本）}}$

（2）方法二：价值指数 $V_i = \dfrac{\text{第 } i \text{ 个方案功能指数 } F_i}{\text{第 } i \text{ 个方案成本指数 } C_i}$

功能指数 $F_i = \dfrac{\text{第 } i \text{ 个方案功能得分}}{\displaystyle\sum_{i=1}^{n} \text{第 } i \text{ 个方案功能得分}}$

成本指数 $C_i = \dfrac{\text{第 } i \text{ 个方案成本得分}}{\displaystyle\sum_{i=1}^{n} \text{第 } i \text{ 个方案成本得分}}$

2. 价值系数结果分析

（1）功能的价值系数 $V=1$，为理想的情况，表明为保证功能及功能水平值得的投入（评价值，初始目标成本）是与功能目前成本投入一致。这种情形一般无须改进。

（2）价值系数 $V<1$，一种可能是存量过剩功能；另一种可能是功能虽无过剩，但实现功能的条件或方法不佳，以致功能目前成本大于实现所需功能水平的理想成本。

（3）价值系数 $V>1$，表明功能目前投入低于实现该功能合理的、理想的投入。对这种情况应具体分析，一种情况是功能评价值估计过高，应重新进行功能评价；第二种情况是企业有特别的资源、技术优势或者管理手段实现了低投入，这种情况一般不需要调整对象的实施方案，但应保持其优势；第三种情况是可能有外部因素的影响。

3. 确定改进的功能区域和功能区域目标成本

（1）对于价值系数 $V<1$ 的情形，企业应作为重点改进的区域，越低的越应优先改进。

（2）也可以根据成本改进期望值确定改进的功能区域，改进期望值越大越应优先改进。

（3）功能评价的思路和方法也可以运用于方案的比较和选择，应选择价值系数较大的方案为最优方案。

◆ 考法 1：价值系数结果分析

【例题 1·多选题】造成价值工程活动对象的价值系数 V 小于 1 的可能原因有（　　）。

　　A. 评价对象的现实成本偏低　　　　B. 功能现实成本大于功能评价值

　　C. 可能存在着不足的功能　　　　　D. 实现功能的条件或方法不佳

E. 可能存在着过剩的功能

【答案】B、D、E

【解析】掌握确定价值工程对象的改进范围的方法。

当 $V_i < 1$，此时功能现实成本大于功能评价值。原因可能是存在着过剩的功能或实现功能的条件或方法不佳，以致使实现功能的成本大于功能的实际需要。

◆ **考法 2：价值系数计算及确定改进功能区域**

【例题 2·单选题】某住宅工程建筑部分的功能分四个功能区域，将该类住宅建筑部分当地合理造价 2300 元 /m² 确定为初始总成本。经分析计算各功能区域结果如下表所示，应优先考虑改进的功能区域是（　　）。

序号	功能领域	评价值（目标成本）	目前成本
1	空间设置 F_1	920	950
2	通风采光 F_2	690	750
3	保温 F_3	460	550
4	居住环境 F_4	230	200

A. 空间设置 　　　　　　　　　　B. 通风采光

C. 保温 　　　　　　　　　　　　D. 居住环境

【答案】C

【解析】本题的考核点是对价值系数的计算及确定改进功能区域应用。

首先，计算每个功能区域的价值系数。

序号	功能领域	评价值（目标成本）	目前成本	价值系数 V
1	空间设置 F_1	920	950	0.97
2	通风采光 F_2	690	750	0.92
3	保温 F_3	460	550	0.84
4	居住环境 F_4	230	200	1.15

然后，分析判断改进功能区域：对于价值系数 $V < 1$ 的情形，企业应作为重点改进的区域，越低的越应优先改进。

【例题 3·单选题】某抹灰工程，面积 5000m²，有人工抹灰和机械喷射两个施工方案，人工抹灰单价 40 元 /m²，机械抹灰单价 50 元 /m²，采用 10 分制评分，人工抹灰方案能达到的效果（多功能需求综合满足程度）为 9.10 分，机械喷射方案能达到的效果（多功能需求综合满足程度）为 9.80 分。同时，机械喷射方案缩短工期 1 个月，可获得奖励 4.5 万元。该抹灰工程应选择（　　）。

A. 人工抹灰 　　　　　　　　　　B. 机械抹灰

C. 交替采用 　　　　　　　　　　D. 无法确定

【答案】B

【解析】本题的考核点是对价值系数的计算及确定改进功能区域应用。

方案	功能得分	功能指数 F_i	成本（元/m²）	成本指数 C_i	价值指数 V_i
人工抹灰	9.10	0.48	40.00	0.49	0.98
机械喷射	9.80	0.52	41.00	0.51	1.02

功能评价的思路和方法也可以运用于方案的比较和选择，应选择价值系数较大（1.02）方案为最优方案。

核心考点四　价值工程创新阶段

1. 方案创新

（1）目的：是发现对象现有方案的替代方案，即用其他的途径或方法满足对象所需功能并提升对象价值的方案。

（2）基本思路：依据已建立的功能系统图、功能特性和功能目标成本，通过创造性的思维和活动，提出各种不同的实现功能的方案，即功能的载体。

（3）方法：方案创造以定性方法为主，如头脑风暴法、歌顿法（模糊目标法）、专家意见法（德尔菲法）、专家检查法等。

2. 方案评价

方案评价分为概略评价和详细评价两阶段进行。两阶段的评价内容都包括技术评价、经济评价、社会评价和环境评价。

◆**考法：价值工程方案创新的方法**

【例题·2024年真题·多选题】价值工程方案创新的方法有（　　　　）。

    A. 价值指数法   B. 专家意见法

    C. 专家检查法   D. 头脑风暴法

    E. 价值法

【答案】B、C、D

【解析】本题的考核点是价值工程方案创新的方法。

本篇模拟强化练习

第1章 资金时间价值计算及应用

一、单项选择题

1. 某企业年初投资 3000 万元，10 年内等额回收本利，若基准收益率为 8%，则每年年末应回收的资金是（   ）万元。已知：$(A/F, 8\%, 10) = 0.069$ $(A/P, 8\%, 10) = 0.149$ $(P/F, 8\%, 10) = 2.159$

    A. 324   B. 447

    C. 507   D. 648

2. 下列关于现值 P、终值 F、年金 A、利率 i、计息期数 n 之间关系的描述中，正确的是（   ）。

    A. F 一定、n 相同时，i 越高、P 越大

    B. P 一定、n 相同时，i 越高、F 越小

    C. i、n 相同时，F 与 P 呈同向变化

    D. i、n 相同时，F 与 P 呈反向变化

3. 已知年利率 12%，每月复利计息一次，则季度的实际利率为（   ）。

    A. 1.003%   B. 3.00%

    C. 3.03%   D. 4.00%

4. 每半年末存款 2000 元，年利率 4%，每季复利计息一次，2 年末存款本息和为（   ）万元。

    A. 8160.00   B. 8243.22

    C. 8244.45   D. 8492.93

5. 某施工企业年初向银行贷款流动资金 100 万元，按季计算并支付利息，季度利率 2%，则一年支付的利息总和为（   ）万元。

    A. 8.00   B. 8.08

    C. 8.24   D. 8.40

6. 已知年名义利率为 10%，每季度计息 1 次，复利计息。则年有效利率为（   ）。

    A. 10.00%   B. 10.25%

    C. 10.38%   D. 10.47%

7. 某施工企业向银行借款 250 万元，期限 2 年，年利率 6%，半年复利计息一次。第二年末还本付息，则到期时企业需支付给银行的利息为（   ）万元。

    A. 30.0   B. 30.45

    C. 30.90   D. 31.38

8. 甲公司从银行借入 1000 万元，年利率为 8%，单利计息，借期 4 年，到期一次性还本付息，则该公司第四年末一次偿还的本利和为（　　）万元。

    A. 1360
              B. 1324

    C. 1320
              D. 1160

9. 某施工企业拟从银行借款 500 万元，期限 5 年，年利率 8%，按复利计息，则企业支付本利和最多的还款方式是（　　）。

    A. 每年年末偿还当期利息，第 5 年年末一次还清本金

    B. 每年年末等额本金还款，另付当期利息

    C. 每年年末等额本息还款

    D. 第 5 年年末一次还本付息

10. 某施工企业每年年末存入银行 10 万元，用于 5 年后的设备技术改造。已知银行存款年利率为 4%，按年复利计息，则到第 5 年末可用于技术改造的资金总额为（　　）万元。

    A. 56.01
              B. 60.00

    C. 52.25
              D. 54.16

11. 某企业拟存款 200 万元。下列存款利率和计息方式中，在第 5 年末存款本息和最多的是（　　）。

    A. 年利率 6%，按单利计算
        B. 年利率 5.5%，每年复利一次

    C. 年利率 4%，每季度复利一次
    D. 年利率 5%，每半年复利一次

12. 某企业年初从银行借款 1000 万元，期限 3 年，年利率为 5%，银行要求每年末支付当年利息，则第 3 年末需偿还的本息和是（　　）万元。

    A. 1050.00
           B. 1100.00

    C. 1150.00
           D. 1157.63

13. 某公司同一笔资金有如下四种借款方案，均在年末支付利息。则优选的借款方案是（　　）。

    A. 年名义利率 3.6%，按月计息

    B. 年名义利率 4.4%，按季度计息

    C. 年名义利率 5.0%，半年计息一次

    D. 年名义利率 5.5%，一年计息一次

14. 企业年初借入一笔资金，年名义利率为 6%，按季度复利计息，年末本利和为 3184.09 万元，则年初借款金额是（　　）万元。

    A. 3003.86
           B. 3000.00

    C. 3018.03
           D. 3185.03

15. 某公司年初存入银行 100 万元，年名义利率 4%，按季复利计息。第 5 年末该笔存款本利和约为（　　）万元。

    A. 117.258
           B. 121.665

    C. 122.019
           D. 126.973

16. 某企业希望未来 5 年每年末等额投入一笔资金，用于偿还第 5 年年末的借款本息和 2000 万元，年收益率 4%，按年复利计算，该企业每年末应投入的资金是（　　）万元。

    A. 369.254

    B. 449.254

    C. 470.980

    D. 550.980

二、多项选择题

17. 关于年有效利率的名义利率的说法，正确的有（　　）。

    A. 当每年计息周期数大于 1 时，名义利率大于年有效利率

    B. 年有效利率比名义利率更能准确反映资金的时间价值

    C. 名义利率一定，计息周期越短，年有效利率与名义利率差异越小

    D. 名义利率为 r，一年内计息 m 次，则计息周期利率为 $r \times m$

    E. 当每年计息周期数等于 1 时，则年有效利率等于名义利率

18. 关于利率高低影响因素的说法，正确的有（　　）。

    A. 社会平均利润率是决定利率水平的首要因素

    B. 在经济周期的扩张期，政府为了进一步刺激经济，利率会下降

    C. 资本借出期间的不可预见因素越多，利率越高

    D. 借出资本期限越长，利率越高

    E. 社会平均利润率不变的情况下，借贷资本供过于求会导致利率上升

19. 关于现金流量图绘制规则的说法，正确的有（　　）。

    A. 横轴为时间轴，向右延伸表示时间的延续

    B. 垂直箭线代表不同时点的现金流量情况

    C. 箭线长短应能体现各时点现金流量数值的差异

    D. 对投资人而言，横轴上方的箭线表示现金流出

    E. 箭线与时间轴的交点即为现金流量发生的时点

20. 关于资金时间价值的说法，正确的有（　　）。

    A. 单位时间资金增值率一定的条件下，资金的时间价值与使用时长成正比

    B. 其他条件不变的情况下，资金的时间价值与资金数量成正比

    C. 资金时间价值来源于资金在生产运营中发挥作用产生的贬值

    D. 资金在不同时机使用增值的潜力不同，具有不同的时间价值

    E. 一定时间内等量资金的周转次数越多，资金的时间价值越多

21. 下列与资金有关的因素中，属于直接影响资金时间价值的因素有（　　）。

    A. 资金的使用时机

    B. 资金的使用时长

    C. 资金的筹措方式

    D. 投入的资金数量

    E. 资金的周转速度

22. 绘制现金流量图需要把握的现金流量的要素有（　　）。

    A. 现金流量的大小

    B. 绘制比例

    C. 时间单位

    D. 现金流入或流出

    E. 发生的时点

第2章 经济效果评价

一、单项选择题

1. 某投资方案的初期投资额为 1000 万元，此后每年年末的净现金流量为 200 万元，若基准收益率为 15%，方案的寿命期为 12 年，则该方案的财务净现值为（ ）万元。[（P/A，15%，12）＝5.421]

    A. 68.40

    B. 89.60

    C. 120.20

    D. 84.20

2. 某投资项目现有甲、乙两个互斥方案，两方案的现金流量见下表（单位：万元），方案寿命期均为 10 年，若确定的基准收益率为 10%，应选择（ ）。

方案	期初投资	各年净现金流量
甲	5000	900
乙	6000	1000

    A. 甲方案

    B. 乙方案

    C. 甲乙方案均可

    D. 甲乙方案均放弃

3. 关于方案经济效果评价的说法，正确的是（ ）。

    A. 对预测数据较为准确的方案，只需要进行确定性分析，不需要进行不确定性分析

    B. 财务净现值、投资回收期和投资收益率均是不确定性分析的指标

    C. 融资前经济效果分析通常以静态分析为主，动态分析为辅

    D. 融资后盈利能力动态分析主要进行项目资本金现金流量分析和投资各方现金流量分析，用于比选融资方案。

4. 某常规技术方案，$FNPV$（15%）＝180 万元，$FNPV$（17%）＝-60 万元，则方案的 $FIRR$ 大约为（ ）。

    A. 16.50%

    B. 16.21%

    C. 17.33%

    D. 16.00%

5. 下列工程经济效果评价指标中，属于盈利能力分析动态指标的是（ ）。

    A. 财务净现值

    B. 投资收益率

    C. 借款偿还率

    D. 流动比率

6. 对于待定的投资方案，若基准收益率增大，则投资方案评价指标的变化规律是（ ）。

    A. 财务净现值与内部收益率均减小

    B. 财务净现值与内部收益率均增大

    C. 财务净现值减小，内部收益率均不变

    D. 财务净现值增大，内部收益率均减小

7. 某企业拟新建一项目，有两个备选方案技术均可行。甲方案投资 5000 万元。计算期 15 年，财务净现值为 200 万元。乙方案投资 8000 万元，计算期 20 年，财务净现值为 300 万元。则关于两方案比较的说法，正确的是（　　）。

  A. 甲乙案必须构造一个相同的分析期限才能比选

  B. 甲方案投资少于乙方案，净现值大于零，故甲方案较优

  C. 乙方案净现值大于甲方案，且都大于零，故乙方案较优

  D. 甲方案计算期短，说明甲方案的投资回收速度快于乙方案

8. 某投资方案建设期为 1 年，第 1 年年初投资 8000 万元，第 2 年年初开始运营，运营期为 4 年，运营期每年年末净收益为 3000 万元，净残值为零。若基准收益率为 10%，则该投资方案的财务净现值和静态投资回收期分别为（　　）。

  A. 1510 万元和 3.67 年   B. 1510 万元和 2.67 年

  C. 645 万元和 3.67 年   D. 645 万元和 2.67 年

9. 某技术方案具有常规现金流量，当基准收益率为 11% 时，财务净现值为 -167 万元；当基准收益率为 9% 时，财务净现值为 142.76 万元；当基准收益率为 6% 时，财务净现值为 341.76 万元。则该技术方案的内部收益率最可能的范围为（　　）。

  A. 小于 6%   B. 大于 6%，小于 9%

  C. 大于 9%，小于 11%   D. 大于 11%

10. 某技术方案的净现金流量见下表，若基准收益率大于 0，则该方案的财务净现值可能的范围是（　　）。

计算期（年）	0	1	2	3	4	5
净现金流量（万元）	—	−300	−200	200	600	600

  A. 等于 1400 万元   B. 大于 900 万元，小于 1400 万元

  C. 等于 900 万元   D. 小于 900 万元

11. 某技术方案的静态投资回收期为 5.5 年，行业基准值为 6 年。关于该方案经济效果评价的说法，正确的是（　　）。

  A. 该方案静态投资回收期短于行业基准值，表明资本周转的速度慢

  B. 从静态投资回收期可以判断该方案前 5 年各年均不盈利

  C. 静态投资回收期短于行业基准值，不代表该方案内部收益率大于行业基准收益率

  D. 静态投资回收期短，表明该方案净现值一定大于零

12. 某技术方案的现金流量如下表。若基准收益率为 10%，则该方案的财务净现值是（　　）万元。

计算期（年）	1	2	3	4	5
现金流入（万元）	—	—	1500	2000	2000
现金流出（万元）	500	1000	600	1000	1000

A. 699.12   B. 769.03

C. 956.22   D. 1400.00

13. 某技术方案的净现金流量和财务净现值如下表。根据表中数据，关于该方案评价的说法，正确的是（　　）。

年份	1	2	3	4	5	6	7
净现金流量（万元）	−420	−470	200	250	250	250	250
财务净现值（折现率8%）	24.276万元						

A. 累计净现金流量小于零   B. 财务内部收益率可能小于8%

C. 静态投资回收期大于6年   D. 项目在经济上可行

14. 关于财务内部收益率的说法，正确的是（　　）。

A. 其大小易受基准收益率等外部参数的影响

B. 考虑了技术方案在整个计算期内的经济状况

C. 任一技术方案的财务内部收益率均存在唯一解

D. 可直接用于互斥方案之间的比选

15. 关于财务基准收益率的说法，正确的是（　　）。

A. 境外投资项目基准收益率的测定，可忽略国家风险因素

B. 财务基准收益率必须由政府投资主管部门统一确定

C. 财务基准收益率的确定应考虑资金成本、投资机会成本、通货膨胀和风险因素

D. 财务基准收益率是投资项目可能获得的最高盈利水平

16. 关于技术方案经济效果评价的说法，正确的是（　　）。

A. 经济效果评价应定性分析和定量分析相结合，以定性分析为主

B. 经济效果动态分析不能全面地反映技术方案整个计算期的经济效果

C. 融资前经济效果分析通常以静态分析为主，动态分析为辅

D. 方案实施前经济效果分析通常存在一定的不确定性和风险性

17. 关于多方案经济效果评价中方案之间关系的说法，正确的是（　　）。

A. 当一个方案的执行虽然不排斥其他方案，但可以使其效益减少，这时方案之间具有负相关关系，方案之间的比选可以转化为互斥关系

B. 独立方案在经济上是否可接受，不取决于方案自身的经济性

C. 互斥型方案意味着各方案间彼此不能相互替代

D. 互斥型方案的经济比选，无需考察各方案自身的经济效果

18. 某投资方案的现金流量如下表，该方案的静态投资回收期为（　　）年。

年份	0	1	2	3	4	5	6	7
现金流入（万元）	—	—	—	130	260	450	480	550
现金流出（万元）	—	560	270	80	150	220	230	250

A. 6.36   B. 6.58

C. 6.63   D. 6.76

19. 对于效益基本相同，但效益难以用货币具体估算的互斥技术方案，在方案比选时可采用的评价指标是（　　）。

　　A. 费用现值   B. 增量投资

　　C. 净现值率   D. 净年值

20. 现有甲乙两个互斥的技术方案，两方案均可行且计算期相同，甲方案的投资额大于乙方案。若采用增量投资财务内部收益率法对甲乙两方案进行比选，则甲方案优于乙方案的判断标准是（　　）。

　　A. 增量投资财务内部收益率大于零

　　B. 增量投资内部收益率小于零

　　C. 增量投资财务内部收益率大于基准收益率

　　D. 增量投资财务内部收益率小于基准收益率

二、多项选择题

21. 方案偿债能力评价指标有（　　）。

　　A. 内部收益率   B. 资产负债率

　　C. 生产能力利用率   D. 利息备付率

　　E. 流动比率

22. 对于产出物由市场定价的方案，其财务基准收益率根据资金成本和收益由投资者自行测定，一般应考虑（　　）等情况综合测定。

　　A. 自身的发展战略和经营策略   B. 资金成本

　　C. 方案的特点和风险   D. 沉没成本

　　E. 机会成本

23. 对于经营性项目，通过财务报表分析，计算财务指标，进行经济效果评价的内容有（　　）。

　　A. 经济寿命分析   B. 盈利能力分析

　　C. 偿债能力分析   D. 经济费用效益分析

　　E. 财务可持续能力分析

24. 某项目寿命期内有关数据如下表，基准收益率为10%，关于项目经济效果评价的说法，正确的有（　　）。

	建设期		运营期				
年份	0	1	2	3	4	5	6
净现金流量（万元）		−5000	2000	2000	2000	2000	2000
净现金流量现值（万元）			1653	1503	1366	1242	1129

　　A. 自运营期起，项目静态投资回收期为2.5年

　　B. 项目投资现值为−5000万元

C. 项目累计净现金流量为 5000 万元

D. 项目经济效果评价的计算期为 7 年

E. 项目净现值为 2348 万元

25. 下列经济效果评价指标中，属于盈利能力分析的动态指标有（　　）。

A. 资本金净利润率　　　　　　B. 财务内部收益率

C. 速动比率　　　　　　　　　D. 财务净现值

E. 利息备付率

26. 进行多方案比选时，关于多方案之间经济关系的说法，正确的是（　　）。

A. 若一组方案中任一方案的采用与否均仅与自身的可行性相关，则该组方案间为独立关系

B. 若一组方案中仅有一个方案能被采用，其余方案均必须放弃，则该组方案间为互斥关系

C. 互斥型关系要求备选方案之间有足够的差异，无法相互替代

D. 具有正相关关系的方案比选可以采用独立方案比选方法

E. 相关关系的形成主要由资源限制和方案的不可分割性造成的

27. 在进行计算期不同的互斥方案比选时，适宜直接采用的方法有（　　）。

A. 净现值法　　　　　　　　　B. 财务内部收益率法

C. 年值法　　　　　　　　　　D. 最小公倍数法

E. 研究期法

第 3 章　不确定性分析

一、单项选择题

1. 项目盈亏平衡分析时，一般应列入固定成本的是（　　）。

A. 生产工人工资　　　　　　　B. 外购原材料费用

C. 外购燃料动力费用　　　　　D. 固定资产折旧费

2. 项目敏感性分析的目的是寻求敏感性因素，通常判别敏感性因素的方法有相对测定法和绝对测定法，下面属于相对测定法的是（　　）。

A. 盈亏平衡点计算　　　　　　B. 生产能力利用率

C. 临界点计算分析法　　　　　D. 敏感度系数计算分析法

3. 单因素敏感分析过程包括：① 确定敏感因素；② 确定分析指标；③ 选择不确定性因素；④ 计算不确定性因素的变化对分析指标的影响。正确的排列顺序是（　　）。

A. ③②④①　　　　　　　　　B. ①②③④

C. ②④③①　　　　　　　　　D. ②③④①

4. 关于技术方案敏感性分析的说法，正确的是（　　）。

A. 敏感性分析只能分析单一不确定因素变化对技术方案经济效果的影响

B. 敏感性分析的局限性是依靠分析人员主观经验来分析判断，有可能存在片面性

C. 敏感度系数越大，表明评价指标对不确定因素越不敏感

D. 敏感性分析必须考虑所有不确定因素对评价指标的影响

5. 对某技术方案进行单因素敏感性分析。当预计投产后的单位产品可变成本为 500 元时，该技术方案的财务净现值为 850 万元；当预计单位产品可变成本为 600 元时，该技术方案的财务净现值为 500 万元；当预计单位产品可变成本为 650 元时，该技术方案的财务净现值为 360 万元；当预计单位产品可变成本为 700 元时，该技术方案的财务净现值为 80 万元；当预计单位产品可变成本为 750 元时，该技术方案的财务净现值为 −180 万元。则该技术方案预计投产后单位产品可变成本上升的临界值是（　　）元。

  A. ≤ 750   B. 700～750

  C. 650～700   D. ≤ 700

6. 某技术方案进行单因素敏感性分析的结果是：产品售价下降 10% 时内部收益率的变化率为 55%；原材料价格上涨 10% 时内部收益率的变化率为 39%；建设投资上涨 10% 时内部收益率的变化率为 50%；人工工资上涨 10% 时内部收益率的变化率为 30%。则该技术方案的内部收益率对（　　）最敏感。

  A. 人工工资   B. 产品售价

  C. 原材料价格   D. 建设投资

7. 某公司生产单一产品，设计年生产能力为 3 万件，单位产品售价为 380 元 / 件，单位产品可变成本为 120 元 / 件，单位产品税金及附加为 70 元 / 件，年固定成本为 285 万元。该公司盈亏平衡点的产销量为（　　）件。

  A. 20000   B. 19000

  C. 15000   D. 7500

8. 对某技术方案进行敏感性分析，以 $FNPV$ 为分析指标，不确定性因素有投资额、经营成本和产品价格，分析过程如下图所示，则各因素的敏感程度从大到小的排列顺序为（　　）。

  A. 经营成本—投资额—产品价格   B. 投资额—经营成本—产品价格

  C. 产品价格—经营成本—投资额   D. 产品价格—投资额—经营成本

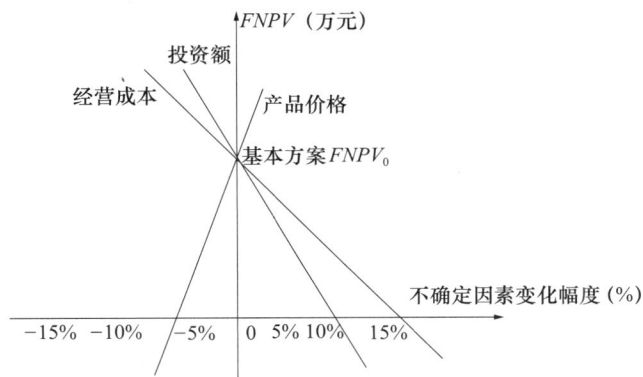

9. 某技术方案年设计生产能力为 20 万台，单台产品销售价格为 20000 元，单台产品可变成本为 18600 元，单台产品税金及附加为 600 元。若盈亏平衡点年产量为 10 万台，

则该方案的年固定成本为（　　　）万元。

    A. 6250 　　　　　　　　　　　B. 5000

    C. 7000 　　　　　　　　　　　D. 8000

10. 某技术方案年设计生产能力为 10 万台，年固定成本为 1200 万元，满负荷生产时，产品年销售收入为 9000 万元，单台产品可变成本为 560 元，以上均为不含税价格，单台产品税金及附加为 12 元，则该方案以生产能力利用率表示的盈亏平衡点是（　　　）。

    A. 13.33% 　　　　　　　　　　B. 14.24%

    C. 35.29% 　　　　　　　　　　D. 36.59%

11. 关于技术方案不确定因素临界点的说法，正确的是（　　　）。

    A. 若基准收益率固定，某不确定性因素的临界点百分比越小，说明方案对该因素就越敏感

    B. 对同一个技术方案，随着基准收益率的提高，临界点也会变高

    C. 不确定因素临界点的高低，不能作为判定风险的依据

    D. 临界点是客观存在的，与设定的指标判断标准无关

12. 关于盈亏平衡分析的说法，正确的是（　　　）。

    A. 盈亏平衡点要按技术方案计算期内年平均的产销量、变动成本、固定成本、产品价格和营业税金及附加等数据来计算

    B. 技术方案涉及的增值税销项税计入收入，进项税计入成本

    C. 盈亏平衡点能揭示产生技术方案风险的根源

    D. 用生产能力利用率的计算结果表示技术方案运营的安全程度，若 BEP（%）≤70%，则技术方案的运营是安全的，或者说技术方案可以承受较大的风险

13. 已知某投资方案财务内部收益率（$FIRR$）为 10%，现选择 4 个影响因素分别进行单因素敏感性分析，计算结果如下：当产品价格上涨 10% 时，$FIRR=11.0\%$；当原材料价格上涨 10% 时，$FIRR=9.5\%$；当建设投资上涨 10% 时，$FIRR=9.0\%$；当人民币汇率上涨 10% 时，$FIRR=8.8\%$。根据上述条件判断，最敏感的因素是（　　　）。

    A. 建设投资 　　　　　　　　　B. 原材料价格

    C. 产品价格 　　　　　　　　　D. 人民币汇率

14. 关于技术方案敏感性分析的说法，正确的是（　　　）。

    A. 敏感性分析可以通过计算敏感度系数和临界点确定敏感因素

    B. 不确定因素的临界点越低，该因素对技术方案的评价指标影响越小

    C. 敏感度系数大于零，表示评价指标与不确定因素反方向变化

    D. 敏感度系数的绝对值越大，表明评价指标对于不确定因素越不敏感

15. 某技术方案年设计生产能力为 3 万吨，产销量一致，销售价格和成本费用均不含增值税，单位产品售价为 300 元/吨，单位产品可变成本为 150 元/吨，单位产品税金及附加为 3 元/吨，年固定成本为 280 万元。用生产能力利用率表示的盈亏平衡点为（　　　）。

    A. 31.11% 　　　　　　　　　　B. 31.42%

    C. 62.22% 　　　　　　　　　　D. 63.49%

16. 关于投资项目敏感性分析中临界点的说法，正确的是（　　）。

    A. 临界点是不确定因素变化使项目由可行转为不可行的临界数值

    B. 随着设定的投资项目基准收益率提高，临界点也会变高

    C. 利用临界点判别敏感因素的方法是一种相对测定法

    D. 通过敏感性分析图可以直接得到临界点的准确值

二、多项选择题

17. 某技术方案经济评价指标对甲、乙、丙、丁四个不确定因素的敏感度系数分别为 -0.15、0.10、0.08、-0.10，据此可以得出的结论有（　　）。

    A. 丙因素下降 10%，技术方案由不可行转为可行

    B. 经济评价指标对乙因素最敏感

    C. 经济评价指标对甲因素最敏感

    D. 经济评价指标与丁因素反向变化

    E. 经济评价指标对丙因素最不敏感

18. 项目盈亏平衡分析中，若其他条件不变，可以降低盈亏平衡点产量的途径有（　　）。

    A. 提高固定成本　　　　　　　　B. 降低产品销售价

    C. 提高产品售价　　　　　　　　D. 降低固定成本

    E. 降低单位产品变动成本

19. 下列条件中，属于线性盈亏平衡分析模型前提条件的有（　　）。

    A. 产量发生变化，单位可变成本不变，即总成本费用是产量的线性函数

    B. 产销量和单位可变成本保持不变

    C. 产量超过一定规模时，固定总成本呈线性增加

    D. 产量发生变化时，产品售价不变，即销售收入是销售量的线性函数

    E. 产量等于销售量

第4章　设备更新分析

一、单项选择题

1. 设备使用年限越长，每年所分摊的平均资产消耗成本（　　）。

    A. 越多，平均运行成本越少　　　B. 越少，平均运行成本越少

    C. 越多，平均运行成本越多　　　D. 越少，平均运行成本越多

2. 在进行设备购买与设备租赁方案经济比较时，应将购买方案与租赁方案视为（　　）。

    A. 独立方案　　　　　　　　　　B. 相关方案

    C. 互斥方案　　　　　　　　　　D. 组合方案

3. 对承租人而言，租赁设备的租赁费用主要包括租赁保证金、租金和（　　）。

    A. 贷款利息　　　　　　　　　　B. 折旧费用

    C. 运转成本　　　　　　　　　　D. 担保费

4. 下列关于设备寿命概念的描述中，正确的是（　　）。

    A. 设备使用年限越长，设备的经济性越好

    B. 设备的经济寿命是由技术进步决定的

    C. 搞好设备的维修和保养可避免设备的有形磨损

    D. 设备的技术寿命主要是由设备的无形磨损决定的

5. 企业现有设备出现第Ⅰ类无形磨损对设备及其管理产生的影响是（　　）。

    A. 需要更换磨损的零部件　　　　B. 需要提前更换现有设备

    C. 导致现有设备原始价值贬值　　D. 导致现有设备折旧增加

6. 某设备一年前购入后闲置至今，产生锈蚀。此间由于制造工艺改进，使该种设备制造成本降低，其市场价格也随之下降。那么，该设备遭受了（　　）。

    A. 第Ⅰ类有形磨损和第Ⅱ类无形磨损

    B. 第Ⅰ类有形磨损和第Ⅰ类无形磨损

    C. 第Ⅱ类有形磨损和第Ⅰ类无形磨损

    D. 第Ⅱ类有形磨损和第Ⅱ类无形磨损

7. 某设备三年前购买的原始成本是90000元，目前的账面价值为40000元，经过评估，该设备现在的市场价值为18000元。则该设备更新方案比选中，该设备的沉没成本是（　　）元。

    A. 90000　　　　　　　　　　　B. 22000

    C. 40000　　　　　　　　　　　D. 18000

8. 某建筑公司准备购买一辆新挖掘装载机，价格为18万元，公司现有的挖掘装载机目前在市场上可以卖10万元。旧设备是3年前购置，目前的账面价值为12万，为了使旧设备达到新设备的使用状态，需对其进行维修，预计费用1万元。则从第三方视角旧设备继续使用的投资额是（　　）万元。

    A. 10　　　　　　　　　　　　　B. 12

    C. 13　　　　　　　　　　　　　D. 11

9. 关于设备租赁的说法，错误的是（　　）。

    A. 融资租赁通常适用于长期使用大型设备、专有技术设备

    B. 对技术进步快、用途较为广泛、使用具有季节性的设备适宜采用经营租赁方式

    C. 经营租赁的任一方可以以一定方式在通知对方后的规定期限内取消租约

    D. 租赁期内，融资租赁的承租人拥有租赁设备的所有权

10. 可以采用修理方式进行补偿的设备磨损是（　　）。

    A. 对整机性能尚可，有局部缺陷，个别技术经济指标落后的设备

    B. 设备有形磨损较严重，需花费较高的修复费用

    C. 设备磨损主要是由无形磨损所致

    D. 设备磨损主要是有形磨损所致，在磨损较轻时

11. 某设备在不同使用年限时的平均年度资产消耗成本和平均年度运行成本数据见下表。该设备的经济寿命为（　　）年。

使用年限（年）	1	2	3	4	5	6	7
平均年度资产消耗成本（万元）	90	50	35	23	20	18	15
平均年度运行成本（万元）	30	35	30	35	40	45	60

A. 7 B. 5

C. 4 D. 3

12. 某建筑企业现有一台设备，目前实际价值为 30 万元，预计净残值为 3 万元，第一年设备的运行成本为 5 万元，每年设备的劣化增量均相等，年劣化值为 0.9 万元，该设备的经济寿命为（　　）。

A. 8 年 B. 10 年

C. 6.58 年 D. 7.75 年

13. 某建筑公司准备购买一辆新挖掘装载机，价格为 18 万元，公司现有的挖掘装载机目前在市场上可以卖 10 万元。旧设备是 3 年前购置，目前的账面价值为 12 万，为了使旧设备达到新设备的使用状态，需对其进行维修，预计费用 1 万元。则当前旧设备的未收回价值是（　　）万元。

A. 12 B. 2

C. 10 D. 3

14. 某设备目前实际价值为 30000 元，有关资料如下表所示，则该设备的经济寿命为（　　）年。

继续使用年限（年）	1	2	3	4	5	6	7
年末净残值（元）	15000	7500	3750	3000	2000	900	600
年运行成本（元）	5000	6000	7000	9000	11500	14000	18200
年平均使用成本（元）	20000	16750	14750	13500	13300	13600	14300

A. 3 B. 4

C. 5 D. 6

15. 某设备 10 年前的原始成本是 100000 元，目前的账面价值是 30000 元，现在的市场价值为 20000 元。关于该设备沉没成本和更新决策时价值的说法，正确的是（　　）。

A. 沉没成本为 10000 元，更新决策时价值应为 40000 元

B. 沉没成本为 80000 元，更新决策时价值应为 30000 元

C. 沉没成本为 70000 元，更新决策时价值应为 70000 元

D. 沉没成本为 10000 元，更新决策时价值应为 20000 元

16. 某施工企业计划租赁一台设备，设备价格为 240 万元，寿命期 10 年，租期 8 年，每年年末支付租金，折现率为 8%，附加率为 3%。采用附加率法计算，每年需支付的租金为（　　）万元。

A. 33.0 B. 50.4

C. 56.4 D. 61.2

17. 关于设备融资租赁的说法，正确的是（　　）。

　　A. 以融通资金和对设备的长期使用为前提，租赁期相当于设备的寿命期

　　B. 出租人对设备的维修保养等不承担责任

　　C. 融资租赁设备的费用由两部分组成，即初始直接费和资产本身价值

　　D. 通常承租人所交的租金总额要低于直接购置设备的费用

18. 关于设备磨损补偿方式的说法，正确的是（　　）。

　　A. 设备的无形磨损可以通过修理进行补偿

　　B. 若设备磨损太严重而无法修复，或虽然修复但其精度仍达不到要求的，则应该采取更新补偿方式

　　C. 若设备磨损主要是由无形磨损所致，则应直接进行全部更换

　　D. 若设备磨损主要是有形磨损所致，即使磨损非常严重，仍可以通过大修理进行补偿

19. 某施工企业以经营租赁方式租入一台设备，租赁保证金 2 万元，担保费 5 万元，年租金 10 万元。预计租赁期设备年运行成本 10 万元，其中原材料消耗 2 万元。则设备第一年的租赁费是（　　）万元。

　　A. 17　　　　　　　　　　　　　B. 19

　　C. 20　　　　　　　　　　　　　D. 27

20. 租赁公司拟出租给某施工企业一台设备，设备的价格为 60 万元，租期为 6 年，利率为 8%。每年年末支付的当年租金，则每年末支付的租金为（　　）万元。

　　A. 12.98　　　　　　　　　　　B. 11.51

　　C. 12.66　　　　　　　　　　　D. 12.00

21. 下列设备类型中，适宜采用经营租赁的是（　　）。

　　A. 大型专用设备　　　　　　　　B. 使用时间长的设备

　　C. 贵重设备　　　　　　　　　　D. 临时使用的设备

二、多项选择题

22. 施工企业经营租赁设备比购买设备的优越性有（　　）。

　　A. 可以改善自身的股权结构

　　B. 可获得出租方良好的技术服务

　　C. 不必承担设备维修和管理的责任

　　D. 可避免通货膨胀和利率波动的冲击

　　E. 可提高自身资金的流动性

23. 关于经营租赁和融资租赁两种设备租赁方式，下列说法中错误的是（　　）。

　　A. 在经营租赁中，出租人除向承租人提供租赁设备外，还要承担设备的维修保养

　　B. 经营租赁的任何一方都可以随时以一定方式在通知对方的规定时间内取消或终止租赁

　　C. 融资租赁以融通资金和对设备的长期使用为前提，租赁期相当于设备的寿命期

　　D. 融资租赁中的承租人对设备的维修保养等不承担责任

E. 融资租赁设备的初始直接费应当计入租赁资产成本，在租赁的各期通过折旧分摊计入各期总成本费用，从而抵减各期所得税纳税基数

24. 下列导致现有设备贬值的情形中，属于设备无形磨损的有（   ）。

　　A. 设备连续使用导致零部件磨损

　　B. 设备长期闲置导致金属件锈蚀

　　C. 同类设备的再生产价值降低

　　D. 性能更好耗费更低的代替设备出现

　　E. 设备使用期限过长引起橡胶件老化

25. 关于确定设备经济寿命的说法，正确的有（   ）。

　　A. 使设备在自然寿命期内一次性投资最小

　　B. 使设备的经济寿命与自然寿命、技术寿命尽可能保持一致

　　C. 使设备在经济寿命期平均每年净收益达到最大

　　D. 使设备在经济寿命期年平均使用成本最小

　　E. 使设备在可用寿命期内总收入达到最大

26. 下列各种情形中，会导致原有设备产生无形磨损的有（   ）。

　　A. 由于科技进步出现效率更高的新型设备

　　B. 设备部件在使用过程中自然老化

　　C. 设备在使用过程中的损坏

　　D. 设备在闲置过程中，被腐蚀造成精度降低

　　E. 同类型设备市场价格明显降低

27. 采用附加率法估算租赁设备租金时，影响每期租金的因素有（   ）。

　　A. 租赁设备的价格　　　　　　　　B. 租赁期数

　　C. 与租赁期数相对应的利率　　　　D. 出租方的股权结构

　　E. 承租方的资金来源

第5章　价值工程

一、单项选择题

1. 价值工程中"价值"的含义是（   ）。

　　A. 产品的使用价值　　　　　　　　B. 产品的交换价值

　　C. 产品全寿命时间价值　　　　　　D. 产品功能与其全部费用的比较价值

2. 工程项目中，从施工维度看，优先作为价值工程研究对象的是（   ）。

　　A. 结构复杂、性能和技术指标较差的工程项目

　　B. 用户意见少竞争力较强的工程项目

　　C. 成本较低或占总成本比重较小的工程产品

　　D. 工艺简单、原材料能耗较高、质量难以保证的工程项目或其分部分项工程

3. 价值工程的费用（成本）是指寿命周期成本，即从对象的研究、形成到退出使用所需的全部费用。对于消费者而言，寿命周期成本分为取得成本（包括购买、自造、购买

基础上进行改造等）和（　　　）。

  A. 使用与维护成本   B. 使用成本

  C. 生产前准备成本   D. 资金成本

 4. 价值工程的核心是对产品进行（　　　）。

  A. 成本分析   B. 信息搜集

  C. 方案创新   D. 功能分析

 5. 某工程由六个分部工程组成，采用价值工程分析得到各分部工程功能指数和成本指数见下表，则首先应进行价值工程改进的是（　　　）。

分部工程	分部一	分部二	分部三	分部四	分部五	分部六
功能指数	0.20	0.30	0.20	0.10	0.10	0.05
成本指数	0.21	0.29	0.19	0.17	0.10	0.04

  A. 分部二   B. 分部四

  C. 分部五   D. 分部六

 6. 价值工程工作的目标是（　　　）。

  A. 提高或增加对象的功能   B. 降低成本而节省费用

  C. 满足消费者的某种需求   D. 提高对象的价值

 7. 某住宅工程建筑部分的功能分四个功能区域，将该类住宅建筑部分当地合理造价 3000 元 /m^2 确定为初始总成本。经分析计算各功能区域结果见下表，应优先考虑改进的功能区域是（　　　）。

序号	功能领域	评价值（目标成本）	目前成本	价值系数 V
1	空间设置	1200	1500	
2	通风采光	900	1000	
3	保温	600	550	
4	居住环境	300	290	

  A. 空间设置   B. 通风采光

  C. 保温   D. 居住环境

 8. 关于价值工程中功能的价值系数说法，正确的是（　　　）。

  A. 功能评价的思路和方法也可以运用于方案的比较和选择，应选择价值系数较大的方案为最优方案

  B. 价值系数大于 1 表示评价对象存在多余功能

  C. 价值系数等于 1 表示评价对象的功能和成本匹配不合理

  D. 价值系数小于 1 表示现实成本较低，而功能要求较高

 9. 按照价值工程的一般工作程序，功能评价的主要工作是（　　　）。

  A. 确定分析对象   B. 绘制功能系统图

C. 进行功能定义　　　　　　　　D. 确定功能的目标成本

10. 四个互斥性施工方案的功能系数和成本系数见下表。从价值工程角度最优的方案是（　　　）。

方案	甲	乙	丙	丁
功能指数	1.20	1.25	1.05	1.15
成本指数	1.15	1.01	1.05	1.20

A. 甲　　　　　　　　　　　　　B. 乙
C. 丙　　　　　　　　　　　　　D. 丁

11. 某工程施工计划工期为350天，对方案运用价值工程原理优化后工期缩短了10天，可实现同样的功能，并降低了工程费用。根据价值工程原理，该价值提升的途径属于（　　　）。

A. 功能提高，成本降低　　　　　B. 功能不变，成本降低
C. 功能提高，成本不变　　　　　D. 功能不变，成本不变

12. 以产品为对象实施价值工程时，重点应放在产品的（　　　）。

A. 研发与设计阶段　　　　　　　B. 生产与销售阶段
C. 使用与报废阶段　　　　　　　D. 生产与使用阶段

二、多项选择题

13. 如果价值工程活动对象的价值系数 $V < 1$，表明功能目前成本大于功能评价值，可能的原因有（　　　）。

A. 评价对象的目标成本设计不合理

B. 功能评价值估计过高

C. 可能存在着不足的功能

D. 实现功能的条件或方法不佳，以致功能目前成本大于实现所需功能水平的理想成本

E. 计划使用5年的临时建筑，按照20年使用寿命进行了设计和建造

14. 某施工企业对建筑物的外墙进行功能分析的说法，正确的有（　　　）。

A. 承重外墙的基本功能是承受荷载

B. 防风挡雨是外墙的过剩功能

C. 分隔空间是外墙的上位功能

D. 隔热保温是外墙的辅助功能

E. 造型美观是外墙的美学功能

15. 关于价值工程特点的说法，正确的有（　　　）。

A. 价值工程的核心是对产品进行功能分析

B. 价值工程的目标是以最低的寿命周期成本使产品具备最大功能

C. 价值工程并不单纯追求降低产品的生产成本

D. 价值工程是基于企业的视角解决问题

E. 价值工程要求将产品的功能定量化

16. 价值工程创新阶段，方案创新是为满足已明确的或潜在的功能需求而开发新构想或新方案的活动，下列对方案创新的说法正确的有（　　　）。

A. 方案创新的目的是发现对象现有方案的替代方案

B. 方案创新提出的不能是客观环境中已经存在的方案

C. 方案创造以定量方法为主

D. 方法评价不论是概略评价和详细评价都包括技术评价、经济评价、社会评价和环境评价

E. 方案创造以定性方法为主

★★第1篇模拟强化练习答案★★

第1章　资金时间价值计算及应用

一、单项选择题

1. B；　　2. C；　　3. C；　　4. C；　　5. A；　　6. C；　　7. D；　　8. C；

9. D；　　10. D；　　11. B；　　12. A；　　13. A；　　14. B；　　15. C；　　16. A

二、多项选择题

17. B、E；　　　　18. A、C、D；　　　　19. A、B、C、E；　　20. A、B、D、E；

21. A、B、D、E；　　22. A、D、E

第2章　经济效果评价

一、单项选择题

1. D；　　2. A；　　3. D；　　4. A；　　5. A；　　6. C；　　7. A；　　8. C；

9. C；　　10. D；　　11. C；　　12. A；　　13. D；　　14. B；　　15. C；　　16. D；

17. A；　　18. C；　　19. A；　　20. C

二、多项选择题

21. B、D、E；　　　　22. A、B、C、E；　　23. B、C、E；　　　　24. A、D、E；

25. B、D；　　　　26. A、B、D、E；　　27. C、D、E

第3章　不确定性分析

一、单项选择题

1. D；　　2. D；　　3. D；　　4. B；　　5. B；　　6. B；　　7. C；　　8. D；

9. D；　　10. D；　　11. A；　　12. D；　　13. D；　　14. A；　　15. D；　　16. A

二、多项选择题

17. C、D、E；　　　　18. C、D、E；　　　　19. A、D、E

第4章　设备更新分析

一、单项选择题

1. D；　2. C；　3. D；　4. D；　5. C；　6. C；　7. B；　8. D；
9. D；　10. D；　11. C；　12. D；　13. B；　14. C；　15. D；　16. C；
17. D；　18. B；　19. A；　20. A；　21. D

二、多项选择题

22. B、C、D、E；　23. D、E；　　24. C、D；　　25. C、D；
26. A、E；　　27. A、B、C

第5章　价值工程

一、单项选择题

1. D；　2. D；　3. A；　4. D；　5. B；　6. D；　7. A；　8. A；
9. D；　10. B；　11. B；　12. A

二、多项选择题

13. D、E；　　14. A、D、E；　　15. A、C、E；　　16. A、D、E

第2篇 工程财务

第6章 财务会计基础

本章核心考点提纲

6.1 会计要素组成及计量 ┤ ★ 会计要素的组成
　　　　　　　　　　　　└ ★ 会计要素计量属性

6.2 财务会计工作基本内容 ──→ ★ 财务会计工作基本内容 ┤ 1. 财务会计内涵
　　　　　　　　　　　　　　　　　　　　　　　　　　　　├ 2. 财务会计工作内容
　　　　　　　　　　　　　　　　　　　　　　　　　　　　└ 3. 会计档案管理

6.3 会计假设与会计基础 ┤ ★ 会计假设
　　　　　　　　　　　　└ ★ 会计基础

6.4 会计核算过程与会计等式 ──→ ★ 会计核算过程与会计等式 ┤ 1. 会计核算原则
　　　　　　　　　　　　　　　　　　　　　　　　　　　　　├ 2. 会计核算的基本过程
　　　　　　　　　　　　　　　　　　　　　　　　　　　　　└ 3. 会计等式

6.5 会计监督 ──→ ★ 会计监督 ┤ 1. 内部会计控制
　　　　　　　　　　　　　　　└ 2. 会计监督

本章核心考点分析

6.1 会计要素组成及计量

核心考点一 会计要素的组成

财务会计的对象是能够以货币计量的经济活动。会计要素包括：资产、负债、所有者权益、收入、费用和利润。每一会计要素下可划分子类别，并通过会计科目呈现。

资产、负债和所有者权益是反映企业某一时点财务状况的会计要素（静态会计要素），编制财务报表时列入资产负债表。

收入、费用和利润是反映某一时期经营成果的会计要素（动态会计要素），编制财务报表时列入利润表。

1. 资产

（1）概念

是指企业过去的交易或者事项形成的、由企业拥有或者控制的、预期会给企业带来经济利益的资源。

（2）资产的确认条件

① 与该资源有关的经济利益很可能流入企业；② 该资源的成本或者价值能够可靠地计量。

（3）分类

资产按其流动性分为流动资产和非流动资产。

① 流动资产包括：货币资金、交易性金融资产、衍生金融资产、应收票据、应收账款、应收款项融资、预付款项、其他应收款、存货、合同资产、持有待售资产、一年内到期的非流动资产、其他流动资产。

② 非流动资产包括：债权投资、其他债权投资、长期应收款、长期股权投资、其他权益工具投资、其他非流动金融资产、投资性房地产、固定资产、在建工程、生产性生物资产、油气资产、无形资产、开发支出、商誉、长期待摊费用、递延所得税资产、其他非流动资产。

2. 负债

（1）概念

是指企业过去的交易或者事项形成的、预期会导致经济利益流出企业的现时义务。

（2）负债的确认条件

① 与该义务有关的经济利益很可能流出企业；② 未来流出的经济利益金额能可靠地计量。

（3）分类

按其流动性分为流动负债和非流动负债。

① 流动负债包括：短期借款、交易性金融负债、衍生金融负债、应付票据、应付账款、预收款项、合同负债、应付职工薪酬、应交税费、其他应付款、持有待售负债、一年内到期的非流动负债、其他流动负债。

② 非流动负债包括：长期借款、应付债券、租赁负债、长期应付款、预计负债、递延收益、递延所得税负债、其他非流动负债。

3. 所有者权益

（1）概念

是指企业投资者对企业净资产的所有权，是企业资产扣除负债后由所有者享有的剩余权益。公司的所有者权益又称为股东权益。

（2）所有者权益的来源

① 所有者投入的资本；② 直接计入所有者权益的利得和损失；③ 留存收益。

（3）内容

所有者权益的构成包括：实收资本（或股本）；其他权益工具；资本公积；其他综合收益；专项储备；盈余公积；未分配利润。

◆ 考法 1：会计要素的组成

【例题 1·多选题】反映企业某一时点财务状况的会计要素有（　　　　）。

A. 资产　　　　　　　　　　　　B. 负债

C. 所有者权益　　　　　　　　　D. 利润

E. 费用

【答案】A、B、C

【解析】本题的考核点是会计要素的组成。

【例题2·多选题】下列会计要素中属于动态会计等式组成要素的有（　　　）。

A. 收入　　　　　　　　　　　　B. 利润

C. 费用　　　　　　　　　　　　D. 所有权益

E. 资产

【答案】A、B、C

【解析】本题的考核点是会计要素的组成。

【例题3·2024年真题·单选题】施工企业会计核算内容中，属于现行《企业会计准则》规定的会计要素的是（　　　）。

A. 责任成本　　　　　　　　　　B. 增值税

C. 费用　　　　　　　　　　　　D. 应付账款

【答案】C

【解析】本题的考核点是会计要素的组成。

◆考法2：资产、负债和所有者权益的概念及分类

【例题4·多选题】根据现行《企业会计准则》，应列入流动负债的会计科目有（　　　）。

A. 应付债券　　　　　　　　　　B. 预收账款

C. 短期借款　　　　　　　　　　D. 应付职工薪酬

E. 应交税费

【答案】B、C、D、E

【解析】本题的考核点是负债的分类。

【例题5·单选题】某企业年初花费30万元购买归企业拥有且预期会给企业带来经济利益的一套设备，在会计核算中应归属的会计要素是（　　　）。

A. 负债　　　　　　　　　　　　B. 费用

C. 资产　　　　　　　　　　　　D. 收入

【答案】C

【解析】本题的考核点是会计要素组成中资产的基本概念。

核心考点二　会计要素计量属性

1. 历史成本

资产按照购置时支付的现金或者现金等价物的金额，或者按照购置资产时所付出的对价的公允价值计量；负债按照因承担现时义务而实际收到的金额，或承担现时义务的金额计量。

2. 重置成本

资产按现在购买相同或相似资产所需支付的现金或者现金等价物的金额计量；负债按

照现在偿付该项债务所需支付的现金或者现金等价物的金额计量。

3. 可变现净值

资产按照其正常对外销售所能收到现金或者现金等价物的金额扣减该资产至完工时估计将要发生的成本、估计的销售费用以及相关税费后的金额计量。

4. 现值

资产按照预计从其持续使用和最终处置中所产生的未来净现金流入量的折现金额计量；负债按照预计期限内需要偿还的未来净现金流出量的折现金额计量。

5. 公允价值

资产和负债按照市场参与者在计量日发生的有序交易中，出售资产所能收到或者转移负债所需支付的价格计量。

◆ **考法 1：会计要素计量属性的内容**

【例题 1·单选题】根据会计核算原则，在现值计量下，负债应按照预计期限内需要偿还的未来（   ）计量。

    A. 净现金流入量的折现金额

    B. 净现金流入量的公允价值

    C. 净现金流入量的可变现净值

    D. 净现金流出量的折现金额

【答案】D

【解析】本题的考核点是会计要素的计量属性。

负债按照预计期限内需要偿还的未来净现金流出量的折现金额计算。

【例题 2·2024 年真题·多选题】按历史成本核算资产耗费时，确定资产历史成本的方法有（   ）。

    A. 按购置资产时支付的现金金额计量

    B. 按购置资产时资产的市场信息价计量

    C. 按购置资产时支付的现金等价物金额计量

    D. 按购置资产时资产的出厂价计量

    E. 按购置资产时付出的对价的公允价值计量

【答案】A、C、E

【解析】本题的考核点是会计要素计量属性——历史成本计量属性的相关内容。

◆ **考法 2：会计要素计量属性的应用分析**

【例题 3·单选题】某企业 3 年前购买的设备原价为 20 万元，当前累计已提折旧 4 万元。现在市场上可以 18 万元价格卖出，卖出该设备需发生成本、税费共 1 万元，该设备现在的可变现净值为（   ）万元。

    A. 13   B. 18

    C. 16   D. 17

【答案】D

【解析】本题的考核点是会计要素计量属性的应用分析。

6.2 财务会计工作基本内容

核心考点 财务会计工作基本内容

1. 财务会计内涵

（1）会计核算和监督是会计的基本职能。

（2）会计关键环节包括确认、计量、记录和报告。

（3）会计信息具有综合性、连续性和系统性。

（4）财务会计报告主要向外部利害关系人提供信息

财务会计报告使用者包括投资者、债权人、政府及其有关部门和社会公众等。

2. 财务会计工作内容

财务会计具有核算和监督两项基本职能，现代企业财务会计还具有财务分析、经济预测和计划、参与企业经营管理等职能。

财务会计工作内容：① 会计核算工作；② 会计监督工作；③ 其他管理工作。

3. 会计档案管理

（1）会计档案归档范围——包括文字、图表、电子会计档案。下列会计资料应归档：

① 会计凭证，包括原始凭证、记账凭证；② 会计账簿，包括总账、明细账、日记账、固定资产卡片及其他辅助性账簿；③ 财务会计报告，包括月度、季度、半年度、年度财务会计报告；④ 其他会计资料，包括银行存款余额调节表、银行对账单、纳税申报表、会计档案移交清册、会计档案保管清册、会计档案销毁清册、会计档案鉴定意见书及其他具有保存价值的会计资料。

预算、计划、制度等文件材料，应当执行文书档案管理规定，不属于会计档案管理范畴。

（2）会计档案保管期限，分为永久、定期两类。定期保管期限一般分为10年和30年。会计档案的保管期限，从会计年度终了后的第一天算起。

◆ **考法：财务会计工作基本内容**

【例题1·单选题】下面关于财务会计工作的说法中，正确的是（   ）。

　　A. 会计核算、财务分析、经济预测和监督是会计的基本职能

　　B. 所有会计归档资料都应该永久保存

　　C. 会计关键环节包括确认、计量和记录

　　D. 财务会计工作内容包括会计核算工作、会计监督工作和其他管理工作

【答案】D

【解析】本题的考核点是财务会计工作基本内容。

【例题2·多选题】下列会计资料中应当归档管理的是（   ）。

　　A. 会计凭证　　　　　　　　　　B. 会计账簿

　　C. 企业财务制度文件　　　　　　D. 年度财务预算文件

　　E. 年度财务会计报告

【答案】A、B、E

【解析】本题的考核点是会计档案管理的相关内容。

【例题3·2024年真题·单选题】施工企业会计对项目购货发票反映的经济内容能否记入会计要素以及何时记入会计信息系统进行辨析的过程，是会计工作环节中的（   ）。

    A. 会计计量　　　　　　　　　B. 会计确认

    C. 会计报告　　　　　　　　　D. 会计记录

【答案】B

【解析】本题的考核点是财务会计工作基本内容。

会计确认是指对发生的交易或事项，按照一定的标准辨析其能否确认为会计主体的一个或多个会计要素、何时输入会计信息系统以及如何进行会计报告的过程。

6.3　会计假设与会计基础

核心考点一　会计假设

会计的基本假设包括会计主体、持续经营、会计分期和货币计量。

（1）会计主体又称会计实体，是会计工作服务的特定单位或组织。会计主体假设界定了会计工作的空间范围和立场。会计主体与企业法人主体并不是完全对应的关系。法人主体一定是会计主体，但会计主体不一定是法人主体。

（2）现行《企业会计准则》规定，会计期间分为年度和中期。会计年度可以是日历年，也可以是营业年。我国通常以日历年作为企业的会计年度，即以公历1月1日至12月31日为一个会计年度。中期是指短于一个完整会计年度的报告期间，如季度、月度。

（3）《会计法》规定，会计核算以人民币为记账本位币。业务收支以人民币以外的货币为主的单位，也可以选定其中一种货币作为记账本位币，但是编报的财务会计报告应当折算为人民币。

（4）会计主体确立了会计核算的空间范围，持续经营与会计分期确立了会计核算的时间长度，货币计量则为会计核算提供了必要的手段。

◆考法：会计核算的基本假设相关内容

【例题·2024年真题·单选题】判定一次经济业务是否记入某一会计实体的会计假设是（   ）。

    A. 会计主体假设　　　　　　　B. 持续经营假设

    C. 货币计量假设　　　　　　　D. 会计分期假设

【答案】C

【解析】本题的考核点是会计基本假设的相关内容。

核心考点二　会计基础

针对交易或者事项的发生时间与相关货币收支时间不一致的情况，会计核算的处理（会计基础）分为收付实现制和权责发生制。

（1）会计核算基础实质上是会计核算中规范收入和费用确认入账的时间标准。

收付实现制以货币资金收支的时间作为收入和费用确认入账的标准。

权责发生制以货物所有权转移（或劳务提供完毕）的时间作为收入、费用确认入账标准。

（2）现行《企业会计准则》规定，企业应当以权责发生制为基础进行会计确认、计量和报告。除现金流量表按照收付实现制原则编制外，企业应当按照权责发生制编制财务报表。

◆ **考法 1：会计基础的基本规则**

【例题 1·单选题】根据现行《企业会计准则》，关于会计核算基础的说法，正确的是（　　）。

    A. 企业应当以权责发生制为基础进行会计确认、计量和报告

    B. 企业已经实现的收入，计入款项实际收到日的当期利润表

    C. 企业应当承担的费用，计入款项实际支出日的当期利润表

    D. 企业应当以收付实现制和持续经营为前提进行会计核算

【答案】A

【解析】本题的考核点是企业会计核算基础的基本概念。

◆ **考法 2：会计基础的应用分析**

【例题 2·单选题】某企业 5 月 30 日销售货物 10 万元（当月无其他销售），当年 5 月 31 日收到银行转账货款 2 万元，6 月 3 日收到银行转账货款 8 万元。按照权责发生制，该企业 5 月份应计销售收入为（　　）万元。

    A. 12   B. 10

    C. 2   D. 0

【答案】B

【解析】本题的考核点是会计核算基础之权责发生制的确认方法。

【例题 3·单选题】某企业 2023 年 12 月 26 日与保险公司签订一份保险合同，为其主要设备投保意外损失保险，保险合同有效期为：2024 年 1 月 1 日至 12 月 31 日。合同签订当日向保险公司支付保险费 12000 元。按照权责发生制，对该笔保险费用的会计核算正确的是（　　）。

    A. 全部确认为 2023 年的费用

    B. 确认为 2024 年每个月分摊 1000 元费用

    C. 全部确认为 2024 年 1 月份的费用

    D. 全部确认为 2023 年 12 月份的费用

【答案】B

【解析】本题的考核点是权责发生制确认费用的方法。

6.4　会计核算过程与会计等式

核心考点　会计核算过程与会计等式

1. 会计核算原则

包括：重要性原则、谨慎性原则、实质重于形式原则、可比性原则、相关性原则、明

晰性原则、及时性原则和客观性原则。其中：

（1）谨慎性原则：不应高估资产或者收益、低估负债或者费用。会计期末（资产负债表日）计提坏账准备、存货按照成本与可变现净值孰低计量等，都是谨慎性原则的应用。

（2）实质重于形式原则：企业以融资租赁方式租入固定资产，视为承租企业的资产进行管理和会计处理。

（3）可比性原则：同一企业不同时期发生的相同或者相似的交易或者事项，应当采用一致的会计政策，不得随意变更。不同企业发生的相同或者相似的交易或者事项，应当采用规定的会计政策，确保会计信息口径一致、相互可比。

2. 会计核算的基本过程

（1）设置会计科目和账簿；（2）填制会计凭证；（3）登记账簿、对账和结账；（4）编制财务会计报告。

3. 会计等式

（1）静态会计等式——第一会计等式

资产＝负债＋所有者权益

上式描述了反映企业财务状况各会计要素的关系，称为静态会计等式。静态会计等式是最基本的会计等式。

（2）动态会计等式——第二会计等式

利润＝收入－费用

上式描述了反映企业经营成果各会计要素的关系，称为动态会计等式。动态会计等式描述的是一定时期企业经营活动及其结果的动态关系，也称第二会计等式。

（3）综合会计等式——第三会计等式

资产＋费用＝负债＋所有者权益＋收入

◆ **考法 1：会计核算原则的内容及其应用分析**

【例题 1·单选题】企业会计核算中，同一企业不同时期发生的相同交易应当采用一致的会计政策，这体现了会计信息质量（　　　）的要求。

　　A. 可靠性　　　　　　　　　　　B. 可比性

　　C. 相关性　　　　　　　　　　　D. 重要性

【答案】B

【解析】本题的考核点是会计核算原则——可比性原则的内容。

【例题 2·2024 年真题·单选题】企业在会计核算中，对融资赁方式租入的固定资产提取折旧，这种会计处理方式遵循的会计核算原则是（　　　）。

　　A. 谨慎性原则　　　　　　　　　B. 实质重于形式原则

　　C. 可比性原则　　　　　　　　　D. 客观性原则

【答案】B

【解析】本题的考核点是会计核算原则——是指实质重于形式原则的内容。

◆ **考法 2：会计等式的内容**

【**例题 3·单选题**】动态会计等式是反映企业一定经营期间经营成果的会计等式，其构成要素是（　　）。

    A. 资产、负债和所有者权益　　　　B. 资产和负债

    C. 收入、费用和利润　　　　　　　D. 收入和费用

【**答案**】C

【**解析**】本题的考核点是会计等式的内容。

6.5　会计监督

核心考点　会计监督

1. 内部会计控制

（1）内部会计控制管理制度

主要内部会计管理制度包括：内部会计管理体系、会计人员岗位责任制度、账务处理程序制度、内部牵制制度、稽核制度、原始记录管理制度、定额管理制度、计量验收制度、财产清查制度、财务收支审批制度等。

（2）内部会计控制方法

内部会计控制方法主要包括：不相容职务相互分离控制、授权批准控制、会计系统控制、预算控制、财产保全控制、风险控制、内部报告控制、电子信息技术控制等。

不相容职务相互分离控制是内部控制的核心。不相容职务主要包括：授权批准、业务经办、会计记录、财产保管、稽核检查等职务。出纳人员不得兼任稽核、会计档案保管和收入、支出、费用、债权债务账目的登记工作。

2. 会计监督

会计监督可分为企业内部监督、政府监督和社会监督。

◆ **考法：会计监督的相关内容**

【**例题 1·多选题**】根据《会计法》，关于会计监督的说法正确的是（　　）。

    A. 会计监督的主体是政府部门

    B. 会计监督只需企业内部监督，无需社会监督

    C. 会计监督的主要职能是预防和发现经济犯罪行为

    D. 会计师事务所对企业的审计属于会计监督的社会监督

    E. 任何单位和个人检举违法会计行为，均属于会计工作社会监督的范畴

【**答案**】D、E

【**解析**】本题的考核点是会计监督的相关内容。

【**例题 2·2024 年真题·多选题**】下列出纳人员工作安排中，违背企业内部控制"不相容职务相互分离"原则的有（　　）。

    A. 出纳人员负责会计档案管理工作

    B. 出纳人员负责稽核工作

    C. 出纳人员负责现金收款工作

D. 出纳人员负责网上转账操作工作

E. 出纳人员负责支票的开具和保管工作

【答案】A、B

【解析】本题的考核点是会计内部控制的相关内容。

第7章 费用与成本

本章核心考点提纲

7.1 费用与成本的关系 → ★ 费用与成本的关系
- 1. 企业支出的分类
- 2. 支出与费用的关系
- 3. 费用与成本的联系和区别

7.2 施工企业费用确认及计量 → ★ 费用计量
- 1. 费用确认
- 2. 费用计量

7.3 工程成本核算 → ★ 工程成本核算
- 1. 成本核算方法
- 2. 施工成本项目划分
- 3. 工程成本核算过程

7.4 施工企业期间费用核算 → ★ 施工企业期间费用核算
- 1. 销售费用
- 2. 财务费用
- 3. 管理费用

本章核心考点分析

7.1 费用与成本的关系

核心考点 费用与成本的关系

1. 企业支出的分类

支出是企业经济活动中发生的（一切）开支及耗费。从支出的属性和日常会计核算的角度，企业的支出可分为资本性支出、收益性支出、营业外支出、利润分配支出、对外投资支出、缴纳所得税费用支出。

（1）资本性支出：是指某项效益及于几个会计年度（或几个营业周期）的支出，如企业购置和建造固定资产、无形资产及其他资产的支出等。

（2）收益性支出：指某项效益仅及于本会计年度（或一个营业周期）的支出，这种支出应在一个会计期间内确认为费用。如企业生产经营所发生的外购材料、支付工资及其他支出，以及发生的管理费用、销售费用（营业费用）、财务费用等；另外，生产经营过程中所缴纳的税金、有关费用（消费税、城市维护建设税、资源税、教育费附加及房产税、土地使用税、车船使用税、印花税等）等也包括在收益性支出之内。

2. 支出与费用的关系

（1）支出是企业在经济活动中发生的资产（经济资源）耗费，费用的实质也是资产的耗费。但不是所有的支出都确认为费用。

（2）一项支出是否确认为某一会计期间的费用应遵循三项原则：① 划分资本性支出和收益性支出原则；② 权责发生制原则；③ 配比原则。

（3）企业支出中与取得（某一会计期间）营业收入有关的部分，可直接表现为费用（收益性支出）或转化为费用（资本性支出先将支出资本化），否则不能作为费用进行会计核算。

收益性支出则是发生时直接作为"费用"看待，符合费用定义和确认条件的，确认为费用，进入会计核算流程；资本性支出在支出当期先资本化，然后在其为企业发挥效用的各期逐步转化为各期的费用。

（4）利润分类支出、营业外支出、缴纳所得税费用支出——不能确认或转化为费用。

3. 费用与成本的联系和区别

（1）费用与成本的联系

成本是成本核算的范畴，是生产和销售商品或提供服务过程中的资产耗费，本质是有关费用按照成本核算对象进行的归集。

① 费用和成本两者都是资产的耗费。

② 费用和成本两者都是针对特定会计期间而言的。

③ 成本是按照成本核算对象进行的费用归集，由费用转化而来。

④ 成本可以转化为费用。会计期末应将当期已销产品的成本结转进入当期损失，作为费用与当期收入配比计算经营成果。

（2）费用与成本的区别

① 费用是针对特定会计期间而言的；成本不仅是针对特定会计期间而言的，而且是针对特定成本核算对象而言的，成本是对象化了的费用；

② 并非所有的费用均计入成本核算对象计算成本，进行成本核算。哪些费用计入成本与成本核算方法相关。

◆ **考法 1：企业支出分类的相关概念内容**

【例题 1·多选题】下列施工企业的各项支出中，在财务会计核算时应作为资本性支出的有（　　）。

　　A. 新建办公楼支出　　　　　　　　B. 购置大型设备支出

　　C. 员工年终奖金支出　　　　　　　D. 公益性捐赠支出

　　E. 缴纳所得税费用支出

【答案】A、B

【解析】本题的考核点是企业支出类别中资本性支出的相关内容。

资本性支出是指通过它所取得的效益及于几个会计年度的支出，如企业购置和建造固定资产、无形资产及其他资产的支出等。员工年终奖金支出是支付工资支出，属于收益性支出；公益性捐赠支出属于营业外支出。

【例题 2·2024 年真题·单选题】下列施工企业的支出中，属于收益性支出的是（   ）。

A. 自建办公楼支出
B. 购置施工机械支出
C. 购买现场周转材料支出
D. 购置施工运输车辆支出

【答案】C

【解析】本题的考核点是企业支出类别中收益性支出的相关内容。

◆ **考法 2：支出、费用和成本关系的综合分析**

【例题 3·多选题】关于费用和成本、支出的关系，下列说法正确有（   ）。

A. 费用和成本两者都是资产的耗费
B. 企业支出中与取得营业收入有关的部分，可直接表现为费用或转化为费用
C. 所有的费用最终均计入成本核算对象计算成本，进行成本核算
D. 利润分配支出、营业外支出在会计期末也转化为费用
E. 成本可以转化为费用

【答案】A、B、E

【解析】本题的考核点是支出、费用和成本的关系。

7.2 施工企业费用确认及计量

核心考点　费用计量

1. 费用确认

（1）费用确认条件

① 与费用相关的经济利益很可能流出企业；② 经济利益流出企业的结果会导致资产的减少或者负债的增加；③ 经济利益的流出额能够可靠地计量。

（2）费用所属会计期间确认

应遵循划分资本性支出和收益性支出原则、权责发生制原则和配比原则。

2. 费用计量

（1）货币资产

对于货币资产耗费，按照符合确认条件的货币资金开支，按金额计量。

（2）存货

① 存货初始计量

存货应当按照成本进行初始计量。存货成本包括采购成本、加工成本和其他成本。

a. 施工企业消耗的原材料一部分是直接运抵现场使用的，按外购成本计量；b. 投资者投入的存货：按照投资合同或协议约定的价值确定，但合同或协议约定价值不公允的，应按照公允价值计量；c. 通过非货币性资产交换、债务重组、企业合并取得的存货：按照相应的会计准则进行计量；d. 盘盈存货：按照重置成本计量；e. 提供劳务取得的存货：按照从事劳务提供人员的直接人工和其他直接费用以及可以归属于该存货的间接费用确定计量。

② 发出存货的计量

企业应当采用先进先出法、加权平均法或者个别计价法确定发出存货的实际成本进行计量。

对于不能替代使用的存货、为特定项目专门购入或制造的存货以及提供的劳务，通常采用个别计价法确定存货发出的成本。施工企业工程项目消耗的原材料等存货，通常按项目需要进行采购，应采用个别计价法计量。

对于施工企业集中采购的情形或者非工程项目使用的存货，存在循环采购、循环发出和消耗的情形，则应采用先进先出法、加权平均法或者个别计价法确定成本进行计量。

③ 存货的后续计量

资产负债表日，存货应当按照成本与可变现净值孰低计量。存货成本高于其可变现净值的，应当计提存货跌价准备，计入当期损益。

（3）固定资产

① 固定资产初始计量

固定资产应当按照成本进行初始计量。

a. 外购固定资产的成本——包括：购买价款、相关税费、使固定资产达到预定可使用状态前所发生的可归属于该项资产的运输费、装卸费、安装费和专业人员服务费等；b. 自行建造固定资产的成本——由建造该项资产达到预定可使用状态前所发生的必要支出构成；c. 投资者投入固定资产的成本——应当按照投资合同或协议约定的价值确定；d. 非货币性资产交换、债务重组、企业合并和融资租赁取得的固定资产的成本。

② 固定资产后续计量——折旧

企业应当对所有固定资产计提折旧。但是，已提足折旧仍继续使用的固定资产和单独计价入账的土地除外。

固定资产应当按月计提折旧。当月增加的固定资产，当月不计提折旧，从下月起计提折旧；当月减少的固定资产，当月照计提折旧，从下月起不计提折旧。

应计折旧额＝原价（原值）－预计净产值－减值准备累计金额

a. 年限平均法

$$固定资产年折旧额 = \frac{固定资产应计折旧额}{固定资产预计使用年限}，月折旧额 = 年折旧额／12$$

b. 工作量法

$$单位工作量折旧额 = \frac{应计折旧额}{预计总工作量}$$

某项固定资产月折旧额＝该项固定资产当月工作量×单位工作量折旧额

c. 双倍余额递减法

在最后两年前的各年，不考虑预计净残值，根据每年年初固定资产净值和双倍的直线法折旧率计算固定资产折旧额的一种方法。最后两年，考虑净残值用年限平均法折旧。

采用这种方法，固定资产账面余额随着折旧的计提逐年减少，而折旧率不变，因此，各期计提的折旧额必然逐年递减。双倍余额递减法是加速折旧的方法。

d. 年数总和法

$$年折旧率 = \frac{尚可使用年限}{年数总和}，年折旧额 = 年折旧率×应计折旧额$$

采用年数总和法计提折旧，每年折旧率递减，而基数应计折旧额不变，各年提取的折旧额必然逐年递减，因此也是一种加速折旧的方法。

（4）无形资产

无形资产包括：专利权、非专利技术、租赁权、特许营业权、版权、商标权、商誉、土地使用权等。

◆ **考法1：费用确认的方法**

【例题1·单选题】工程成本核算时，同一会计期间内的各项收入和与其相关的成本、费用，应当在该会计期间内确认，不能将与本期收入无关的成本费用计入，也不能少计成本费用。这是费用确认应遵循的（　　）原则。

　　A. 划分收益性支出和资本性支出　　B. 谨慎性

　　C. 权责发生制　　　　　　　　　　D. 配比

【答案】D

【解析】本题的考核点是费用所属会计期间确认应遵循的原则。

◆ **考法2：费用计量的内容和方法**

【例题2·单选题】对于不能替代使用的存货、为特定项目专门购入或制造的存货以及提供的劳务，通常采用（　　）确定存货发出的成本。

　　A. 先进先出法　　　　　　　　　　B. 后进先出法

　　C. 协议约定价　　　　　　　　　　D. 个别计价法

【答案】D

【解析】本题的考核点是费用计量——发出存货计量的方法。

【例题3·单选题】企业在资产负债表日进行存货后续计量时，存货应当按照（　　）计量。

　　A. 先进先出法　　　　　　　　　　B. 成本与重置成本孰低

　　C. 重置成本　　　　　　　　　　　D. 成本与可变现净值孰低

【答案】D

【解析】本题的考核点是费用计量——存货后续计量的方法。

【例题4·多选题】企业购置一套达到固定资产标准的设备，则下列支出中应计入该项固定资产原值的有（　　）。

　　A. 设备购买价款　　　　　　　　　B. 设备使用中的大修理费

　　C. 报废时的净残值　　　　　　　　D. 设备运杂费

　　E. 设备安装费

【答案】A、D、E

【解析】本题的考核点是固定资产原价包括的内容。

【例题5·多选题】固定资产双倍余额递减法折旧的特点有（　　）。

　　A. 最后两年前的各年计算折旧时不考虑固定资产预计净残值

　　B. 每年计算折旧的固定资产价值不变

　　C. 前期折旧额高，后期折旧额低

D. 折旧率逐年降低

E. 折旧年限比平均年限法折旧年限短

【答案】A、C

【解析】本题的考核点是固定资产折旧方法中的双倍余额递减法的方法和特点。

7.3　工程成本核算

核心考点　工程成本核算

1. 成本核算方法

（1）制造成本法

制造成本＝直接材料成本＋直接人工成本＋制造费用

（2）完全成本法

完全成本＝直接材料成本＋直接人工成本＋制造费用＋管理费用＋销售费用＋财务费用

（3）作业成本法

作业成本法的指导思想是：作业消耗资源、生产产品或提供服务消耗作业。因而成本计算的思路是：首先按经营活动中发生的各项作业来归集成本，计算出作业成本；然后再按各项作业成本与成本对象之间的因果关系，将作业成本分配到成本核算对象，完成成本计算。可以说，作业成本法是一种基于"作业"计算成本的方法。

现行《企业会计准则》和相关制度规定采用制造成本法进行会计核算。

2. 施工成本项目划分

施工企业的生产性费用应进行工程成本核算，并在确认收入时，将已结算的工程或劳务收入配比的成本计入当期损益。

建筑企业一般设置直接人工、直接材料、机械使用费、其他直接费用和间接费用等成本项目。建筑企业将部分工程分包的，还可以设置分包成本项目。

（1）直接人工，是指按照国家规定支付给施工过程中直接从事建筑安装工程施工的工人以及在施工现场直接为工程制作构件和运料、配料等工人的职工薪酬。

（2）直接材料，是指在施工过程中所耗用的、构成工程实体的材料、结构件、机械配件和有助于工程形成的其他材料以及周转材料的租赁费和摊销等。

（3）机械使用费，是指施工过程中使用自有施工机械所发生的机械使用费，使用外单位施工机械的租赁费，以及按照规定支付的施工机械进出场费等。

（4）其他直接费用，是指施工过程中发生的材料搬运费、材料装卸保管费、燃料动力费、临时设施摊销、生产工具用具使用费、检验试验费、工程定位复测费、工程点交费、场地清理费，以及能够单独区分和可靠计量的为订立建造承包合同而发生的差旅费、投标费等费用。

（5）间接费用，是指企业各施工单位为组织和管理工程施工所发生的费用。

间接费用主要是施工企业内部为施工项目服务的非独立核算的维修、加工等单位的费用以及负责施工项目管理的工区、项目经理部等管理活动发生的费用，包括施工企业下属施工单位或生产单位为组织和管理工程施工所发生的临时设施摊销费用，管理人员工资、奖金、职工福利费，固定资产折旧费及修理费，物料消耗，低值易耗品摊销，取暖费，水电费，办公费，差旅费，财产保险费，检验试验费，工程保修费，劳动保护费及其他费用。

从项目的视角，项目的间接费用是核算承包基础范围内的，现场项目经理部为组织和管理生产发生的各种费用以及支付外包工的管理费。

3. 工程成本核算过程

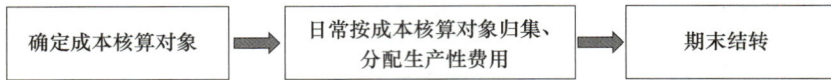

确定成本核算对象 ➡ 日常按成本核算对象归集、分配生产性费用 ➡ 期末结转

◆**考法 1：成本核算方法的内容及区分**

【例题 1·2024 年真题·单选题】按作业成本法进行产品成本核算时，以"业务动因"为基础进行作业量计量和分配依据的假设是（　　）。

　　A. 不同产品耗费的作业次数相等　　　B. 执行每次作业的成本相等

　　C. 执行作业的人员相同　　　　　　　D. 执行每次作业耗费的材料相同

【答案】B

【解析】本题的考核点是成本核算方法的内容。

作业成本法中，作业量的计量和分配通常采用业务动因方式。业务动因通常以执行作业的次数作为作业动因，并假定执行每次作业的成本（包括耗用的时间和单位时间耗用的资源）相等。

◆**考法 2：施工成本项目的内容**

【例题 2·单选题】根据现行《企业会计准则》，不能列入工程成本支出的是（　　）。

　　A. 处置固定资产的净损失

　　B. 直接从事建筑安装工程施工的工人的职工薪酬

　　C. 周转材料的租赁费

　　D. 企业下属的施工单位为组织和管理施工生产活动所发生的费用

【答案】A

【解析】本题的考核点是工程成本核算内容。

【例题 3·单选题】某装饰企业施工的某项目于某年 10 月工程施工中发生材料费 36 万元，应由本项目承担的项目管理人员工资 8 万元，企业行政管理部门发生的水电费 2 万元，根据现行《企业会计准则》，应计入工程成本的费用为（　　）万元。

　　A. 30　　　　　　　　　　　　　　　B. 38

　　C. 32　　　　　　　　　　　　　　　D. 44

【答案】D

【解析】本题的考核点是工程成本核算的内容。

工程成本的费用包括与执行合同有关的直接费用和间接费用，企业行政管理部门发生的成本费属于企业管理费。因此，工程成本的费用为 36＋8＝44 万元。

7.4 施工企业期间费用核算

核心考点 施工企业期间费用核算

期间费用是指企业日常活动发生的不能计入特定核算对象的费用，发生时计入有关会计科目，会计期末结转当期损益。通常分为销售费用、管理费用和财务费用。

1. 销售费用

指企业对外销售商品和提供劳务等过程中发生的各项费用，以及专设销售机构的各项经费。

2. 财务费用

指企业为筹集生产经营所需资金等而发生的费用，包括：

利息支出（减利息收入）、汇兑损失（减汇兑收益）以及相关的手续费、因借入资金所付出的不符合资本化条件的借款费用、除外币专门借款之外的其他外币借款本金及其利息所产生的汇兑差额。为购建资产发生的利息支出，符合资本化条件的，应计入有关资产的价值。

3. 管理费用

指企业为组织和管理生产经营所发生的管理费用，包括：企业在筹建期间内发生的开办费、董事会和行政管理部门在企业的经营管理中发生的或者应由企业统一负担的公司经费（包括行政管理部门职工工资、修理费、物料消耗、低值易耗品摊销、办公费用、差旅费等）、工会经费、董事会会费、中介机构咨询费、诉讼费、业务招待费、技术转让费、矿产资源补偿费、研究费用、排污费、行政管理部门发生的固定资产修理费用支出等。

◆**考法：施工企业期间费用的构成内容**

【例题1·多选题】根据现行《企业会计准则》，应计入管理费用的有（　　）。

  A. 印花税　　　　　　　　　　　B. 管理人员劳动保护费

  C. 应付债券利息　　　　　　　　D. 固定资产使用费

  E. 法律顾问费

【答案】A、B、D、E

【解析】本题的考核点是管理费用的内容。

【例题2·单选题】施工企业向银行结售汇时发生的汇兑损失应计入企业的（　　）。

  A. 财务费用　　　　　　　　　　B. 生产费用

  C. 管理费用　　　　　　　　　　D. 间接费用

【答案】A

【解析】本题的考核点是期间费用中财务费用包括的内容。

【例3·单选题】施工企业行政管理部门使用的固定资产的维修费用属于（　　）。

  A. 财务费用　　　　　　　　　　B. 工程设备费用

  C. 管理费用　　　　　　　　　　D. 施工机具使用费

【答案】C

【解析】本题的考核点是施工企业期间费用核算的内容。

第8章 收 入

本章核心考点提纲

8.1 收入的分类、确认及计量
★ 收入的概念及特点
★ 收入的分类
★ 收入的确认和计量

8.2 建造合同收入
★ 建造合同的特征和类型
★ 建造合同的分立与合并
★ 建造合同收入的内容
★ 建造合同收入的确认

本章核心考点分析

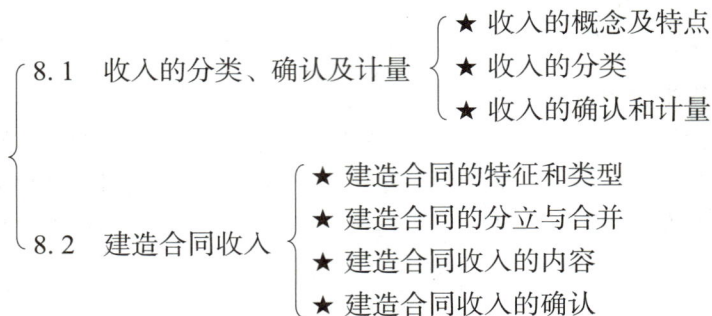

8.1 收入的分类、确认及计量

核心考点一 收入的概念及特点

1. 收入的概念

狭义收入即营业收入，指在销售商品、提供劳务及让渡资产使用权等日常活动中形成的经济利益的总流入，包括主营业务收入和其他业务收入。

广义收入包括：（1）企业在正常经营活动中形成的收入，如营业收入；（2）非日常经营活动中获得的经济利益，如投资收益、无形资产转让、固定资产清理、政府补助等活动中获得的收入。

2. 收入的特点

（1）收入从企业的日常活动中产生，而不是从偶发的交易或事项中产生。

出售固定资产、接受捐赠等这种偶然发生的非正常活动产生的收入则不能作为企业的收入。

（2）收入可能表现为企业资产的增加，也可能表现为企业负债的减少，或二者兼而有之。

（3）收入能导致企业所有者权益的增加，收入是与所有者投入无关的经济利益的总流入。

（4）收入只包括本企业经济利益的流入，不包括为第三方或客户代收的款项。

如代国家收取的增值税，旅行社代客户收取门票、机票，还有企业代客户收取的运杂费等，不能作为本企业的收入。

◆ **考法 1：收入概念及特点的基本内容**

【例题 1·单选题】施工企业收取的下列款项中，不能计入企业收入的是（　　　）。

  A. 代国家收取的增值税   B. 收到的工程价款

  C. 转让施工技术取得的收入 D. 销售材料价款的收入

【答案】A

【解析】本题的考核点是收入概念及特点的基本内容。

【例题 2·多选题】销售商品或提供劳务取得的收入，对相关会计要素产生的影响可能有（　　　）。

  A. 资产增加   B. 所有者权益减少，负债增加

  C. 资产减少，负债增加   D. 负债减少

  E. 所有者权益增加

【答案】A、D、E

【解析】本题的考核点是收入概念及特点的基本内容。

◆ **考法 2：收入概念及特点的综合分析**

【例题 3·单选题】2023 年某施工企业施工合同收入为 2000 万元，兼营销售商品混凝土收入为 500 万元，出租起重机械收入为 80 万元，代收商品混凝土运输企业运杂费为 100 万元，则 2023 年该企业的营业收入为（　　　）万元。

  A. 2680   B. 2580

  C. 2500   D. 2000

【答案】B

【解析】本题的考核点是收入概念及分类。

2023 年该企业的营业收入 = 主营业务收入 + 其他业务收入

        = 2000 + （500 + 80） = 2580 万元。

核心考点二　收入的分类

1. 按收入的性质分类

按收入的性质，企业的收入可以分为建造合同收入、销售商品收入、提供劳务收入和让渡资产使用权收入等。

（1）建造合同收入：也称为施工合同收入。

（2）销售商品收入。建筑业企业销售商品收入包括产品销售和材料销售两类。

（3）提供劳务收入。建筑业企业提供劳务收入一般均为非主营业务，包括机械作业、运输服务、设计业务、产品安装、餐饮住宿等。

（4）让渡资产使用权收入。包括：贷款的利息收入、让渡（出租）固定资产和无形资产的租金收入。

2. 按企业营业的主次分类

按企业营业的主次可分为主营业务收入和其他业务收入两部分。

（1）主营业务收入

建筑业企业的主营业务收入主要是建造合同收入。

（2）其他业务收入

也称附营业务收入，是指企业非经常性的、兼营的业务所产生的收入，如销售原材料、转让技术、代购代销、出租包装物等取得的收入等。

建筑业企业的其他业务收入主要包括：产品销售收入、材料销售收入、机械作业收入、无形资产出租收入、固定资产出租收入等。

◆ **考法：收入分类的内容**

【例题1·单选题】在施工企业的下列收入中，属于让渡资产使用权收入的是（　　）。

　　A. 机械作业收入　　　　　　　　B. 运输服务收入

　　C. 利息收入　　　　　　　　　　D. 产品安装收入

【答案】C

【解析】本题的考核点是收入按性质分类的相关内容。

【例题2·多选题】施工企业其他业务收入包括（　　）。

　　A. 产品销售收入　　　　　　　　B. 建造合同收入

　　C. 材料销售收入　　　　　　　　D. 固定资产盘盈收入

　　E. 固定资产出租收入

【答案】A、C、E

【解析】本题的考核点是按企业营业的主次分类的相关内容。

【例题3·2024年真题·单选题】根据《企业会计准则第14号—收入》建筑业企业转让技术取得的收入属于（　　）。

　　A. 其他业务收入　　　　　　　　B. 主营业务收入

　　C. 基本业务收入　　　　　　　　D. 营业外收入

【答案】A

【解析】本题的考核点是收入分类的相关内容。

核心考点三　收入的确认和计量

1. 收入确认和计量的原则

（1）实现原则；（2）关联原则；（3）可靠性原则；（4）一致性原则；（5）主体原则。

2. 收入的确认和计量过程

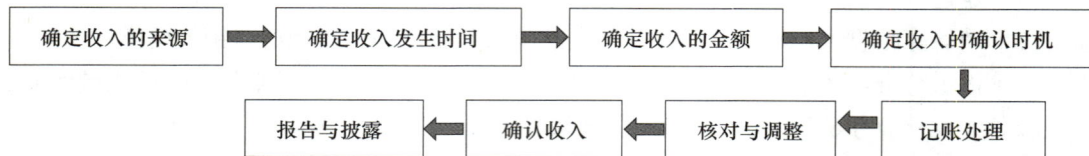

确定收入的来源	➡	确定收入发生时间	➡	确定收入的金额	➡	确定收入的确认时机

报告与披露	⬅	确认收入	⬅	核对与调整	⬅	记账处理

◆ **考法：收入确认和计量的相关内容**

【例题1·多选题】企业收入的确认和计量是一个复杂但至关重要的过程，需要遵循相关的原则和准则，下列属于收入确认和计量原则的是（　　）。

　　A. 重要性原则　　　　　　　　　B. 实现原则

　　C. 关联原则　　　　　　　　　　D. 可靠性原则

E. 主体原则

【答案】B、C、D、E

【解析】本题的考核点是收入确认和计量的原则。

【例题2·单选题】按现行《企业会计准则》，收入确认和计量过程的第一个步骤是（ ）。

A. 确定收入发生的事件　　　　B. 确认收入的金额

C. 确认收入的确认时机　　　　D. 确定收入的来源

【答案】D

【解析】本题的考核点是收入确认与计量过程的步骤。

8.2 建造合同收入

核心考点一 建造合同的特征和类型

1. 建造（施工）合同的特征

建造合同属于经济合同范畴，但它不同于一般的材料采购合同和劳务合同，是一种特殊类型的经济合同，其主要特征表现为：

（1）先有买主（及客户），后有标的（即资产），建造资产的工程范围、建设工期、工程质量和工程造价等内容在签订合同时已经确定。

（2）资产的建设期长，一般都要跨越一个会计年度，有的长达数年。

（3）所建造的资产体积大，造价高。

（4）建造合同一般为不可取消的合同。

2. 建造合同的类型

建造合同按照所含风险的承担者不同可分为固定造价合同与成本加成合同。

固定造价合同和成本加成合同的最大区别在于它们所含风险的承担者不同，固定造价合同的风险主要由承包人承担，而成本加成合同的风险主要由发包人承担。

◆**考法：建造合同的特征和类型的相关内容**

【例题1·多选题】建造合同属于经济合同范畴，但它不同于一般的材料采购合同和劳务合同，其主要特征表现为（ ）。

A. 经发承包人双方协商，建造合同可以随时取消

B. 先有买主（及客户），后有标的（即资产）

C. 所建造的资产体积大、造价高

D. 资产的建设期长，一般都要跨越一个会计年度

E. 与一般的材料采购和劳务合同完全相同

【答案】B、C、D

【解析】本题的考核点是建造合同的特征。

【例题2·单选题】建造合同可分为固定造价合同和成本加成合同，关于这两种合同类型说法错误的是（ ）。

A. 固定造价合同和成本加成合同的最大区别在于它们所含风险的承担者不同

B. 固定造价合同的风险主要由承包人承担

C. 在成本加成合同中，如果在建造过程中料工费上涨，涨价的部分由发包人承担

D. 成本加成合同的风险主要由承包人承担

【答案】D

【解析】本题的考核点是建造合同类型及其特点。

核心考点二　建造合同的分立与合并

企业通常应当按照单项建造合同进行会计处理。但是，在某些情况下，为了反映一项或一组合同的实质，需要将单项合同进行分立或将数项合同进行合并。

1. 建造合同的分立

一项包括建造数项资产的建造合同，同时满足下列条件的，每项资产应当分立为单项合同：

（1）每项资产均有独立的建造计划；（2）与客户就每项资产单独进行谈判，双方能够接受或拒绝与每项资产有关的合同条款；（3）每项资产的收入和成本可以单独辨认。

2. 建造合同的合并

一组合同无论对应单个客户还是多个客户，同时满足下列条件的，应当合并为单项合同：

（1）该组合同按一揽子交易签订；（2）该组合同密切相关，每项合同实际上已构成一项综合利润率工程的组成部分；（3）该组合同同时或依次履行。

◆ **考法**：建造合同分立与合并的条件

【例题·多选题】在会计核算中，将一项包括建造多项资产的施工合同中的每项资产分立为单项合同处理，需要具备的条件有（　　　）。

A. 每项资产均有独立的建造计划

B. 承包商业主双方能够接受或拒绝与每项资产有关的合同条款

C. 每项资产能够在一个会计年度完成并能确认收入

D. 每项资产的收入和成本、可以单独辨认

E. 各单项合同的结果能够可靠地估计

【答案】A、B、D

【解析】本题的考核点是建造合同分立的条件。

核心考点三　建造合同收入的内容

建造合同的收入包括两部分内容：合同规定的初始收入和因合同变更、索赔、奖励等形成的收入。

1. 合同变更款确认为合同收入的条件：① 客户能够认可因变更而增加的收入；② 该收入能够可靠地计量。

2. 索赔款确认为合同收入的条件：① 根据谈判情况，预计对方能够同意该项索赔；② 对方同意接受的金额能够可靠地计量。

3. 奖励款确认为合同收入的条件：① 根据合同目前完成情况，足以判断工程进度和工程质量能够达到或超过规定的标准；② 奖励金额能够可靠地计量。

◆**考法 1：建造合同收入的内容**

【例题 1·单选题】建造合同收入包括合同规定的初始收入和（　　）形成的收入。

A. 材料销售、奖励　　　　　　B. 合同变更、索赔、奖励

C. 让渡资产使用权、索赔　　　D. 合同变更、劳务作业

【答案】B

【解析】本题的考核点是合同收入包括的内容。

◆**考法 2：建造合同收入确认条件**

【例题 2·多选题】根据现行《企业会计准则》，合同执行过程中，合同变更形成的收入确认为合同收入时，应同时满足的条件有（　　）。

A. 合同变更增加了企业履约的义务

B. 合同变更部分双方的义务已经开始履行

C. 客户能够认可因变更而增加的收入

D. 客户已支付变更部分的相应款项

E. 该收入能够可靠地计量

【答案】C、E

【解析】本题的考核点是合同收入确认条件。

核心考点四　建造合同收入的确认

1. 建造合同收入确认的方法

要准确地进行合同收入的确认与计量，首先应判断建造合同的结果能否可靠地估计。

（1）如果建造合同能够可靠地估计，应在资产负债表日根据完工百分比法确认当期的合同收入。

（2）如果建造合同的结果不能可靠地估计，就不能根据完工百分比法确认合同收入。

2. 固定造价合同结果能否可靠估计的标准

（1）合同总收入能够可靠地计量；（2）与合同相关的经济利益很可能流入企业；（3）实际发生的合同成本能够清楚地区分和可靠地计量；（4）合同完工进度和为完成合同尚需发生的成本能够可靠地确定。

3. 成本加成合同的结果能否可靠估计的标准

（1）与合同相关的经济利益很可能流入企业；（2）实际发生的合同成本能够清楚地区分和可靠地计量。

4. 完工百分比法

（1）确定建造合同完工进度方法

① 根据累计实际发生的合同成本占合同预计总成本的比例确定

$$合同完工进度 = \frac{累计实际发生的合同成本}{合同预计总成本} \times 100\%$$

累计实际发生的合同成本不包括：施工中尚未安装或使用的材料成本等与合同未来活动相关的合同成本；也不包括在分包工程的工作量完成之前预付给分包单位的款项。

② 根据已经完成的合同工作量占合同预计总工作量的比例确定

$$合同完工进度 = \frac{已经完成的合同工程量}{合同预计总工程量} \times 100\%$$

③ 根据已完成合同工作的技术测量确定。

（2）建造合同收入的确认

① 当期确认的合同收入 = 实际合同总收入 - 以前会计期间累计已确认的收入

② 当期不能完成的建造合同，在资产负债表日，应：

当期确认的合同收入 = 合同总收入 × 完工进度 - 以前会计期间累计已确认的收入

5. 合同结果不能可靠地估计时建造合同收入的确认

① 合同成本能够回收的，合同收入根据能够收回的实际合同成本来确认，合同成本在其发生的当期确认为费用。

② 合同成本不能回收的，应在发生时立即确认为费用，不确认收入。

◆**考法 1：建造合同收入确认的方法**

【例题 1·单选题】对于合同结果不能可靠地估计，合同成本能够确认收回的施工合同，其合同收入应按照（　　）确认。

　　A. 合同初始收入　　　　　　　　B. 实际合同成本 + 合理利润

　　C. 已经发生的全部成本　　　　　D. 得到确认能够收回的实际合同成本

【答案】D

【解析】本题的考核点是合同结果不能可靠估计时建造合同收入的确认方法。

【例题 2·多选题】确定建造（施工）合同完工进度的方法有（　　）。

　　A. 根据实际合同收入与预计收入比例确定

　　B. 根据累计实际发生的合同成本占合同预计总成本的比例确定

　　C. 根据已经完成的合同工作量占合同预计总工作量的比例确定

　　D. 根据已完成合同工作的技术测量确定

　　E. 根据合同初始价格与工程预算价格的比例确定

【答案】B、C、D

【解析】本题的考核点是完工百分比法下确定建造合同完工进度的方法。

【例题 3·多选题】某建筑企业与甲公司签订了一项总造价为 1000 万元的造价合同，建设期为 2 年。第 1 年实际发生工程成本 400 万元，双方均履行了合同规定义务，但在第 1 年末由于建筑企业对该项工程的完工进度无法可靠地估计，所以与甲公司只办理了工程款结算 360 万元，随后甲公司陷入经济危机而面临破产清算，导致其余款可能无法收回。则关于该合同收入与费用确认的说法正确的有（　　）。

　　A. 合同收入确认方法应采用完工百分比法

　　B. 1000 万元可确认为合同收入

　　C. 360 万元确认为当年的收入

　　D. 400 万元应确认为当年费用

　　E. 1000 万元可确认为合同费用

【答案】C、D

【解析】本题的考核点是合同结果不能可靠估计时建造合同收入的确认。

◆ **考法 2：完工百分比法确认建造合同收入的计算**

【例题 4·单选题】某施工合同项目预计总成本为 3000 万元，至第 1 年末，承包人自行施工部分累计实际发生的合同成本为 1200 万元，合同约定由承包人采购的已进场待安装工程设备 200 万元，已进场待使用的工程材料 100 万元，已预付分包工程款 150 万元（分包工作量尚未完成），则第 1 年末承包人的合同完工进度为（   ）。

    A. 40%   B. 45%

    C. 48%   D. 55%

【答案】A

【解析】本题的考核点是完工百分比法的完工进度的计算。

$$第 1 年合同完工进度 = \frac{累计实际发生的合同成本}{合同预计总成本} \times 100\% = \frac{1200}{3000} \times 100\% = 40\%。$$

【例题 5·单选题】某承包公司与业主签订了一份修筑公路的合同，公路总长度为 15km，总造价 45 亿元，第 1 年完成了 4km，第 2 年完成了 8km，则第 2 年末合同完工进度是（   ）。

    A. 80%   B. 20%

    C. 26.67%   D. 53.33%

【答案】A

【解析】本题的考核点是确定合同完工进度方法。

$$合同完工进度 = \frac{4 + 8}{15} \times 100\% = 80\%。$$

【例题 6·多选题】某总造价 5000 万元的固定总价建造合同，约定工期为 3 年。假定经计算期第 1 年完工进度为 30%，第 2 年完工进度为 70%，第 3 年全部完工交付使用。则关于合同收入确认的说法，正确的有（   ）。

    A. 第 2 年确认的合同收入为 3500 万元

    B. 第 3 年确认的合同收入为 0

    C. 第 1 年确认的合同收入为 1500 万元

    D. 第 3 年确认的合同收入少于第 2 年

    E. 3 年累计确认的合同收入为 5000 万元

【答案】C、D、E

【解析】本题的考核点是用完工百分比法计算确认当期的合同收入。

第 1 年确认的合同收入 = 5000 × 30% = 1500 万元。

第 2 年确认的合同收入 = 5000 × 70% − 1500 = 2000 万元。

第 3 年确认的合同收入 = 5000 − (1500 + 2000) = 1500 万元。

3 年累计确认的合同收入 = 1500 + 2000 + 1500 = 5000 万元。

第9章　利润与所得税费用

本章核心考点提纲

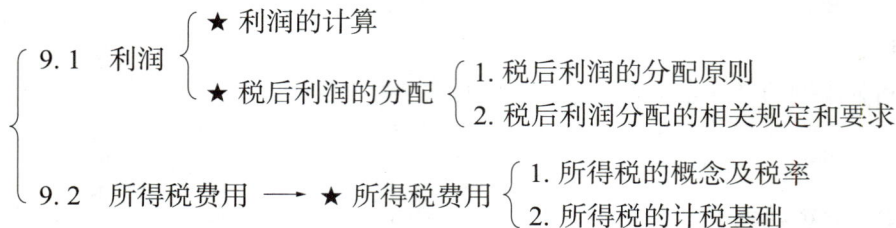

$$
\left\{
\begin{array}{l}
9.1 \quad 利润
\left\{
\begin{array}{l}
\bigstar \ 利润的计算 \\
\bigstar \ 税后利润的分配
\left\{
\begin{array}{l}
1.\ 税后利润的分配原则 \\
2.\ 税后利润分配的相关规定和要求
\end{array}
\right. \\
\end{array}
\right. \\
9.2 \quad 所得税费用 \longrightarrow \bigstar \ 所得税费用
\left\{
\begin{array}{l}
1.\ 所得税的概念及税率 \\
2.\ 所得税的计税基础
\end{array}
\right.
\end{array}
\right.
$$

本章核心考点分析

9.1　利润

核心考点一　利润的计算

1. 利润的概念

利润是企业在一定会计期间的经营成果所获得的各项收入抵减各项支出后的净额以及直接计入当期利润的利得和损失等。

2. 利润的三个计算公式及相关内容

营业利润是企业利润的主要来源。利润总额集中反映了企业经济活动的效益，是衡量企业经营管理水平和经济效益的重要综合指标。净利润表现为企业净资产的增加，是反映企业经济效益的一个重要指标。

（1）营业利润

营业利润＝营业收入－营业成本（或营业费用）－税金及附加－销售费用－管理费用－财务费用－资产减值损失＋公允价值变动收益（损失为负）＋投资收益（损失为负）

（2）利润总额

利润总额＝营业利润＋营业外收入－营业外支出

营业外收入包括：① 非流动资产处置利得；② 非货币性资产交换利得；③ 出售无形资产收益；④ 债务重组利得；⑤ 企业合并损益；⑥ 盘盈利得；⑦ 因债权人原因确实无法支付的应付款项；⑧ 政府补助和教育费附加返还款；⑨ 罚款收入。

营业外支出包括：① 固定资产盘亏；② 处置固定资产净损失；③ 处置无形资产净损失；④ 债务重组损失；⑤ 罚款支出；⑥ 捐赠支出；⑦ 非常损失。

（3）净利润

净利润＝利润总额－所得税费用

◆ **考法1：利润的计算**

【例题1·单选题】某施工企业年度工程结算收入为3000万元，营业成本和税金及附加共计2300万元，管理费用为200万元，财务费用为100万元，其他业务收入为200万元，投资收益为150万元，营业外收入为100万元，营业外支出为80万元，所得税为100万元，则企业营业利润为（　　）万元。

    A. 500   B. 520
    C. 670   D. 750

【答案】D

【解析】本题考查的是营业利润的计算。

营业利润＝3000－2300－200－100＋200＋150＝750万元。

【例题2·单选题】某施工企业年度的经营业绩为：营业收入3000万元，营业成本1800万元，税金及附加180万元，期间费用320万元，投资收益8万元，营业外收入20万元。则该企业该年度的利润总额为（　　）万元。

    A. 908   B. 728
    C. 720   D. 7 00

【答案】B

【解析】本题的考核点是利润的计算。

营业利润＝营业收入－营业成本－税金及附加－期间费用＋投资收益
　　　　＝3000－1800－180－320＋8＝708万元。

所以，利润总额＝708＋20＝728万元。

◆ **考法2：利润计算的相关概念**

【例题3·单选题】某企业因排放的污水超出当地市政污水排放标准而缴纳罚款200万元，财务上该笔罚款应计入企业的（　　）。

    A. 营业外支出   B. 销售费用
    C. 管理费用   D. 营业费用

【答案】A

【解析】本题的考核点是营业外支出的内容。

【例题4·多选题】下列关于企业利润的描述中，正确的有（　　）。

    A. 净利润＝利润总额－所得税费用

    B. 利润总额＝营业利润＋营业外收入－营业外支出

    C. 利润总额表现为企业净资产的增加

    D. 营业利润是企业利润的主要来源

    E. 营业利润包括企业对外投资收益

【答案】A、B、D、E

【解析】本题的考核点是利润和利润计算的相关概念。

核心考点二 税后利润的分配

1. 税后利润分配原则

（1）依法分配原则。（2）资本保全原则——企业在利润分配中不能侵蚀资本。企业如果存在尚未弥补的亏损，应首先弥补亏损，再进行其他分配。（3）充分保护债权人利益原则。（4）多方及长短期利益兼顾原则。（5）公司持有的本公司股份不得分配利润。

2. 税后利润分配的相关规定和要求

（1）税后利润分配的顺序

① 如果法定公积金不足以弥补以前年度亏损的，应先用当年利润弥补亏损。② 提取利润的 10% 列入公司法定公积金。如果公司法定公积金累计额已达到公司注册资本的 50% 以上，则可以不再提取。③ 根据股东会议决议提取任意公积金。④ 向投资者（股东）分配利润。

（2）利润分配的条件

公司分配利润前，必须确保税后利润已经弥补了公司之前的亏损，并且已经计提了法定公积金和任意公积金。

（3）利润分配的时间限制

股东会作出分配利润决议后，董事会应当在股东会决议作出之日起六个月内完成分配。

（4）违法分配利润的法律后果

① 如果公司违反规定向股东分配利润，股东应将违反规定分配的利润退还公司。② 如果因此给公司造成损失，股东及负有责任的董事、监事、高级管理人员应当承担赔偿责任。

（5）税务处理

① 自然人股东从公司取得的分红需要缴纳 20% 的个人所得税。② 居民企业之间的股息、红利等权益性投资收益为免税收入。

（6）利润分配请求权。

（7）利润分配救济

如果公司长期不分配利润，股东可以请求公司按照合理的价格收购其股权。

◆ 考法 1：税后利润的分配原则

【例题 1·多选题】按照有关规定，税后利润的分配原则有（　　　）。

  A. 谨慎性原则

  B. 资本保全原则

  C. 多方及长短期利益兼顾原则

  D. 权责发生制原则

  E. 必须在利润分配之前偿清所有债权人到期的债务

【答案】B、C、E

【解析】本题的考核点是税后利润的分配原则。

◆ 考法 2：税后利润分配的相关规定和要求

【例题 2·单选题】公司在分配当年税后利润时，首先需要提取利润的（　　　）列入公司法定公积金。

    A. 10%   B. 25%

    C. 20%   D. 50%

【答案】A

【解析】本题的考核点是税后利润分配的内容。

【例题 3·多选题】按照有关规定，下列关于税后利润分配的说法中，正确的有（　　　）。

    A. 股东会作出分配利润决议后，董事会应当在决议作出之日起三个月内完成分配

    B. 居民企业之间的股息、红利等权益性投资收益需要缴纳 20% 的企业所得税

    C. 自然人股东从公司取得的分红需要缴纳 20% 的个人所得税

    D. 如果公司违反规定向股东分配利润且因此给公司造成损失，股东及负有责任的董事、监事、高级管理人员应当承担赔偿责任。

    E. 如果公司长期不分配利润，股东可以诉讼要求公司分红

【答案】C、D

【解析】本题的考核点是税后利润分配的相关规定和要求。

9.2 所得税费用

核心考点 所得税费用

1. 所得税的概念及税率

企业所得税的税率为 25%。

2. 所得税的计税基础

所得税的计税基础是应纳税所得额。

应纳税所得额＝收入总额－不征税收入－免税收入－各项扣除项目金额－允许弥补的以前年度亏损

（1）收入总额：销售货物收入、提供劳务收入、转让财产收入、股息和红利等权益性投资收益、利息收入、租金收入、特许权使用费收入、接受捐赠收入、其他收入。

（2）不征税收入：财政拨款、行政事业性收费和政府性基金。

（3）各项扣除项目内容

① 企业实际发生的与取得收入有关的、合理的支出，包括成本、费用、税金、损失和其他支出，准予在计算应纳税所得额时扣除。

② 企业发生的公益性捐赠支出，在年度利润总额 12% 以内的部分，准予在应纳税所得额中扣除。超过年利润总额 12% 的部分，准予结转以后三年内计算应纳税所得额时扣除。

③ 在计算应纳税所得额时，下列支出不得扣除：

a. 向投资者支付的股息、红利等权益性投资收益款项；b. 企业所得税税款；c. 税收滞纳金；d. 罚金、罚款和被没收财物的损失；e.《企业所得税法》第九条规定以外的捐赠支出；f. 赞助支出；g. 未经核定的准备金支出；h. 与取得收入无关的其他支出。

④ 在计算应纳税所得额时，企业按照规定计算的固定资产折旧，准予扣除。但下列

固定资产不得计算折旧扣除：

　　a. 房屋、建筑物以外未投入使用的固定资产；b. 以经营租赁方式租入的固定资产；c. 以融资租赁方式租出的固定资产；d. 已足额提取折旧仍继续使用的固定资产；e. 与经营活动无关的固定资产；f. 单独估价作为固定资产入账的土地。

　　⑤ 企业对外投资期间，投资资产的成本在计算应纳税所得额时不得扣除。

　　⑥ 企业纳税年度发生的亏损，准予向以后年度结转，用以后年度的所得弥补，但结转年限最长不得超过 5 年。

◆ **考法：所得税的计税基础——应纳税所得额的内容**

【例题 1·单选题】计算企业应纳税所得额时，不能从收入中扣除的支出是（　　　）。

　　A. 销售成本　　　　　　　　　　B. 坏账损失

　　C. 税收滞纳金　　　　　　　　　D. 存货盘亏损失

【答案】C

【解析】本题考查的是所得税的计税基础应纳税所得额时扣除项目的内容。

【例题 2·单选题】某施工企业年度利润总额 8000 万元，企业当年发生公益性捐赠支出 1000 万元，则在计算该年应纳税所得额时该笔捐赠支出准予扣除的最大金额是（　　　）万元。

　　A. 960　　　　　　　　　　　　B. 1000

　　C. 250　　　　　　　　　　　　D. 125

【答案】A

【解析】本题的考核点是应纳税所得额计算时关于税前准予扣除的公益性捐赠额度。

　　扣除限额：8000 × 12% ＝ 960（万元）＜ 1000 万元（实际捐赠额），税前准予扣除 960 万元。

【例题 3·单选题】计算企业应纳税所得额时，下列资产中，不得计算折旧扣除的是（　　　）。

　　A. 已转入企业固定资产但尚未使用的房屋

　　B. 经营租赁方式租入的机械设备

　　C. 融资租赁方式租入的机械设备

　　D. 企业管理部门使用尚未提足折旧的办公设备

【答案】B

【解析】本题的考核点是应纳税所得额计算时扣除的相关规定。

【例题 4·2024 年真题·多选题】下列支出中，在计算应纳税所得额时，不得扣除的有（　　　）。

　　A. 向投资者支付的股息　　　　　B. 税收滞纳金支出

　　C. 赞助支出　　　　　　　　　　D. 未经核定的准备金支出

　　E. 生产经营活动中发生的销售成本

【答案】A、B、C、D

【解析】本题的考核点是应纳税所得额计算时扣除的相关规定。

第10章 财务分析

本章核心考点提纲

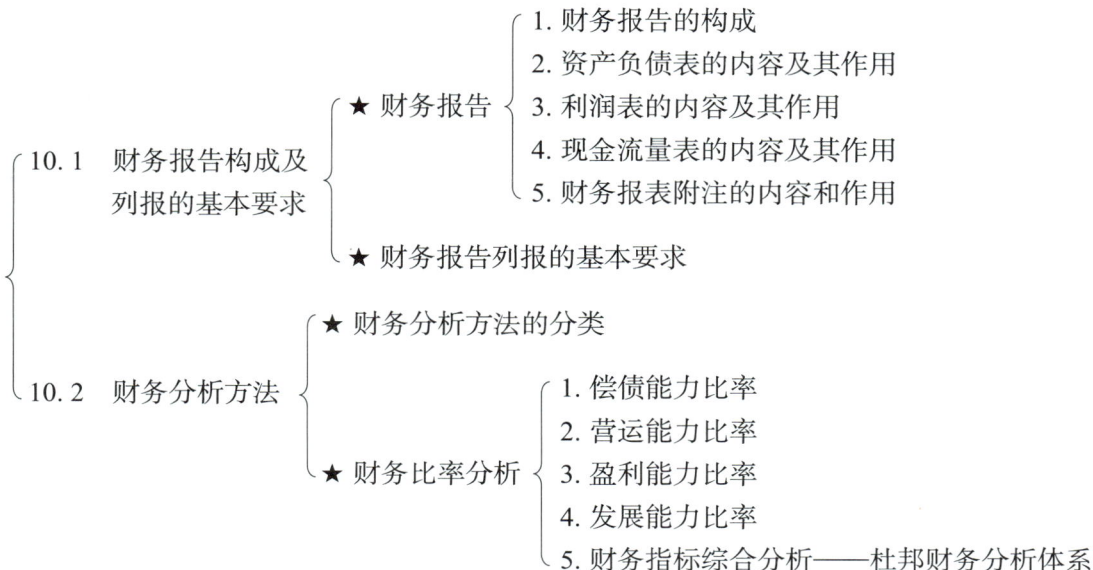

10.1 财务报告构成及列报的基本要求
- ★ 财务报告
  1. 财务报告的构成
  2. 资产负债表的内容及其作用
  3. 利润表的内容及其作用
  4. 现金流量表的内容及其作用
  5. 财务报表附注的内容和作用
- ★ 财务报告列报的基本要求

10.2 财务分析方法
- ★ 财务分析方法的分类
- ★ 财务比率分析
  1. 偿债能力比率
  2. 营运能力比率
  3. 盈利能力比率
  4. 发展能力比率
  5. 财务指标综合分析——杜邦财务分析体系

本章核心考点分析

10.1 财务报告构成及列报的基本要求

核心考点一 财务报告

1. 财务报告的构成

财务会计报告构成如下图所示。

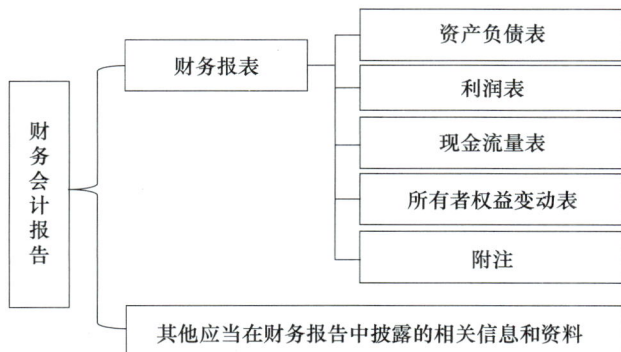

```
              ┌─────────────┬── 资产负债表
              │   财务报表   ├── 利润表
财            │             ├── 现金流量表
务  ─────────┤             ├── 所有者权益变动表
会            │             └── 附注
计            │
报            └── 其他应当在财务报告中披露的相关信息和资料
告
```

2. 资产负债表的内容及其作用

（1）资产负债表的内容

资产负债表是以"资产＝负债＋所有者权益"为依据编制，是用以反映企业在某一特定日期财务状况的报表。

资产负债表有两部分内容：

第一部分是资产类。企业资产按其"流动性"（即把资产转换成现金所需要的时间）大小顺序排列，分为流动资产和非流动资产列示。第二部分是负债类和所有者权益类。负债按债务必须支付的时间顺序排列，分为流动负债和非流动负债列示。

（2）资产负债表的作用

① 资产负债表能够反映企业在某一特定日期所拥有的各种资源总量及其分布情况，可以分析企业的资产构成，以便及时进行调整。② 资产负债表能够反映企业的偿债能力，可以提供某一日期的负债总额及其结构，表明企业未来需要用多少资产或劳务清偿债务以及清偿时间。③ 资产负债表能够反映企业在某一特定日期企业所有者权益的构成情况，可以判断资本保值、增值的情况以及对负债的保障程度。

3. 利润表的内容及其作用

（1）利润表的内容

利润表是反映企业在一定会计期间的经营成果的财务报表，属于动态报表。

利润表主要反映以下几个方面的内容：① 营业收入；② 营业利润；③ 利润总额；④ 净利润；⑤ 其他综合收益各项目分别扣除所得税影响后的净额；⑥ 综合收益总额。

（2）利润表的作用

① 利润表能反映企业在一定期间的收入和费用情况以及获得利润或发生亏损的数额，表明企业投入与产出之间的关系；② 通过利润表提供的不同时期的比较数字，可以分析判断企业损益发展变化的趋势，预测企业未来的盈利能力；③ 通过利润表可以考核企业的经营成果以及利润计划的执行情况，分析企业利润增减变化原因。

4. 现金流量表的内容及其作用

（1）现金流量表的编制基础

① 现金流量表是反映企业一定会计期间现金（现金和现金等价物）流入和流出的财务报表。

② 现金流量表的编制原则：收付实现制。

③ 是以现金为基础编制的动态报表，这里的现金包括：库存现金、以随时用于支付的存款、其他货币资金、现金等价物。

现金等价物：是指企业持有的期限短、流动性强、易于转换为已知金额的现金、价值变动风险小的投资。可以列为现金等价物的资产：a. 从购买日起三个月到期或清偿的国库券、b. 货币市场基金、c. 可转换定期存单、d. 银行承兑汇票。

企业短期购入的可流通的股票，由于其价值变动风险较大，不属于现金等价物。

（2）现金流量表的内容

现金流量表的内容应当包括经营活动、投资活动和筹资活动产生的现金流量，分别按照现金流入和现金流出总额列报。

① 经营活动产生的现金流量

应当单独列示反映下列信息的项目：a. 销售商品、提供劳务收到的现金；b. 收到的税费返还；c. 收到其他与经营活动有关的现金；d. 购买商品、接受劳务支付的现金；e. 支付给职工以及为职工支付的现金；f. 支付的各项税费；g. 支付其他与经营活动有关的现金。

② 投资活动产生的现金流量

应当单独列示反映下列信息的项目：a. 收回投资收到的现金；b. 取得投资收益收到的现金；c. 处置固定资产、无形资产和其他长期资产收回的现金净额；d. 处置子公司及其他营业单位收到的现金净额；e. 收到其他与投资活动有关的现金；f. 购建固定资产、无形资产和其他长期资产支付的现金；g. 投资支付的现金；h. 取得子公司及其他营业单位支付的现金净额；i. 支付其他与投资活动有关的现金。

③ 筹资活动产生的现金流量

应当单独列示反映下列信息的项目：a. 吸收投资收到的现金；b. 取得借款收到的现金；c. 收到其他与筹资活动有关的现金；d. 偿还债务支付的现金；e. 分配股利、利润或偿付利息支付的现金；f. 支付其他与筹资活动有关的现金。

（3）现金流量表的作用

① 有助于使用者对企业整体财务状况做出客观评价。② 有助于评价企业的支付能力、偿债能力和周转能力。③ 有助于使用者预测企业未来的发展情况。

5. 财务报表附注的内容和作用

（1）财务报表附注的内容

附注应当按照下列顺序至少披露：① 企业的基本情况；② 财务报表的编制基础；③ 遵循现行《企业会计准则》的声明；④ 重要会计政策和会计估计；⑤ 会计政策和会计估计变更以及差错更正的说明；⑥ 报表重要项目的说明；⑦ 或有和承诺事项、资产负债表日后非调整事项、关联方关系及其交易等需要说明的事项；⑧ 有助于财务报表使用者评价企业管理资本的目标、政策及程序的信息；⑨ 关于其他综合收益各项目的信息等。

（2）财务报表附注的作用

财务报表附注是对财务报表的重要补充。

◆考法 1：财务报表构成及其内容

【例题 1·多选题】根据我国现行《企业会计准则》，企业财务报表至少应当包括（　　）。

　　A. 资产负债表　　　　　　　　　B. 利润表
　　C. 现金流量表　　　　　　　　　D. 所有者权益变动表
　　E. 成本分析表

【答案】A、B、C、D

【解析】本题的考核点是财务报表的构成。

【例题 2·单选题】资产负债表中的资产类项目是按照资产的（　　）顺序排列。

A. 金额从小到大   B. 购置时间从先到后

C. 成新率从高到低   D. 流动性从大到小

【答案】D

【解析】本题的考核点是资产负债表的内容。

【例题3·2024年真题·单选题】下列财务报表中，用于反映企业在某一特定日期财务状况的是（   ）。

A. 利润表   B. 现金流量表

C. 所有者权益变动表   D. 资产负债表

【答案】D

【解析】本题的考核点是资产负债表的内容。

【例题4·多选题】企业持有的可作为现金等价物的资产有（   ）。

A. 购买日起三个月到期的国库券

B. 银行承兑汇票

C. 企业作为短期投资购入的普通股票

D. 可转换定期存单

E. 货币市场基金

【答案】A、B、D、E

【解析】本题的考核点是现金流量表编制基础的现金等价物包括的内容。

【例题5·多选题】企业现金流量表中，属于经营活动产生的现金流量有（   ）。

A. 收到的税费返还   B. 购买商品支付的现金

C. 收回投资收到的现金   D. 吸收投资收到的现金

E. 偿还债务支付的现金

【答案】A、B

【解析】本题的考核点是现金流量表的内容构成。

【例题6·单选题】下列经济活动产生的现金中，不属于筹资活动产生的现金流量是（   ）。

A. 处置子公司收到的现金净额   B. 取得借款收到的现金

C. 分配股利支付的现金   D. 偿还债务支付的现金

【答案】A

【解析】本题的考核点是现金流量表的内容。

◆ 考法2：财务报表的作用

【例题7·单选题】关于财务报表附注的说法，错误的是（   ）。

A. 附注应对财务报表中的每一项目做出进一步说明

B. 附注应当披露财务报表的编制基础

C. 附注是对财务报表中列示的重要项目的进一步文字说明或明细资料

D. 附注是对财务报表的补充

【答案】A

【解析】本题的考核点是财务报表附注披露的内容及其作用。

核心考点二　财务报告列报的基本要求

现行《企业会计准则》对财务报告列报的要求：

（1）企业应当以持续经营为基础。

（2）除现金流量表按照收付实现制原则编制外，企业应当按照权责发生制原则编制财务报表。

（3）财务报表项目的列报应当在各个会计期间保持一致，不得随意变更。

（4）重要项目单独列报。

重要性应当根据企业所处的具体环境，从项目的性质和金额两方面予以判断。

（5）报表列示项目不应相互抵消。

（6）当期报表列报项目与上期报表列报项目应当具有可比性。

（7）企业至少应当按年编制财务报表。

（8）其他应披露的信息。

◆ 考法：财务报表列报基本要求的内容

【例题1·多选题】根据现行《企业会计准则》，关于企业财务报表列报基本要求的说法，正确的有（　　　　）。

　　A. 企业应当以持续经营为基础

　　B. 重要项目应单独列报

　　C. 报表列示项目不应相互抵消

　　D. 当期报表列报项目与上期报表列报项目应当具有可比性

　　E. 企业至少应当按月编制财务报表

【答案】A、B、C、D

【解析】本题的考核点是财务报表列报基本要求的内容。

【例题2·单选题】按照收付实现制编制的企业财务报表是（　　　　）。

　　A. 资产负债表　　　　　　　　　B. 利润表

　　C. 所有者权益变动表　　　　　　D. 现金流量表

【答案】D

【解析】本题的考核点是财务报表列报基本要求的内容。

10.2　财务分析方法

核心考点一　财务分析方法的分类

财务报表分析的常用方法有比率分析法和因素分析法。

1. 比率分析法

比率分析法是通过计算各种比率来确定经济活动变动程度的分析方法。其优点是计算简便，计算结果比较容易判断，而且可以使某些指标在不同规模企业之间进行比较。因此，比率分析法是财务分析最基本、最重要的方法。

常用的比率主要有以下三种：（1）构成比率；（2）相关比率；（3）动态比率。

2. 因素分析法

因素分析法是依据分析指标与其驱动因素之间的关系，从数量上确定各因素对分析指标的影响方向及程度的分析方法。

这种方法的分析思路是，当有若干因素对分析指标产生影响时，在假设其他各因素都不变的情况下，顺序确定每个因素单独变化对分析指标产生的影响。

两种具体分析方法：连环替代法、差额计算法。

◆考法：财务分析方法的分类内容

【例题1·单选题】在企业财务分析时，对比两期或连续数期报告中相同指标，确定其变化方向、数额和幅度的分析方法，属于（　　）。

A. 差额分析法   B. 结构分析法

C. 相关比率分析法   D. 动态比率分析法

【答案】D

【解析】本题的考核点是财务分析方法分类的相关内容。

【例题2·单选题】某施工企业8月份钢筋原材料的实际费用为22万元，而计划值为20万元，由于钢筋原材料费由工程数量、单位工程量钢筋耗用量和钢筋单价三个因素乘积构成，若分析这三个因素对钢筋原材料费的影响方向及程度，适宜采用的财务分析方法是（　　）。

A. 概率分析法   B. 结构分析法

C. 因素分析法   D. 趋势分析法

【答案】C

【解析】本题的考核点是因素分析法的概念及适用情况。

核心考点二　财务比率分析

1. 偿债能力比率

常用的指标包括：资产负债率、权益乘数、流动比率、速动比率、利息备付率、偿债备付率等。

（1）资产负债率：该指标既能反映企业利用债权人提供资金进行经营活动的能力，也能反映企业经营风险的程度，是综合反映企业长期偿债能力的重要指标。

$$资产负债率 = \frac{总负债}{总资产} \times 100\%$$

（2）流动比率：主要反映企业的短期偿债能力。一般认为生产性企业合理的最低流动比率为2。

$$流动比率 = \frac{流动资产}{流动负债}$$

（3）速动比率：反映企业的短期偿债能力。

$$速动比率 = \frac{速动资产}{流动负债}$$

速动资产是指能够迅速变现为货币资金的各类流动资产，通常有两种计算方法：

① 速动资产＝流动资产－存货

② 速动资产＝货币资金＋交易性金融资产＋应收票据＋应收账款＋其他应收款

（4）利息备付率

$$利息备付率＝\frac{息税前利润}{当期应付利息}$$

利息备付率也称利息保障倍数，指息税前利润与当期应付利息的比值，一般分年计算。正常情况下利息备付率应当大于1，并结合债权人的要求确定。

（5）偿债备付率

$$偿债备付率＝\frac{可用于还本付息的资金}{当期应还本付息金额}$$

一般分年计算。正常情况偿债备付率应当大于1，并结合债权人的要求确定。

2. 营运能力比率

营运能力比率是用于衡量公司资产管理效率的指标。常用的指标有总资产周转率、流动资产周转率、存货周转率、应收账款周转率等。

（1）计算

① 总资产周转率（周转次数）＝$\dfrac{营业收入}{（期初资产总额＋期末资产总额）÷2}$

② 流动资产周转次数（率）＝$\dfrac{营业收入}{（期初流动资产＋期末流动资产）÷2}$

③ 存货周转次数（率）＝$\dfrac{营业收入或营业成本}{（期初存货＋期末存货）÷2}$

注：如果为了评估资产变现能力，应采用"营业收入"；如果是企业内部用于评估存货管理的业绩，应当使用"营业成本"。

④ 应收账款周转率（周转次数）＝$\dfrac{营业收入}{（期初应收账款＋期末应收账款）÷2}$

⑤ 某指标周转天数＝计算期天数／该指标周转率

（2）应用分析

① 总资产周转率越高，反映企业销售能力越强。② 流动资产周转天数表明将流动资产转换为现金平均需要的时间。③ 存货周转率越高，表明经营效率高，库存存货适度；周转率低，可能意味着存货中残次品增加，增加了企业经营风险。④ 应收账款周转率用来测定某一时期收回赊销账款的能力，该指标越高，表明企业应收账款收回速度快，这一方面可以节约资金，同时也说明企业信用管理状况好，不易发生坏账损失。

3. 盈利能力比率

（1）权益净利率：净资产收益率

$$权益净利率＝\frac{净利润}{（期初股东权益总额＋期末股东权益总额）÷2}×100\%$$

该指标是反映企业盈利能力的核心指标，可以反映股东投入的综合效果。指标越高，表明股东权益的利用效率越高，说明企业在增加收入和节约资金使用方面取得了良好的效果。

（2）总资产净利率：是企业运用全部资产的净收益率，反映企业全部资产运用的总成果。

$$总资产净利率 = \frac{净利润}{（期初资产总额 + 期末资产总额）\div 2} \times 100\%$$

该指标越高，表明企业资产的利用效率越高，同时也意味着企业资产的盈利能力越强，该指标越高越好。

4. 发展能力比率

（1）营业收入增长率

$$营业增长率 = \frac{本期营业收入增加额}{上期营业收入总额} \times 100\%$$

该指标是衡量企业经营状况和市场占有能力、预测企业经营业务拓展趋势的重要标志，也是企业扩张资本的重要前提。

（2）资本积累率

$$资本积累率 = \frac{本年度所有者权益增长额}{年初所有者权益} \times 100\%$$

是评价企业发展潜力的重要指标，也是企业扩大再生产的源泉。该指标如为负值，表明企业资本受到侵蚀，所有者权益受到损害，应予以充分重视。

5. 财务指标综合分析——杜邦财务分析体系

该体系是以权益净利率率为核心指标，以总资产净利率和权益乘数为两个方面，重点揭示企业获利能力及财务杠杆对权益净利率的影响，以及各相关指标之间的相互作用关系。

◆**考法 1：财务比率的相关概念**

【例题 1·多选题】分析企业债务清偿能力时，可列入速动资产的有（　　　　）。

　　A. 货币资金　　　　　　　　　　B. 应收票据

　　C. 应收账款　　　　　　　　　　D. 交易性金融资产

　　E. 存货

【答案】A、B、C、D

【解析】本题的考核点是速动比率中速动资产的构成内容。

【例题 2·单选题】在流动资产总额一定的情况下，关于速动比率的说法，正确的是（　　　　）。

　　A. 存货占流动资产比例越低，速动比率越高

　　B. 预付账款占流动资产比例越低，速动比率越高

　　C. 应收账款占流动资产比例越高，速动比率越低

　　D. 交易性金融资产占流动资产比例越高，速动比率越低

【答案】A

【解析】本题的考核点是基本财务比率中流动比率的相关概念。

【例题3·多选题】企业财务分析中，用于衡量资产管理效率的指标有（　　）。

  A. 总资产净利率　　　　　　　　B. 应收账款周转率

  C. 资本积累率　　　　　　　　　D. 资产负债率

  E. 存货周转率

【答案】B、E

【解析】本题的考核点是营运能力比率的相关概念。

【例题4·单选题】数值越高，则表明企业全部资产的利用效率越高、盈利能力越强的财务指标是（　　）。

  A. 营业增长率　　　　　　　　　B. 资产负债率

  C. 总资产净利率　　　　　　　　D. 资本积累率

【答案】C

【解析】本题的考核点是盈利能力比率相关指标的概念。

【例题5·多选题】企业发展能力的指标主要有（　　）。

  A. 资产负债率　　　　　　　　　B. 资本积累率

  C. 存货周转率　　　　　　　　　D. 流动比率

  E. 营业增长率

【答案】B、E

【解析】本题的考核点是发展能力比率的名词概念。

【例题6·单选题】杜邦财务分析体系揭示的是（　　）对净资产收益率的影响。

  A. 总资产净利率及资产总额　　　B. 资本积累率及销售收入

  C. 企业获利能力及权益乘数　　　D. 营业增长率及资本积累

【答案】C

【解析】本题的考核点是杜邦财务分析体系的分析原理。

◆ 考法2：财务比率的计算和分析

【例题7·单选题】某企业流动比率为3.2，速动比率为1.5，该行业平均的流动比率和速动比率分别为3和2。关于该企业流动资产和偿债能力的说法，正确的是（　　）。

  A. 该企业的偿债能力较强

  B. 该企业的应收票据、应收账款比例较大

  C. 该企业流动资产中存货比例过大

  D. 该企业流动资产中货币资金比例较大

【答案】C

【解析】本题的考核点是速动资产包括的内容。

  速动资产＝流动资产－存货。该企业流动比率高于行业平均水平，但速动比率低于行业平均水平较多，说明其流动资产中存货所占比重较大。

【例题8·单选题】某企业资产总额年末数为1163150元，流动负债年末数为168150元，长期负债年末数为205000元，则该企业年末的资产负债率为（　　）。

A. 14.46%   B. 17.62%

C. 20.60%   D. 32.08%

【答案】D

【解析】本题考核点是资产负债率指标的计算。

资产负债率＝总负债÷总资产×100%

总负债＝流动负债＋长期负债＝168150＋205000＝373150元

所以，资产负债率＝373150÷1163150×100%＝32.08%。

【例题9·单选题】某企业年初资产总额为500万元，年末资产总额为540万元，当年营业收入为900万元，其中主营业务收入为832万元，则该企业一年中总资产周转率为（   ）次。

A. 1.80   B. 1.73

C. 1.60   D. 1.54

【答案】B

【解析】本题的考核点是基本财务比率的计算。

总资产周转率＝营业收入／资产总额

资产总额＝（期初资产总额＋期末资产总额）/2＝（500＋540）/2＝520万元

所以，总资产周转率＝900/520＝1.73次。

【例题10·单选题】某企业某年度实现净利润为1000万元，营业收入为10000万元，总资产周转率为0.8，权益乘数为1.5。不考虑其他因素，采用杜邦财务分析体系计算的净资产收益率是（   ）。

A. 100%   B. 15%

C. 12%   D. 10%

【答案】C

【解析】本题的考核点是盈利能力比率和偿债能力比率相关指标的综合计算。

净资产（股东权益）＝资产总额／权益乘数

资产总额＝营业收入／总资产周转率＝10000/0.8＝12500万元

净资产＝12500/1.5＝8333.33万元

所以，净资产收益率＝1000/8333.33×100%＝12%。

第11章 筹资管理

本章核心考点提纲

11.1 筹资主体
  ★ 企业筹资
    1. 内源筹资
    2. 外源筹资
  ★ 项目融资
    1. 项目融资的特点
    2. 政府与社会资本合作模式（PPP模式）

11.2 筹资方式
  ★ 短期筹资的特点和方式
    1. 短期负债筹资的特点
    2. 短期负债筹资的方式
  ★ 长期筹资的方式和特点
    1. 长期负债筹资
    2. 长期股权筹资

11.3 资金成本分析 → ★ 资金成本的概念及计算
    1. 资金成本的概念
    2. 资金成本的计算

11.4 资本结构分析 → ★ 资本结构分析
    1. 资本结构的影响因素
    2. 资本结构决策的分析方法
    3. 资本结构的优化

本章核心考点分析

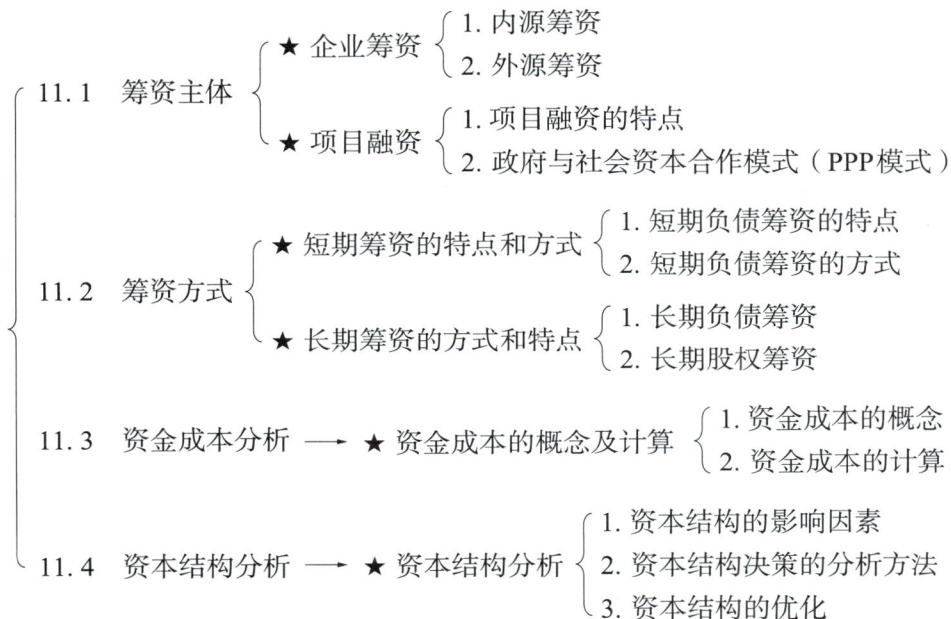

11.1 筹资主体

核心考点一 企业筹资

按照筹资主体划分，筹集资金的方式可分为企业筹资和项目融资。

企业筹资，又称为公司筹资，是以现有企业为基础筹资并进行项目的建设，无论项目建成之前还是建成之后，都不会出现新的独立法人。按照资金筹集渠道的不同可分为内源筹资和外源筹资。

1. 内源筹资

企业内源筹资资金来源主要包括企业自有资金、应付息税、未使用或者未分配专项基金。

（1）自有资金，主要包括留存收益、应收账款以及闲置资产变卖等。

（2）未使用或未分配的专项基金，主要包括更新改造基金、生产发展基金以及职工福利基金等。

2. 外源筹资

企业外源筹资渠道主要包括权益筹资、债务筹资以及混合筹资。外源筹资又可以分为直接筹资和间接筹资

（1）权益筹资方式：普通股和优先股筹资。

（2）债务筹资方式：借款筹资和债券筹资。

（3）混合筹资方式：可转换债券和认股权证。

（4）直接筹资方式：比如发行股票和企业债券筹资。

（5）间接融资方式：向商业银行申请贷款、委托信托公司进行证券化融资等。

◆ **考法：企业筹资资金来源及方式的相关内容**

【例题1·多选题】企业作为筹资主体时，内源筹资资金的来源有（　　）。

    A. 债券筹资　　　　　　　　　　　B. 留存收益

    C. 优先股筹资　　　　　　　　　　D. 普通股筹资

    E. 应收账款

【答案】B、E

【解析】本题的考核点是企业筹资的来源。

【例题2·单选题】下列企业筹集资金的方式中，属于外源筹资渠道中间接融资方式的是（　　）。

    A. 发行股票　　　　　　　　　　　B. 向商业银行申请贷款

    C. 变卖闲置资产　　　　　　　　　D. 利用未分配的利润

【答案】B

【解析】本题的考核点是企业筹资方式的相关内容。

【例题3·单选题】某施工企业在经营过程中，同时发行可转换债券和认股权证从资本市场直接筹集资金，该筹资方式属于（　　）。

    A. 内源筹资　　　　　　　　　　　B. 权益筹资

    C. 混合筹资　　　　　　　　　　　D. 债务筹资

【答案】C

【解析】本题的考核点是企业筹资方式的相关内容。

核心考点二　项目融资

1. 项目融资的特点

（1）以项目为主体；（2）有限追索贷款；（3）合理分配投资风险；（4）项目资产负债表之外的融资；（5）灵活的信用结构。

2. 政府与社会资本合作模式（PPP 模式）

（1）定义

政府和社会资本合作是基础设施投融资的一种具体操作方式，是倡导公共部分和私人机构以合作伙伴的关系提供公共产品和公共服务的一种实践理念。

（2）主要模式

① 基于使用者付费的特许经营模式；② 基于政府付费的私人融资计划模式。

（3）我国现行的政府和社会资本合作机制

《关于规范实施政府和社会资本合作新机制的指导意见》（国办函〔2023〕115号）的内容：

① 政府和社会资本合作的项目范围——应聚焦使用者付费项目，并遵守以下规则：

a. 不因采用政府和社会资本合作模式额外新增地方财政未来支出责任。b. 按照一视同仁原则，在项目建设期对使用者付费项目给予政府投资支持。c. 政府付费只能按规定补贴运营，不能补贴建设成本。d. 不得通过可行性缺口补贴、承诺保底收益率、可用性付费等任何方式，使用财政资金弥补项目建设和运营成本。

② 政府和社会资本合作的具体模式——全部采用特许经营模式。

③ 政府和社会资本合作的重点领域——限定于有经营性收益的项目。

a. 对于市场化程度较高、公共属性较弱的项目，应由民营企业独资或控股。b. 对于关系国计民生、公共属性较强的项目，民营企业股权占比原则上不低于35%。c. 少数涉及国家安全、公共属性强且具有自然垄断属性的项目，应积极创造条件、支持民营企业参与。

④ 政府和社会资本合作的建设实施管理

a. 严格审核特许经营方案，并同步开展特许经营模式可行性论证。b. 项目实施机构通过公开竞争方式依法依规选择特许经营者。特许经营期原则上不超过40年。c. 项目实施机构与特许经营者应签订特许经营协议。d. 严格履行投资管理程序。

◆ **考法1：项目融资的概念及特点**

【例题1·多选题】关于项目融资特点的说法，正确的有（　　　）。

　A. 是以发起项目的企业为主体的融资活动

　B. 属于无限追索贷款

　C. 是投资人资产负债表之内的融资

　D. 采用的信用结构比较灵活

　E. 可以合理分配投资风险

【答案】D、E

【解析】本题的考核点是项目融资的特点。

◆ **考法2：政府和社会资本合作模式的要求与规定**

【例题2·多选题】按照《关于规范实施政府和社会资本合作新机制的指导意见》，下列说法错误的是（　　　）。

　A. 政府和社会资本合作在我国现阶段应聚焦政府付费的私人融资计划模式

　B. 政府和社会资本合作的具体模式应全部采用特许经营模式

　C. 对于关系国计民生、公共属性较强的项目，民营企业股权占比原则上不超过35%

　D. 政府和社会资本合作项目特许经营期原则上不超过30年

　E. 少数涉及国家安全、公共属性强且具有自然垄断属性的项目，原则上不允许民营企业参与

【答案】 A、C、D、E

【解析】 本题的考核点是《关于规范实施政府和社会资本合作新机制的指导意见》（国办函〔2023〕115号）的内容。

11.2 筹资方式

核心考点一 短期筹资的特点和方式

1. 短期负债筹资的特点

短期负债筹资通常具有如下特点：（1）筹资速度快，容易取得；（2）筹资弹性好；（3）筹资成本较低；（4）筹资风险高。

2. 短期负债筹资的方式

短期负债筹资最常用的方式是商业信用和短期借款。

（1）商业信用（筹资）的具体形式

① 商业信用筹资最大的优越性：容易取得，无须正式办理筹资手续；如果没有现金折扣或使用不带息票据，商业信用筹资不负担成本。

② 缺点：期限较短，在放弃现金折扣时所付出的成本较高。

③ 商业信用（筹资）的具体形式：应付账款、应付票据、预收账款、其他应付款项等。

a. 根据承兑人的不同，应付票据分为商业承兑汇票和银行承兑汇票两种，支付期最长不超过6个月。应付票据的利率一般比银行的借款利率低，应付票据的筹资成本低于银行借款成本。但是应付票据到期必须归还，如若延期便要交付罚金，因而风险较大。

b. 其他应付款项包括：应付职工薪酬、应交税费等。

（2）短期借款

① 短期借款的信用条件

a. 信贷限额：信贷限额是银行对借款人规定的无担保贷款的最高额。信贷限额的有效期限通常为1年。

b. 周转信贷协定：银行具有法律义务地承诺提供不超过某一最高限额的贷款协定。在协定的有效期内，只要企业的借款总额未超过最高限额，银行必须满足企业任何时候提出的借款要求。企业享用周转信贷协定，通常要就贷款限额的未使用部分付给银行一笔承诺费。

c. 补偿性余额：银行要求借款企业在银行中保持按贷款限额一定百分比（一般为10%～20%）的最低存款余额。对于借款企业来讲，补偿性余额则提高了借款的实际利率。

d. 借款抵押。

e. 偿还条件，贷款的偿还有到期一次偿还和在贷款期内定期（每月、季）等额偿还两种方式。企业一般不希望采取后一种偿还方式，因为这会提高借款的有效年利率。

f. 其他承诺。

② 短期借款筹资的特点

在短期负债筹资中，短期借款的重要性仅次于商业信用。短期借款可以随企业的需要安排，便于灵活使用，且取得亦较简便。其缺点是短期内要归还，特别是在带有诸多附加条件的情况下更是风险加剧。

◆ **考法：短期负债筹资的特点及方式**

【例题1·多选题】对筹资方而言，短期负债筹资的特点有（   ）。

    A. 筹资速度快   B. 筹资难度大

    C. 限制条件较多   D. 筹资成本较高

    E. 筹资风险高

【答案】A、E

【解析】本题的考核点是短期负债筹资的特点。

【例题2·单选题】下列筹资方式中，属于商业信用筹资方式的是（   ）。

    A. 预收账款   B. 短期借款

    C. 融资租赁   D. 抵押贷款

【答案】A

【解析】本题的考核点是商业信用筹资的具体形式。

【例题3·单选题】银行短期借款信用条件中的补偿性余额条款是指（   ）。

    A. 借款人要对贷款限额未使用部分支付补偿费

    B. 借款人在银行中保持按实际借用额的一定比例计算的最低存款余额

    C. 银行如果不能及时向借款人贷款需要向借款人支付补偿金

    D. 借款人如果不能按时还款需要向银行支付补偿金

【答案】B

【解析】本题的考核点是短期借款信用条件中的补偿性余额的相关概念。

核心考点二　长期筹资的方式和特点

长期筹资通常可分为长期负债筹资和长期股权筹资。

1. 长期负债筹资

可分为长期借款筹资、长期债券筹资、融资租赁和可转换债券筹资。

（1）长期借款筹资的优缺点——与其他长期负债筹资方式相比

① 优点：筹资速度快；借款弹性大；借款成本较低。② 缺点：限制性条款多。

（2）长期债券筹资优缺点

① 优点：规模大；长期、稳定。② 缺点：发行成本高；信息披露成本高；限制条件多。

（3）融资租赁

① 融资租赁最主要的外部特征是租期长。租赁期超过租赁资产经济寿命的75%以上，即为融资租赁。

② 融资租赁的租金包括三大部分：a. 租赁资产的成本：租赁资产的成本大体由资产的购买价、运杂费、运输途中的保险费等项目构成；b. 租赁资产成本的利息：即出租人向承租人所提供资金的利息；c. 租赁手续费：包括出租人承办租赁业务的费用以及出租人向承租人提供租赁服务所赚取的利润。

（4）可转换债券筹资

与普通债券相比，可转换债券可以根据债权人的选择在规定的时间转换为普通股股票，具有更大的灵活性。

2. 长期股权筹资

长期股权筹资分为优先股筹资、普通股股票筹资以及认股权证筹资。

◆ **考法：长期负债筹资的相关内容**

【例题·多选题】融资租赁的租金应由（　　）构成。

 A. 租赁资产的成本　　　　　　　　B. 出租人承办租赁业务的费用

 C. 租赁资产成本的利息　　　　　　D. 出租人提供租赁服务的利润

 E. 租赁资产的运行成本

【答案】A、B、C、D

【解析】本题的考核点是长期筹资中的融资租赁租金包括的内容。

11. 3　资金成本分析

核心考点　资金成本的概念及计算

1. 资金成本的概念

资金成本是指企业为筹措和使用资本而付出的代价，是资金使用者向资金所有者和中介机构支付的占用费和筹集费用。资金成本包括资金占用费和筹集费用两个部分。

（1）资金占用费是指企业占用资金支付的费用，如银行借款利息和债券利息等。

（2）筹集费用是指在资金筹集过程中支付的各项费用，如发行债券支付的印刷费、代理发行费、律师费、公证费、广告费等，它通常是在筹措资金时一次性支付，在使用资金的过程中不再发生。

2. 资金成本的计算

（1）长期负债的个别资金成本率计算：

$$长期负债资金成本率 = \frac{年利息 \times (1 - 所得税税率)}{本金 \times (1 - 筹资费率)} \times 100\%。$$

（2）综合资金成本率的计算：$K_w = \sum K_j W_j$。

◆ **考法 1：资金成本的概念**

【例题 1·单选题】企业以发行债券方式融资产生的资金成本中，属于资金占用费的是（　　）。

 A. 债券代理发行费　　　　　　　　B. 债券利息

 C. 债券公证费　　　　　　　　　　D. 债券发行广告费

【答案】B

【解析】本题的考核点是资金成本的概念及其包括的内容。

◆ **考法 2：资金成本率的计算**

【例题 2·单选题】某建筑企业年初从银行借款 1000 万元，期限 5 年，年利率为 8%，每年末结息一次，到期一次还本，企业所得税率为 25%。则该笔借款的年资金成本率为（　　）。

 A. 1.60%　　　　　　　　　　　　B. 6.00%

C. 8.00%   D. 8.24%

【答案】B

【解析】本题的考核点是资金成本率的计算：

$$该借款年资金成本率 = \frac{1000 \times 8\% \times (1-25\%)}{1000 \times (1-0)} \times 100 = 6.00\%。$$

【例题3·单选题】某企业从银行取得5年期的长期借款1000万元，该笔借款的担保费费率（或筹资费率）为0.5%，年利率为6%，每年结息一次，到期一次还本，企业所得税税率为25%，则该笔借款年资金成本率为（　　）。

A. 4.50%   B. 4.52%

C. 6.00%   D. 6.03%

【答案】B

【解析】本题的考核点是资金成本率的计算：

$$长期借款资金成本率 = \frac{年利息 \times (1-所得税税率)}{本金 \times (1-筹资费率)} = \frac{1000 \times 6\% \times (1-25\%)}{1000 \times (1-0.5\%)} = 4.52\%。$$

◆ **考法3：资金成本率的计算及综合分析**

【例题4·单选题】某企业拟从银行取得一笔货款2000万元，期限3年，每年年末付息，到期一次还本。有4家银行提出的货款条件见下表。

费率	银行			
	甲	乙	丙	丁
手续费率	0.1%	0.2%	0.5%	0.2%
年利率	7%	8%	6%	7.5%

该企业所得税率为25%。仅从资金成本的角度考虑，该企业应从（　　）银行贷款。

A. 甲   B. 乙

C. 丙   D. 丁

【答案】C

【解析】各种方案的资金成本率计算见下表。

	甲	乙	丙	丁
手续费率	0.001	0.002	0.005	0.002
年利率	0.07	0.08	0.06	0.075
资金成本率	5.25%	6%	4.5%	5.625%

由此可知丙银行的利率最低。

【例题5·单选题】某企业通过长期借款和长期债券两种方式筹资，其中长期借款3000万元，长期债券2000万元，期限均为3年，每年结息一次，到期一次还本。长期借款年利率为6%，手续费率2%；长期债券年利率为6.5%，手续费率1.5%。企业所得税率25%。关于该企业资金成本的说法，错误的是（　　）。

A. 长期债券的资金成本率为 4.95%

B. 长期借款的资金成本率为 4.59%

C. 企业筹资的综合资金成本率为 4.77%

D. 两种筹资成本均属于债务资金成本

【答案】C

【解析】本题的考核点是长期负债资金成本的计算及相关概念。

（1）长期借款资金成本率 $=\dfrac{3000\times6\%\times(1-25\%)}{3000(1-2\%)}=4.59\%$。

（2）长期债券资金成本率 $=\dfrac{2000\times6.5\%\times(1-25\%)}{2000(1-1.5\%)}=4.95\%$。

（3）综合资金成本率 $=\dfrac{3000}{3000+2000}\times4.59\%+\dfrac{3000}{3000+2000}\times4.95\%=4.73\%$。

11.4 资本结构分析

核心考点 资本结构分析

1. 资本结构的影响因素

（1）概念：资本结构指的是长期债务资本和权益资本各占多大比例，不包括短期负债。

（2）影响因素：外部因素通常有税率、汇率、资本市场、行业特征等。内部因素通常有营业收入、成长性、盈利能力、管理层风险偏好、财务灵活性以及股权结构等。

2. 资本结构决策的分析方法

（1）资金成本比较法：选择综合资金成本最低的方案，确定为相对较优的资本结构。

（2）每股收益无差别点法：在计算不同筹资方案的每股收益相等时所对应的盈利水平的基础上，通过比较在企业预期盈利水平下的不同筹资方案的每股收益，进而选择每股收益较大的筹资方案。显然，每股收益无差别点法的判断原则是比较不同筹资方式能否给股东带来更大的净收益，但是没有考虑风险因素。

（3）企业价值比较法：是以企业价值最大化作为最佳资本结构的衡量标准。假设股东投资资本和债务价值不变，该资本结构也是使企业价值最大化的资本结构，同时，企业的加权平均资金成本也是最低的。

3. 资本结构的优化

企业财务管理的目标在于追求股东财富最大化。企业最优的资本结构应当是使企业价值最大化，同时资金成本也是最低的资本结构，而不一定是每股收益最大的资本结构。

只有在风险不变的情况下，每股收益的增长才会直接导致股东财富的上升。实际上经常是随着每股收益增长，风险也会加大，股东财富可能下降。

◆ 考法 1：资本结构的概念

【例题 1·单选题】企业某时点所有者权益资本为 1000 万元，企业长期债务资本为 800 万元，短期负债为 500 万元，则应列入资本结构管理范畴的金额为（　　）万元。

A. 2300　　　　　　　　　　　　B. 1800

C. 1500　　　　　　　　　　　　D. 1000

【答案】B

【解析】本题的考核点是企业筹资管理中资本结构的概念内容。

资本结构是长期债务资本和权益资本各占多大比例，不包括短期负债。

◆**考法 2：资本结构决策分析方法应用**

【例题 2·单选题】某公司为了扩大规模，拟追加筹资 1000 万元，现有 2 个筹资方案可以选择，见下表（单位：万元）。则公司应选择的最佳方案是（　　　）。

筹资方式	原资本结构		追加筹资方案 1		追加筹资方案 2	
	筹资额	个别资金成本	筹资额	个别资金成本	筹资额	个别资金成本
长期借款	1500	7%	500	7.5%	3000	8.5%
长期债券	4000	8%	2000	9%	4000	10%
优先股	500	12%	1000	13%	1000	13%
普通股	4000	15%	6500	16%	2000	16%
合计	10000		10000		10000	

A. 方案 1　　　　　　　　　　B. 方案 2

C. 方案 1 和 2 均可　　　　　D. 方案 1 和 2 的综合方案

【答案】B

【解析】本题考核点是资本结构决策方法的应用。

分别计算 2 个方案的综合资金成本，综合资金成本最低的方案为相对较优的方案。

（1）方案 1 综合资金成本 $= \dfrac{500}{10000} \times 7.5\% + \dfrac{2000}{10000} \times 9\% + \dfrac{1000}{10000} \times 13\% + \dfrac{6500}{10000} \times 16\% = 13.88\%$。

（2）方案 2 综合资金成本 $= \dfrac{300}{10000} \times 8.5\% + \dfrac{4000}{10000} \times 10\% + \dfrac{1000}{10000} \times 13\% + \dfrac{2000}{10000} \times 16\% = 11.05\%$。

从最优资本结构的角度，应选择综合资金成本更低的方案 2。

【例题 3·2024 年真题·单选题】采用每股收益无差别点法进行资本结构决策的缺点是（　　　）。

A. 没有考虑不同来源资金的成本差异

B. 没有考虑债务资金比例对每股收益的影响

C. 没有考虑不同筹资方式带来的风险

D. 每股收益的估算方法不明确

【答案】C

【解析】本题的考核点是资本结构决策方法的应用分析。

第 12 章　营运资金管理

本章核心考点提纲

12.1　现金管理　⟶　★ 现金管理
1. 现金管理的目标
2. 现金管理的方法
3. 确定最佳现金持有量的方法

12.2　应收账款管理　⟶　★ 应收账款管理
1. 应收账款管理的目标
2. 信用政策
3. 应收账款的管理方法

12.3　存货管理　⟶　★ 存货管理
1. 存货管理的目标
2. 储备存货的成本
3. 存货决策——经济采购批量计算
4. 存货管理的方法——ABC分析法

12.4　短期负债管理　⟶　★ 短期负债管理
1. 短期负债管理的目的
2. 商业信用的管理
3. 短期借款附加条件比较
4. 短期借款利息的支付方法

本章核心考点分析

12.1　现金管理

核心考点　现金管理

营运资金（流动资金）＝流动资产－流动负债

1. 现金管理的目标

现金是企业流动性最强的资产。具体包括：库存现金、各种形式的银行存款、银行本票、银行汇票等。有价证券是企业现金的一种转换形式，是现金的一部分。

（1）企业置存现金的原因，主要是满足交易性需要、预防性需要和投机性需要。

（2）企业现金管理的目标，就是要在资产的流动性和盈利能力之间做出抉择，以获取最大的长期利益。

2. 现金管理的方法

为达到现金管理的目标，常采用如下的现金管理做法：

（1）力争现金流量同步；（2）使用现金浮游量；（3）加速收款；（4）推迟应付款的支付。

3. 确定最佳现金持有量的方法

成本分析模式是通过分析持有现金的成本，寻找持有成本最低的现金持有量。企业持有的现金，将会有三种成本：

（1）机会成本：与现金持有量成正比例关系。

（2）管理成本：管理成本是一种固定成本，与现金持有量之间无明显的比例关系。

（3）短缺成本。随现金持有量的增加而下降，随现金持有量的减少而上升。

上述三项成本之和最小的现金持有量，就是最佳现金持有量。

◆ **考法1：现金管理的目标和方法**

【例题1·单选题】 下列现金收支管理措施中，能提高现金利润利用效率的是（   ）。

    A. 充分使用现金浮游量

    B. 推迟应收账款时间

    C. 争取使现金流入的时间晚一些，现金流出的时间尽可能早一些

    D. 提前应付款的支付期

【答案】 A

【解析】 本题的考核点是现金管理的方法措施。

【例题2·单选题】 企业现金管理的目标是在资产的（   ）之间做出抉择，以获得最大的长期利益。

    A. 流动性和风险   B. 流动性和盈利能力

    C. 风险和盈利能力   D. 安全性和盈利能力

【答案】 B

【解析】 本题的考核点是现金管理的目标。

【例题3·单选题】 企业持有一定量的现金用于保证月末职工的工资发放，其置存的目的是满足（   ）需要。

    A. 投机性   B. 交易性

    C. 预防性   D. 风险管理

【答案】 B

【解析】 本题的考核点是企业置存现金的原因及其相关内容。

◆ **考法2：成本分析模式确定现金持有量的概念及应用**

【例题4·2024年真题·多选题】 采用成本分析法确定企业最佳现金持有量时，通常考虑的成本有（   ）。

    A. 管理成本   B. 沉没成本

    C. 机会成本   D. 短缺成本

    E. 表现成本

【答案】 A、C、D

【解析】 本题的考核点是成本分析模式确定最佳现金持有量的相关概念。

【例题5·单选题】某施工企业制定了4种现金持有方案（单位：元）见下表。从成本分析的角度来看，该企业最佳的现金持有量为（　　）元。

现金持有量	60000	80000	100000	110000
机会成本	6000	7000	7500	8000
管理成本	3000	3000	3000	3000
短缺成本	5000	4000	3000	2000

A. 60000

B. 80000

C. 100000

D. 110000

【答案】D

【解析】本题考查的是现金和有价证券的财务管理。持有的总成本即为机会成本、管理成本和短缺成本之和，总成本最小的现金持有量就是最佳现金持有量。

现金持有量	60000	80000	100000	110000
机会成本	6000	7000	7500	8000
管理成本	3000	3000	3000	3000
短缺成本	5000	4000	3000	2000
总成本	14000	14000	13500	13000

12.2 应收账款管理

核心考点　应收账款管理

1. 应收账款管理的目标

应收账款是企业流动资产中的一个重要项目，是商业信用的直接产物。只有当应收账款所增加的盈利超过所增加的成本时，才应当实施应收账款赊销。

2. 信用政策

（1）一般延长信用期，会使企业的销售额增加；与此同时，应收账款、收账费用和坏账损失也可能增加。当前者大于后者时，可以延长信用期，否则不宜延长。

（2）信用标准是指顾客获得企业的交易信用所应具备的条件。"5C"系统，是指评估顾客信用品质的5个方面。

3. 应收账款的管理方法

（1）应收账款回收情况的监督，可以通过编制账龄分析表进行。

（2）收账政策的制定：制定收账政策，要在收账费用和所减少的坏账损失之间做出权衡。

◆**考法：应收账款管理的相关内容**

【例题1·多选题】应收账款赊销的效果好坏，依赖于企业信用政策。信用政策包括（　　）。

A. 信用期间

B. 商业折扣

C. 现金折扣　　　　　　　　D. 信用标准

E. 商业信用

【答案】A、C、D

【解析】本题的考核点是应收账款管理的相关内容。

【例题2·多选题】关于应收账款管理，说法正确的是（　　）。

A. 应收账款是商业信用的直接产物，其管理目标是求得利润

B. 只有当应收账款所增加的盈利超过所增加的成本时，才应当实施应收账款赊销

C. 延长信用期，会使销售额增加，产生有利影响，应收账款收账费用和坏账损失减少

D. 拖欠时间越长，款项收回可能性越小。为了降低收款费用，对过期很长的顾客，应放弃收款

E. 实施对应收账款回收情况的监督，可以通过编制账龄分析表进行

【答案】A、B、E

【解析】本题的考核点是应收账款管理的相关内容。

12.3　存货管理

核心考点　存货管理

1. 存货管理的目标

进行存货管理，就要尽力在各种存货成本与存货效益之间做出权衡，达到两者的最佳结合。这也就是存货管理的目标。

2. 储备存货的成本

存货的总成本＝取得成本＋储存成本＋缺货成本

（1）取得成本＝订货成本＋购置成本＝订货固定成本＋订货变动成本＋购置成本

（2）储存成本＝储存固定成本＋储存变动成本

（3）缺货成本指由于存货供应中断而造成的损失

3. 存货决策——经济采购批量的计算

经济采购批量＝$\sqrt{2 \times 一次订货变动成本 \times 年采购总量 / 每吨年平均储备成本}$

4. 存货管理的方法——ABC分析法

存货管理的ABC分析法就是按照一定的标准，将企业的存货划分为A、B、C三类，分别实行分品种重点管理、分类别一般控制和按总额灵活掌握的存货管理方法。分类的标准主要有2个：（1）金额标准；（2）品种数量标准。

◆考法1：存货管理的相关概念

【例题1·单选题】下列属于储存成本的是（　　）。

A. 存货破损和变质损失　　　　B. 材料供应中断造成的停工损失

C. 丧失销售机会的损失　　　　D. 产成品库存缺货造成的拖欠发货损失

【答案】A

【解析】本题的考核点是企业储备存货有关成本的内容。

【例题 2·2024 年真题·单选题】企业存货独有的特点是（　　）。

    A. 具有实体状态　　　　　　　　B. 具有较强的流动性

    C. 存在发生潜在损失的可能性　　D. 只能通过外购获得

【答案】C

【解析】本题的考核点是存货管理目标及储备存货成本的相关内容。

    存货是指企业在生产经营过程中为销售或者耗用而储备的物资，包括材料、燃料、低值易耗品、在产品、半成品、产成品、协作件、商品等。过多的存货要占用较多的资金，并且会增加包括仓储费、保险费、维护费、管理人员工资在内的各项开支。存货占用资金是有成本的，占用过多会使利息支出增加并导致利润的损失；各项开支的增加更直接使成本上升。

◆ **考法 2：存货经济采购量的计算**

【例题 3·单选题】企业生产所需某种材料，年度采购总量为 8000 吨，材料单价为 4000 元 / 吨，一次订货的变动成本为 3000 元，每吨材料的年平均储备成本为 300 元。则该材料的经济采购批量为（　　）吨。

    A. 114　　　　　　　　　　　　B. 200

    C. 300　　　　　　　　　　　　D. 400

【答案】D

【解析】本题的考核点是存货财务管理中存货经济采购批量（经济订货量）的计算。

$$经济采购批量 = \sqrt{2 \times 一次订货变动成本 \times 年采购总量 / 每吨年平均储备成本}$$
$$= \sqrt{2 \times 3000 \times 8000 / 300} = 400 \text{ 吨}。$$

【例题 4·单选题】某企业生产需要的甲材料年度采购总量预计 3000 吨，材料单价 6000 元 / 吨，每次订货的固定成本和变动成本分别为 5000 元和 1500 元，每吨材料的平均储存成本为 100 元。该材料每年最经济的采购次数为（　　）次。

    A. 7　　　　　　　　　　　　　B. 10

    C. 8　　　　　　　　　　　　　D. 9

【答案】B

【解析】本题的考核点是存货财务管理中存货经济采购批量（经济订货量）的计算。

第一步，计算经济采购批量：

$$经济采购批量 = \sqrt{2 \times 1500 \times 3000 / 100} = 300 \text{ 吨}。$$

第二步，每年最经济采购次数 ＝ 年采购总量 / 经济采购批量 ＝ 3000 / 300 ＝ 10 次。

◆ **考法 3：存货管理的 ABC 分析法的内容及应用分析**

【例题 5·单选题】某现浇混凝土框架结构工程，施工现场的存货采用 ABC 分析法管理，应该实施严格控制的存货是（　　）。

    A. 砂子　　　　　　　　　　　　B. 石子

    C. 钢筋　　　　　　　　　　　　D. 模板

【答案】C

【解析】从财务管理的角度来看，A 类存货种类虽然较少，但占用资金较多，应集中主要精力，对其经济批量进行认真规划，实施严格控制。钢筋就属于 A 类存货。

【例题 6·2024 年真题·单选题】采用 ABC 分析法进行存货管理时，对于种类较少、资金占用较多的 A 类存货，宜采取的措施是（   ）。

    A. 对其经济批量认真规划，严格控制

    B. 根据数量标准划分，分类别一般控制

    C. 根据存货是否容易保存，灵活控制

    D. 根据经验确定订货批量，适当控制

【答案】A

【解析】本题的考核点是存货管理的 ABC 分析法的相关内容。

12.4　短期负债管理

核心考点　短期负债管理

1. 短期负债管理的目的

短期负债管理的目标：维护企业流动性和偿债能力，增强企业抵御风险的能力，提高企业利润和发展潜力。

企业在短期负债筹资中需要优先考虑的是内源融资，其次是外源融资。

2. 商业信用的管理

商业信用的具体形式有应付账款、应付票据、预收账款、其他应付项等。

由于应付账款有付款期、折扣等信用条件。应付账款可以分为：（1）免费信用，即买方企业在规定的折扣期内享受折扣而获得的信用；（2）有代价信用，即买方企业放弃折扣付出代价而获得的信用；（3）展期信用，即买方企业超过规定的信用期推迟付款而强制获得的信用。

$$放弃现金折扣成本（率）= \frac{折扣百分比}{1-折扣百分比} \times \frac{360}{信用期-折扣期}$$

3. 短期借款附加条件比较

（1）周转信贷限额的承诺费

承诺费 ＝（周转信贷限额 － 已使用的借款额）× 承诺费率

（2）补偿性余额条件下的实际利率

$$年实际利率 = \frac{年实际利息}{年实际本金} \times 100\%$$

4. 短期借款利息的支付方法

（1）收款法

是在借款到期时向银行支付利息的方法。银行向工商企业发放的贷款大多采用这种方法收息。

（2）贴现法

是银行向企业发放贷款时，先从本金中扣除利息部分，而到期时借款企业则要偿还贷款全部本金的一种计息方法。贷款的实际利率高于名义利率。

$$年实际利率 = \frac{年实际利息}{年实际本金} \times 100\%$$

（3）加息法

是银行发放分期等额偿还贷款时采用的利息收取方法。实际利率高于名义利率大约1倍。

$$年实际利率 = \frac{年实际利息}{年实际本金} \times 100\%$$

◆ **考法 1：短期负债管理的相关概念及内容**

【例题 1·2024 年真题·单选题】某企业向银行借入短期借款，在年名义利率相同的条件下，下列利息支付方法中，对借款企业最有利的是（　　）。

A. 贴现法　　　　　　　　　　B. 收款法

C. 加息法　　　　　　　　　　D. 浮动利率法

【答案】B

【解析】本题的考核点是短期借款利息支付方式的相关内容。

收款法的实际利率与年名义利率相同，贴现法和加息法的实际利率均高于名义利率。

◆ **考法 2：短期负债管理的计算及应用分析**

【例题 2·2024 年真题·单选题】某借款企业获得银行一年的周转信贷额 5000 万元，承诺费费率 0.5%，在借款年度内使用了 3000 万元，该企业应向银行支付的承诺费为（　　）万元。

A. 0　　　　　　　　　　　　B. 10

C. 15　　　　　　　　　　　D. 25

【答案】B

【解析】本题考核点是短期负债管理——周转信贷限额的承诺费计算。

承诺费 =（周转信贷限额 - 已使用的借款额）× 承诺费率

　　　 =（5000 - 3000）× 0.5% = 10 万元。

【例题 3·单选题】某企业按照 1/30、n/45 的条件购入 100 万元材料，同期银行贷款的年利率为 4.35%。若企业在第 40 天付款，则企业放弃现金折扣的成本是（　　）。

A. 4.35%　　　　　　　　　　B. 24.24%

C. 8.08%　　　　　　　　　　D. 36.36%

【答案】B

【解析】本题考核点是短期负债管理——应付账款管理的放弃现金折扣成本计算。

$$放弃现金折扣成本（率）= \frac{1\%}{1-1\%} \times \frac{360}{45-30} = 24.24\%。$$

【例题 4·单选题】某企业按年利率 6% 向银行借款 1000 万元，1 年期。银行要求企业维持 10% 的补偿性余额，则该笔借款的有效年利率（实际利率）为（　　）。

A. 6%　　　　　　　　　　　B. 8%

C. 5.81%　　　　　　　　　D. 6.67%

【答案】D

【解析】本题考核点是短期负债管理——短期借款附加条件补偿性余额的计算。

$$年实际利率 = \frac{1000 \times 6\%}{1000 \times (1 - 10\%)} \times 100\% = 6.67\%。$$

【例题 5 · 单选题】某施工企业按 3/10，n/30 的信用条件购入材料 100 万元。已知企业可以 3% 的年利率从银行取得流动资金借款。则关于这批材料款支付的合理做法是（ ）。

  A. 企业向银行借款，在 11 天到 30 天之间付款

  B. 企业不借款，在 11 天到 30 天之间付款

  C. 企业向银行借款，在 10 天内付款

  D. 企业不借款，在 30 天后付款

【答案】C

【解析】本题考核点是应付账款管理的计算及应用分析。

$$放弃现金折扣成本 = \frac{折扣率}{1 - 折扣率} \times \frac{360}{信用期 - 折扣期} = \frac{3\%}{1 - 3\%} \times \frac{360}{30 - 10} = 55.67\%,$$

远高于银行短期借款利率 3%，故放弃现金折扣的代价太高，不可取。企业在 30 天后付款，损害企业的商业信誉，也不可取。

本篇模拟强化练习

第6章　财务会计基础

一、单项选择题

1. 对会计核算的范围从空间上加以界定是通过（　　）实现的。
　　A. 持续经营假设　　　　　　　　B. 会计主体假设
　　C. 会计分期假设　　　　　　　　D. 货币计量假设

2. 销售方甲公司与购买方乙公司于 2021 年 1 月 15 日签订货物购销合同。合同签订当日，甲即收到乙支付来的货款 60 万元。按合同约定，甲于本年 3 月 20 日向乙发送并交付合同约定的全部货物。60 万元销货款应确认为甲公司（　　）的销售收入。
　　A. 2021 年 1 月份　　　　　　　B. 2021 年 3 月份
　　C. 2021 年 1 至 3 月份　　　　　D. 2021 年 12 月份

3. 若企业的资产按购置时所付出的代价的公允价值计量，则根据会计计量属性，该资产计量属于按（　　）计量。
　　A. 重置成本　　　　　　　　　　B. 历史成本
　　C. 可变现净值　　　　　　　　　D. 公允价值

4. 根据现行《企业会计准则》，某施工企业 2022 年 3 月收到建设单位支付的 2021 年完工工程的结算款 200 万元，则这笔款项在会计核算上正确的处理方式是计入（　　）。
　　A. 2022 年的收入　　　　　　　B. 2022 年的负债
　　C. 2021 年的负债　　　　　　　D. 2021 年的收入

5. 根据现行《企业会计准则》的权责发生制基础，下列交易事项中，应计入当期利润表的是（　　）。
　　A. 收到上期出售产品的货款
　　B. 上期购买的货物，但是本期才支付的货款
　　C. 当期已经出售的产品，但是货款还没有收到
　　D. 上期已经进行的销售宣传，但是本期才支付的宣传费

6. 内部会计控制是企业内部控制的核心，关于内部会计控制的说法正确的是（　　）。
　　A. 由单位领导人控制每个会计人员的日常行为
　　B. 内部会计控制的核心思想是通过职责分工和有关制度，使得任何一个部门或者个人无权单独控制任何一项业务
　　C. 内部会计控制的主要职能是发现经济犯罪行为
　　D. 有了良好的内部会计控制制度，就无需外部政府监督和社会监督

7. 某企业 5 年前用 50 万元购买的一台设备，累计已提取折旧 20 万元，现在市

上购买同样的设备需要 46 万元，则在会计计量时该设备的历史成本和重置成本分别为（　　）。

    A. 30 万元和 26 万元   B. 30 万元和 46 万元

    C. 50 万元和 26 万元   D. 50 万元和 46 万元

8. 下列企业资产中，属于流动资产的是（　　）。

    A. 在建工程   B. 交易性金融资产

    C. 投资性房地产   D. 债权投资

9. 某企业 3 年前购置一台价值为 30 万元的设备，现在若以 20 万元卖出，卖出该设备需要发生维修成本 2 万元，发生销售费用 1 万元，缴纳税金 0.5 万元，则该设备的可变现净值为（　　）万元。

    A. 16.5   B. 18.5

    C. 19.5   D. 20.0

10. 施工企业会计核算内容中，属于现行《企业会计准则》规定的会计要素的是（　　）。

    A. 责任成本   B. 增值税

    C. 费用   D. 应付账款

11. 下面关于财务会计工作的说法中，正确的是（　　）。

    A. 会计核算、财务分析、经济预测和监督是会计的基本职能

    B. 所有会计归档资料都应该永久保存

    C. 会计关键环节包括确认、计量和记录

    D. 财务会计工作内容包括会计核算工作、会计监督工作和其他管理工作

二、多项选择题

12. 符合资产定义的资源，会计上要确认为资产，还需满足的条件是（　　）。

    A. 与该资源有关的经济利益很可能流入企业

    B. 与该义务有关的经济利益很可能流出企业

    C. 与该资源有关的经济利益流入企业的可能在 20% 以上

    D. 未来流出的经济利益的金额能够可靠地计量

    E. 该资源的成本或者价值能够可靠地计量

13. 下列会计资料中应当归档管理的是（　　）。

    A. 公司扩股融资计划   B. 会计账簿

    C. 内部财务管理制度   D. 年度财务预算文件

    E. 纳税申报表

14. 根据现行《企业会计准则》，应列入流动负债的有（　　）。

    A. 应交税费   B. 应收账款

    C. 应付职工薪酬   D. 长期借款

    E. 交易性金融资产

15. 企业会计要素中，反映企业某一时期经营成果的会计要素有（　　）。

A. 收入   B. 利润

C. 费用   D. 所有者权益

E. 资产

16. 根据《会计法》，关于会计监督的说法正确的是（   ）。

    A. 会计监督的主体是政府部门

    B. 不相容职务相互分离控制是内部会计控制的核心

    C. 会计监督的主要职能是预防和发现经济犯罪行为

    D. 会计师事务所对企业的审计属于会计监督的社会监督

    E. 任何单位和个人检举违法会计行为，均属于会计工作社会监督的范畴

第7章　费用与成本

一、单项选择题

1. 某施工企业在联系业务的过程中发生了 10000 元的应酬费，即业务招待费，该项费用应当计入（   ）。

    A. 财务费用   B. 营业费用

    C. 管理费用   D. 工程成本

2. 某施工企业购入一台施工机械，原价 600000 元，预计残值率 2%，使用年限 10 年，按平均年限法计提折旧，该设备每年应计提的折旧额为（   ）元。

    A. 58200   B. 58800

    C. 60000   D. 75000

3. 某施工企业以 1000 万元买入一块土地的使用权，准备建设自用办公大楼，该块土地使用权应作为企业的（   ）核算。

    A. 其他资产   B. 流动资产

    C. 投资性资产   D. 无形资产

4. 根据现行《企业会计准则》，企业支付的广告费属于企业的（   ）。

    A. 资本性支出   B. 利润分配支出

    C. 期间费用   D. 营业外支出

5. 施工企业从银行借款 50 万元用作工程的投标保证金，该借款产生的利息属于（   ）。

    A. 营业外支出   B. 期间费用

    C. 资本性支出   D. 投资性支出

6. 企业接受投资者投资取得的存货，其投资协议约定的价值严重不合理，对其进行存货初始计量时，应按照（   ）计量。

    A. 市场最高价   B. 市场最低价

    C. 协议约定价   D. 公允价值

7. 对于不能替代使用的存货、为特定项目专门购入或制造的存货以及提供的劳务，通常采用（   ）确定存货发出的成本。

A. 先进先出法   B. 后进先出法

C. 协议约定价   D. 个别计价法

8. 根据现行《企业会计准则》，属于工程成本直接费用的是（   ）。

    A. 管理费用   B. 销售费用

    C. 财务费用   D. 人工费用

9. 下列施工企业的费用中，在会计核算时应作为生产费用计入工程成本的是（   ）。

    A. 企业质量管理部门办公费   B. 经营部门人员工资

    C. 企业融资的财务费用   D. 项目部管理人员工资

10. 施工企业自卸汽车原价为 30 万元，确定的折旧年限为 5 年，净残值率 3%，预计总行驶里程为 8 万 km。某年行驶里程 2 万 km，按照行驶里程法，该年计提折旧额为（   ）元。

    A. 58200   B. 60000

    C. 72750   D. 75000

11. 企业会计核算中，施工企业行政管理部门使用的固定资产的维修费用属于（   ）。

    A. 财务费用   B. 工程设备费用

    C. 管理费用   D. 施工机具使用费

12. 按照现行《企业会计准则》，施工企业发生的能够单独区分和可靠计量的为订立建造承包合同而发生的差旅费、投标费应计入（   ）。

    A. 期间费用   B. 间接费用

    C. 营业外支出   D. 工程成本中的其他直接费用

二、多项选择题

13. 根据现行《企业会计准则》，工程成本中的其他直接费包括施工过程中发生的（   ）。

    A. 材料搬运费   B. 项目部管理人员的工资和奖金

    C. 临时设施摊销费   D. 工程定位复测费

    E. 场地清理费

14. 施工企业发生的下列费用，应当计入财务费用的有（   ）。

    A. 因借入资金所付出的不符合资本化条件的借款费用

    B. 短期借款的利息支出

    C. 财务部门的办公费

    D. 为构建资产且符合资本化条件的借款利息支出

    E. 汇兑损失

15. 如果计划在固定资产投入使用的前期提取较多的折旧、后期提取较少的折旧，适合采用的折旧方法有（   ）。

    A. 工作台班法   B. 行驶里程法

    C. 双倍余额递减法   D. 平均年限法

E. 年数总和法

16. 支出是一个会计主体各项资产的流出，也就是企业的一切开支和耗费。下列支出中属于施工企业收益性支出的有（   ）。

A. 处置固定资产净损失
B. 外购建筑材料的支出
C. 利润分配支出
D. 支付的职工薪酬
E. 缴纳的企业所得税

17. 下列固定资产相关费用中，构成固定资产原值（原价）的有（   ）。

A. 固定资产购买价款
B. 固定资产大修理费用
C. 购置固定资产发生的装卸费
D. 固定资产达到预定可使用状态前的安装费
E. 固定资产的预计净残值

18. 下列施工企业的各项支出中，在财务会计核算时应作为资本性支出的有（   ）。

A. 取得一块土地 20 年使用权支出
B. 购置大型设备支出
C. 利润分配支出
D. 向灾区捐款支出
E. 缴纳的房产税及土地使用税支出

19. 关于采用双倍余额递减法计算固定资产折旧的说法，正确的有（   ）。

A. 寿命期累计折旧额与年限平均法累计折旧额相等
B. 计算折旧额使用的折旧率逐年下降
C. 前期年折旧额高，后期年折旧额低
D. 固定资产账面价值逐年减少
E. 固定资产折旧年限与年限平均法折旧年限相同

第 8 章　收入

一、单项选择题

1. 根据现行《企业会计准则》，若企业在资产负债表日提供劳务交易结果不能够可靠估计，且已经发生的劳务成本预计不能得到补偿，则收入确认的方式是（   ）。

A. 按照已经发生的劳务成本确认收入
B. 按合同金额确认收入
C. 按合同完工百分比确认收入
D. 不确认提供劳务收入

2. 2024 年某施工企业施工合同收入为 7000 万元，兼营销售商品混凝土收入为 300 万元，出租起重机械收入为 50 万元，代收商品混凝土运输企业运杂费为 100 万元，收取增值税销项税 900 万元，则 2024 年该企业的营业收入为（   ）万元。

A. 8150
B. 8250
C. 8000
D. 7350

3. 建造合同可分为固定造价合同和成本加成合同，关于这两种合同类型说法正确的是（　　　）。

  A. 固定造价合同和成本加成合同的最大区别在于它们所含风险的承担者不同

  B. 固定造价合同的风险主要由发包人承担

  C. 在成本加成合同中，如果在建造过程中料工费上涨，涨价的部分由承包人承担

  D. 成本加成合同的风险主要由承包人承担

4. 下列施工企业取得的收入中，属于让渡资产使用权收入的是（　　　）。

  A. 完成施工任务取得的收入   B. 出租自有设备取得的收入

  C. 提供机械作业取得的收入   D. 销售建筑材料取得的收入

5. 某施工企业与业主订立了一项总造价为 5000 万元的施工合同，合同工期为 3 年。第 1 年实际发生合同成本 1600 万元，年末预计为完成合同尚需发生成本 3000 万元，则第 1 年合同完工进度为（　　　）。

  A. 32.0%   B. 34.8%

  C. 53.3%   D. 92.0%

6. 某施工企业签订了总造价为 2000 万元的固定总价合同，工期为 2 年。经测算，第 1 年完工进度为 60%，实际收到工程结算款 1000 万元；第 2 年工程全部完工。则按完工百分比法确认该企业第 2 年的收入为（　　　）万元。

  A. 800   B. 1000

  C. 1200   D. 2000

7. 施工企业单独对外提供机械作业服务取得的收入属于（　　　）。

  A. 施工合同收入   B. 让渡资产使用权收入

  C. 销售商品收入   D. 提供劳务收入

8. 某建筑业企业与业主订立了固定总价为 2000 万元的建造合同，工期 3 年。第 1 年末完工进度为 30%，第 2 年末累计完工进度为 65%。该建造合同结果能够可靠地估计。第 2 年应确认的合同收入为（　　　）万元。

  A. 600   B. 800

  C. 1300   D. 700

二、多项选择题

9. 建筑业企业的其他业务收入包括（　　　）。

  A. 产品销售收入   B. 建造合同收入

  C. 材料销售收入   D. 固定资产盘盈收入

  E. 固定资产出租收入

10. 按累计实际发生的合同成本占合同预计总成本的比例确定合同完工进度时，累计实际发生的合同成本不包括（　　　）。

  A. 已订立采购合同但尚未运抵现场的材料成本

  B. 已采购进场但施工中尚未安装的材料成本

  C. 在分包工程的工作量完成之前预付给分包单位的款项

  D. 已经完成并验收合格的设备安装工程的价款

E. 已经完成并验收合格的分包工程的合同价款

11. 根据狭义上收入概念和收入的特点，下列属于施工企业收入的是（　　）。

A. 工程价款结算收入
B. 销售自制预制构件的收入
C. 出售固定资产的收入
D. 收取的增值税销项税
E. 出租无形资产收入

12. 企业取得收入在会计核算中的表现形式可能有（　　）。

A. 预付账款减少
B. 银行存款增加
C. 库存现金增加
D. 应收账款增加
E. 预收账款增加

13. 根据现行《企业会计准则》，合同执行过程中，索赔款应当在同时满足（　　）条件时才能构成合同收入。

A. 该组合同按一揽子交易签订
B. 索赔款已经到账
C. 根据谈判，预计对方能够同意该项索赔
D. 法院已经裁定
E. 对方同意接受的金额能够可靠地计量

14. 将一项包括数项资产的建造合同分立为单项合同需同时具备一定的条件，这些条件包括（　　）。

A. 每项资产的价值不低于合同价值的三分之一
B. 每项资产均有独立的建造计划
C. 每项资产可以独立进行分包，且可由不同的分包单位实施
D. 每项资产的收入和成本可以单独辨认
E. 与客户就每项资产进行单独谈判，双方能够接受或拒绝与每项资产有关的合同条款

第9章　利润与所得税费用

一、单项选择题

1. 根据现行《企业会计准则》，利润总额的计算公式为（　　）。

A. 利润总额＝营业利润＋营业外收入－营业外支出
B. 利润总额＝营业收入－营业成本＋营业外收支净额
C. 利润总额＝营业利润＋投资收益＋营业外收支净额
D. 利润总额＝营业利润＋投资收益

2. 某企业处置一块土地使用权而发生了净损失 500 万元，财务上该笔损失应计入企业的（　　）。

A. 营业外支出
B. 销售费用
C. 管理费用
D. 营业费用

3. 某施工企业 2022 年度工程结算收入为 1000 万元，营业成本和税金及附加为 300

万元，管理费用为200万元，财务费用为100万元，其他业务收入为200万元，投资收益为150万元，营业外收入为100万元，营业外支出为80万元，所得税为100万元，则企业当年营业利润为（　　　）万元。

  A. 500   B. 520

  C. 750   D. 670

  4. 某施工企业某年度利润总额6000万元，企业当年发生公益性捐赠支出1000万元，则在计算该年应纳税所得额时该笔捐赠支出准予扣除的最大金额是（　　　）万元。

  A. 600   B. 1000

  C. 720   D. 500

  5. 计算企业应纳税所得额时，下列资产中，不得计算折旧扣除的是（　　　）。

  A. 已转入企业固定资产但尚未使用的房屋

  B. 经营租赁方式租出的机械设备

  C. 融资租赁方式租出的机械设备

  D. 企业管理部门使用尚未提足折旧的办公设备

  6. 下列事项中，会导致企业营业利润减少的是（　　　）。

  A. 固定资产盘亏   B. 所得税费用增加

  C. 发生债务重组损失   D. 管理费用增加

  7. 某施工企业在2022年取得营业利润5000万元，固定资产盘亏600万元，处置无形资产净收益500万元，缴纳罚款支出20万元，债务重组损失800万元。该企业2022年度的利润总额为（　　　）万元。

  A. 4080   B. 3080

  C. 4100   D. 5000

  8. 根据《企业所得税法》，下列企业取得的收入中，属于不征税收入的是（　　　）。

  A. 依法代政府收取的具有专项用途的财政资金

  B. 债务重组收入

  C. 已作坏账损失处理后又收回的应收账款

  D. 违约金收入

  9. 按照相关规定，企业在进行税后利润分配时，如果存在尚未弥补的亏损，应首先弥补亏损，再进行其他分配，这是遵守税后利润分配的（　　　）。

  A. 依法分配原则   B. 资本保全原则

  C. 充分保护债权人利益原则   D. 长短期利益兼顾原则

二、多项选择题

  10. 列入企业营业外收入项目的有（　　　）。

  A. 工程价款结算收入   B. 非货币性资产交换利得

  C. 盘盈利得   D. 获得的索赔款

  E. 罚款收入

  11. 按照有关规定，税后利润的分配原则有（　　　）。

A. 重要性原则　　　　　　　　　　B. 资本保全原则

C. 多方及长短期利益兼顾原则　　　D. 权责发生制原则

E. 公司持有本公司股份不得分配利润

12. 按照有关规定，下列关于税后利润分配的说法中，正确的有（　　　）。

A. 股东会作出分配利润决议后，董事会应当在决议作出之日起六个月内完成分配

B. 居民企业之间的股息、红利等权益性投资收益为免税收入

C. 自然人股东从公司取得的分红需要缴纳 20% 的个人所得税

D. 如果公司违反规定向股东分配利润且因此给公司造成损失，负有责任的董事、监事、高级管理人员应当承担赔偿责任，股东无需承担任何责任

E. 如果公司长期不分配利润，股东可以请求公司按照合理价格收购其股权

第 10 章　财务分析

一、单项选择题

1. 在现金流量表中，施工企业为扩大生产购买大型塔式起重机产生的现金流量属于（　　　）。

A. 投资活动产生的现金流量　　　B. 经营活动产生的现金流量

C. 筹资活动产生的现金流量　　　D. 生产活动产生的现金流量

2. 根据《企业会计准则第 30 号—财务报表列报》，在编制财务报表时，重要项目应单独列报，项目的重要性应当根据企业所处环境，从（　　　）加以判断。

A. 报表是否对外公告角度　　　B. 企业是否上市角度

C. 项目在财务报告中的排列位置　　　D. 项目的性质和金额两个方面

3. 关于现金流量表中的现金等价物特点的说法，正确的是（　　　）。

A. 持有的期限较长

B. 易于转换为现金，但是转换的金额不能确定

C. 价值变动风险较大

D. 流动性强

4. 速动比率是指企业的速动资产与流动负债之间的关系。其中，速动资产 =（　　　）。

A. 货币资金＋短期投资＋应收账款＋其他应收款

B. 货币资金＋应收账款＋应收票据＋其他应收款

C. 短期投资＋应收票据＋应收账款＋其他应收款

D. 流动资产－存货

5. 反映企业盈利能力的核心指标是（　　　）。

A. 利润　　　　　　　　　　　B. 权益净利率

C. 总资产报酬率　　　　　　　D. 平均净资产

6. 表示与上年相比，企业销售（营业）收入的增减变化情况，是评价企业成长状况和发展能力的重要指标是指（　　　）。

A. 净资产收益率　　　　　　　B. 资产负债率

C. 资本积累率   D. 营业增长率

7. 某企业在某一个会计年度的营业收入为 9000 万元，其中，主营业务收入为 7000 万元；年初应收账款余额为 1000 万元，年末应收账款余额为 1300 万元，则该企业本年度应收账款周转率为（   ）。

  A. 8.62   B. 6.09

  C. 10.00   D. 7.83

8. 某企业年初资产总额为 5000 万元，年末资产总额为 6000 万元，当年营业收入为 8000 万元，其中主营业务收入为 6320 万元，则该企业一年中总资产周转率为（   ）次。

  A. 1.45   B. 1.73

  C. 1.15   D. 1.04

9. 某企业资产负债表日的流动资产总额为 300 万元（其中货币资金 60 万元，存货 160 万元，应收账款等 80 万元），流动负债总额为 80 万元，则该企业的速动比率为（   ）。

  A. 0.75   B. 1.25

  C. 1.75   D. 3.75

10. 企业应收账款周转率与上一年度相比有明显提高，说明该企业的经营状况是（   ）。

  A. 企业管理效率降低   B. 应收账款收回速度变快

  C. 更容易发生坏账损失   D. 收回赊销账款能力减弱

11. 某企业上年初所有者权益总额为 5000 万元，年末所有者权益相对年初减少 200 万元。本年末所有者权益总额为 5500 万元，则该企业本年度的资本积累率为（   ）。

  A. 10.00%   B. 10.42%

  C. 14.00%   D. 14.58%

12. 某企业 2021 年末的流动资产构成为：货币资金 800 万元，存货 500 万元，交易性金融资产 300 万元，应收账款 450 万元，其他应收款 200 万元；流动负债为 1050 万元。该企业 2021 年末的速动比率是（   ）。

  A. 1.05   B. 1.24

  C. 1.67   D. 2.14

13. 下列施工企业产生的现金流量中，应计入现金流量表中经营活动产生的现金流量的是（   ）。

  A. 从银行借款收到的现金   B. 处置闲置的固定资产收到的现金

  C. 偿付贷款利息支付的现金   D. 提供劳务收到的现金

14. 某企业某年度实现净利润为 2000 万元，营业收入为 10000 万元，总资产周转率为 0.9，权益乘数为 1.3。不考虑其他因素，采用杜邦财务分析体系计算的净资产收益率是（   ）。

  A. 18.61%   B. 23.40%

  C. 12%   D. 29.21%

15. 企业下列活动中，属于现金流量表经营活动产生的现金流量有（　　）。

  A. 承包工程收到的现金   B. 处置固定资产收回的现金

  C. 投资支付的现金   D. 收到的税费返还

  E. 发包工程支付的现金

16. 在编制企业财务报告中的现金流量表时，可视为现金和现金等价物的有（　　）。

  A. 可随时用于支付的其他货币资金

  B. 可转换定期存单

  C. 企业短期购入的可流通的股票

  D. 银行承兑汇票

  E. 3 个月到期的国库券

17. 关于企业财务报表列报要求的说法，正确的有（　　）。

  A. 企业应当以持续经营为基础

  B. 项目的列报在各个会计期间保持一致，不得随意变更

  C. 相关的收入和费用项目应事先相互抵消，以净额列报

  D. 当期所有列报项目至少提供与上一个可比会计期间的比较数据

  E. 年度报表涵盖期间少于一年的应说明原因

18. 关于企业权益净利率（净资产收益率）指标的说法，正确的有（　　）。

  A. 该指标反映了企业偿付到期债务的能力

  B. 指标值越高，说明企业盈利能力越好

  C. 指标值越高，表明资产的利用效率越高

  D. 是企业本期利润总额和净资产的比率

  E. 该指标反映企业全部资产运用的总成果

19. 分析企业债务清偿能力时，可列入速动资产的有（　　）。

  A. 预收账款   B. 预付账款

  C. 交易性金融资产   D. 货币资金

  E. 存货

20. 下列财务指标中，属于企业营运能力指标的有（　　）。

  A. 应收账款周转率   B. 总资产周转率

  C. 流动资产周转率   D. 权益乘数

  E. 存货周转天数

第 11 章　筹资管理

一、单项选择题

1. 在商品交易中以延期付款或预收货款的方式进行购销活动所形成的借贷关系为（　　）。

  A. 延期付款   B. 商业信用

C. 周转信贷　　　　　　　　　　　D. 长期借款

2. 银行短期借款信用条件中的补偿性余额条款是指（　　　）。

A. 借款人要对贷款限额未使用部分支付补偿费

B. 借款人在银行中保持按实际借用额的一定比例计算的最低存款余额

C. 银行如果不能及时向借款人贷款需要向借款人支付补偿金

D. 借款人如果不能按时还款需要向银行支付补偿金

3. 施工企业从建设单位取得工程预付款，属于企业筹资方式中的（　　　）筹资。

A. 融资租赁　　　　　　　　　　　B. 短期借款

C. 长期借款　　　　　　　　　　　D. 商业信用

4. 某施工企业从银行借款 3000 万元，手续费率为 0.5%，年利率为 6%，期限为 3 年，每年年末计息并支付，到期一次还本，企业所得税率为 25%，则该笔借款的资金成本率为（　　　）。

A. 6.03%　　　　　　　　　　　　B. 6.00%

C. 4.52%　　　　　　　　　　　　D. 4.50%

5. 某施工企业向银行借款 5000 万元，借款期限 2 年，借款年利率 4%，每年计算并支付利息，到期一次偿还本金，企业适用的所得税率 25%。则这笔借款的资金成本率为（　　　）。

A. 8%　　　　　　　　　　　　　B. 4%

C. 3%　　　　　　　　　　　　　D. 1%

6. 下列企业筹集资金的方式中，属于外源筹资渠道中间接融资方式的是（　　　）。

A. 发行股票　　　　　　　　　　B. 委托信托公司进行证券化融资

C. 变卖闲置资产　　　　　　　　D. 利用未分配的利润

7. 某企业为扩大投资规模，拟筹资 15000 万元，现有 4 个筹资方案，其中筹资方案甲的相关数据如下表，筹资方案乙、丙、丁的综合资金成本分别为 11.36%、10.71% 和 11.93%，则仅根据上述条件，为完成筹资，依据综合资金成本应选择的筹资方案是（　　　）。

筹资方式	原资本结构		筹资方案甲	
	筹资额（万元）	个别资金成本	筹资额（万元）	个别资金成本
长期借款	3000	7%	1000	7.5%
长期债券	3000	7.5%	4000	8%
优先股	2000	11%	3000	12%
普通股	7000	14%	7000	13%
合计	15000		15000	

A. 甲　　　　　　　　　　　　　B. 乙

C. 丙　　　　　　　　　　　　　D. 丁

8. 关于企业最优资本结构的说法，正确的是（　　　）。

A. 最优资本结构是使企业价值最大化，同时资金成本最低的资本结构

B. 最优资本结构是使股东每股收益最大的资本结构

C. 最优资本结构是使债务资金最大的资本结构，因为债务资金越多，抵税作用越明显

D. 最优资本结构是使债务资金最小的资本结构，因为债务资金越少，企业面临的财务风险越小

二、多项选择题

9. 下列资金成本中，属于资金占用费的有（　　　）。

    A. 借款手续费　　　　　　　　　B. 发行债券支付的印刷费

    C. 筹资过程中支付的广告费　　　D. 债券利息

    E. 贷款利息

10. 企业作为筹资主体时，内源筹资资金的来源有（　　　）。

    A. 闲置资产变卖　　　　　　　　B. 留存收益

    C. 职工福利基金　　　　　　　　D. 普通股筹资

    E. 应付利息

11. 根据现行会计准则和税法，关于融资租赁的说法，正确的有（　　　）。

    A. 租赁期满时，租赁资产的所有权可以转移给承租人

    B. 租赁期占资产可使用年限的大部分，通常等于或大于可使用年限的 75%

    C. 融资租赁在税法上被认定为分期付款购买

    D. 承租人产生的租赁费可作为当期费用扣除

    E. 承租人有购买租赁资产的选择权，所订立的购买价格远低于行使选择权时租赁资产的公允价值

12. 项目融资的特点有（　　　）。

    A. 项目融资主要根据项目发起人的预期利润、抵押资产状况安排融资

    B. 贷款人可以在贷款的某个特定阶段对项目借款人实行追索

    C. 贷款人对投资者资信和项目资产外的其他资产的依赖程度高

    D. 可以帮助投资者将贷款安排为一种非公司负债性融资

    E. 可以将贷款的信用支持分配到与项目相关的各个方面，提高债务承受能力

13. 按照《关于规范实施政府和社会资本合作新机制的指导意见》（国办函〔2023〕115 号），下列说法中正确的是（　　　）。

    A. 政府和社会资本合作在我国现阶段应聚焦使用者付费项目

    B. 政府和社会资本合作的具体模式应全部采用特许经营模式

    C. 对于关系国计民生、公共属性较强的项目，民营企业股权占比原则上不超过 35%

    D. 政府和社会资本合作项目特许经营期原则上不超过 30 年

    E. 少数涉及国家安全、公共属性强且具有自然垄断属性的项目，应积极创造条件、支持民营企业参与

第12章 营运资金管理

一、单项选择题

1. 企业存货的总成本是存货的取得成本、储存成本和（　　）之和。

    A. 购置成本   B. 存货保险税费

    C. 订货成本   D. 缺货成本

2. 企业的应收账款增加将导致企业（　　）。

    A. 净资产减少   B. 流动资产减少

    C. 总资产减少   D. 坏账的风险增加

3. 关于用成本分析模式确定企业现金量最佳持有量的说法，正确的是（　　）。

    A. 企业持有现金的成本有机会成本、管理成本和短缺成本

    B. 管理成本随现金持有量的增加而增加

    C. 现金的短缺成本随现金持有量的增加而增加

    D. 运用成本分析模式确定现金量最佳持有量的目的是加速现金周转速度

4. 关于企业存货管理的说法，正确的是（　　）。

    A. 存货管理是要在存货成本与存货效益之间做出权衡，达到两者之间的最佳结合

    B. 存货管理的目标是最大限度地降低存货成本

    C. 财务部门存货管理的职责是选择供应单位及筹集订货资金

    D. 根据存货管理的 ABC 分析法，应对 C 类存货实施严格控制

5. 企业生产所需某种材料，年度采购总量为 3026.50 吨，材料单价为 4000 元／吨，一次订货的变动成本为 2000 元，每吨材料的年平均储备成本为 100 元。则该材料的经济采购批量为（　　）吨。

    A. 302.65   B. 296.20

    C. 300   D. 350

6. 用成本分析模式确定企业最佳现金持有量时，随着现金持有量增加而降低的现金持有成本是（　　）。

    A. 管理成本   B. 机会成本

    C. 交易成本   D. 短缺成本

7. 企业为提高现金使用效率，利用已经开出了支票而银行还未将该款项划出这一时间段内的资金，此现金管理的方法属于（　　）的方法。

    A. 使现金流量同步   B. 加速收款

    C. 推迟应付账款   D. 使用现金浮游量

8. 某企业现有四个现金持有量方案，相关数据见下表，其中机会成本为现金持有量的 8%。则最佳现金持有量方案是（　　）。

    A. 甲   B. 乙

    C. 丙   D. 丁

方案	甲	乙	丙	丁
现金持有量（元）	40000	50000	70000	80000
管理成本（元）	3000	3000	3000	3000
短缺成本（元）	4500	4000	2500	0

9. 某施工企业按 2/10、n/30 的信用条件购入材料 200 万元。已知企业可以 5% 的年利率从银行取得流动资金借款。则关于这批材料款支付的合理做法是（　　　）。

    A. 企业向银行借款，在 11 天到 20 天之间付款

    B. 企业不借款，在 11 天到 20 天之间付款

    C. 企业向银行借款，在 10 天内付款

    D. 企业不借款，在 30 天后付款

10. 某建筑企业按 2/10、n/30 的条件购入货物 100 万元，若该企业在第 30 天付款，则放弃现金折扣的成本为（　　　）。

    A. 2.00%　　　　　　　　　　B. 2.04%

    C. 36.73%　　　　　　　　　D. 73.47%

11. 某企业获得的周转信贷额为 3000 万元，承诺费率为 0.5%，企业在借款年度内使用了 2000 万元，则企业该年度向银行支付的承诺费为（　　　）万元。

    A. 10　　　　　　　　　　　B. 15

    C. 5　　　　　　　　　　　　D. 25

12. 某企业按年利率 5% 向银行借款 1000 万元，1 年期。银行要求企业维持 15% 的补偿性余额，则该笔借款的有效年利率（实际利率）为（　　　）。

    A. 6%　　　　　　　　　　　B. 5%

    C. 5.88%　　　　　　　　　　D. 6.67%

13. 某企业从银行取得借款 120 万元，期限 1 年，年利率（即名义利率）为 6%，按照贴息法付息，则该笔贷款的年实际利率为（　　　）。

    A. 6%　　　　　　　　　　　B. 6.10%

    C. 7.2%　　　　　　　　　　D. 6.38%

二、多项选择题

14. 关于企业应收账款财务管理的说法，正确的有（　　　）。

    A. 应收账款是商业信用的直接产物

    B. 延长信用期，会导致应收账款、收账费用和坏账损失减少

    C. 当应收账款所增加的盈利大于所增加成本时，企业可实施赊销

    D. 企业的信用政策包括信用期间、信用标准和现金折扣政策

    E. 可以通过编制账龄分析表监督应收账款的回收情况

15. 企业短期筹资时，贷款的实际利率高于名义利率的利息支付方法有（　　　）。

    A. 收款法　　　　　　　　　B. 贴现法

    C. 固定利率法　　　　　　　D. 浮动利率法

E. 加息法

16. 为了提高现金使用效率，企业可采取的现金管理方法有（　　　）。

    A. 推迟应付票据及应付账款的支付，充分利用供货方提供的信用优惠

    B. 尽可能多地将现金转换为有价证券，以获得更多收益

    C. 尽量使现金流入和现金流出发生的时间趋于一致

    D. 制定收账政策时，缩短应收账款和应收票据的时间

    E. 合理使用现金浮游量

★★第2篇模拟强化练习答案★★

第6章　财务会计基础

一、单项选择题

1. B；　2. B；　3. B；　4. D；　5. C；　6. B；　7. D；　8. B；

9. A；　10. C；　11. D

二、多项选择题

12. A、E；　　13. B、E；　　14. A、C；　　15. A、B、C；

16. B、D、E

第7章　费用与成本

一、单项选择题

1. C；　2. B；　3. D；　4. C；　5. B；　6. D；　7. D；　8. D；

9. D；　10. C；　11. C；　12. D

二、多项选择题

13. A、C、D、E；　14. A、B、E；　　15. C、E；　　16. B、D、E；

17. A、C、D；　　18. A、B；　　19. A、C、D、E

第8章　收入

一、单项选择题

1. D；　2. D；　3. A；　4. B；　5. B；　6. A；　7. D；　8. D

二、多项选择题

9. A、C、E；　　10. A、B、C；　　11. A、B、E；　　12. B、C、D；

13. C、E；　　14. B、D、E

第9章　利润与所得税费用

一、单项选择题

1. A；　2. D；　3. C；　4. C；　5. C；　6. D；　7. A；　8. A；

9. B

10. B、C、E;　　　　11. B、C、E;　　　　12. A、B、C、E

第10章　财务分析

一、单项选择题

1. A;　　2. D;　　3. D;　　4. D;　　5. B;　　6. D;　　7. D;　　8. A;

9. C;　　10. B;　　11. D;　　12. C;　　13. D;　　14. B

二、多项选择题

15. A、D、E;　　　　16. A、B、D、E;　　17. A、B、D、E;　　18. B、C;

19. C、E;　　　　　　20. A、B、C、E

第11章　筹资管理

一、单项选择题

1. B;　　2. B;　　3. D;　　4. C;　　5. C;　　6. B;　　7. C;　　8. B

二、多项选择题

9. D、E;　　　　　10. A、B、C、E;　　11. A、B、C、E;　　12. B、D、E;

13. A、B、E

第12章　营运资金管理

一、单项选择题

1. D;　　2. D;　　3. A;　　4. A;　　5. D;　　6. D;　　7. D;　　8. D;

9. C;　　10. C;　　11. C;　　12. C;　　13. D

二、多项选择题

14. A、C、D、E;　　15. B、E;　　　　　16. A、C、D、E

第3篇 工程计价

第13章 建设项目总投资构成及计算

本章核心考点提纲

13.1 建设项目总投资构成 ——→ ★ 建设项目总投资构成 { 1. 建设项目总投资相关概念
2. 建设项目计价特点

13.2 设备及工器具购置费构成及计算 ——→ ★ 设备及工器具购置费构成及计算 { 1. 国产设备及工器具原价
2. 进口设备抵岸价
3. 设备运杂费

13.3 建筑安装工程费构成及计算 ——→ ★ 建筑安装工程费构成及计算 { 1. 按费用构成要素划分
2. 按造价形成划分

13.4 工程建设其他费构成及计算 ——→ ★ 工程建设其他费构成及计算 { 1. 工程建设其他费构成项目
2. 重要项目的内容及计算

13.5 预备费计算 ——→ ★ 预备费计算 { 1. 基本预备费
2. 价差预备费

13.6 增值税计算

13.7 建设期利息与流动资金计算 ——→ ★ 建设期利息与流动资金计算 { 1. 建设期利息
2. 流动资金

本章核心考点分析

13.1 建设项目总投资构成

核心考点 建设项目总投资构成

1. 建设项目总投资相关概念

建设项目总投资是指为完成工程项目建设并达到使用要求或生产条件，在建设期内预计或实际发生的总费用。

（1）生产性建设项目总投资＝建设投资＋建设期利息＋流动资金

（2）非生产性建设项目总投资＝建设投资＋建设期利息

（3）固定资产投资＝建设投资＋建设期利息

政府有关部门对建设项目管理监督所发生的，并由财政支出的费用，不得列入建设项目总投资。

（4）建设投资＝工程费用＋工程建设其他费用＋预备费

① 工程造价＝建设投资：是指工程项目在建设期预计或实际支出的建设费用。

② 工程费用＝设备及工器具购置费＋建筑安装工程费，或，工程费用＝建筑工程费＋设备及工器具购置费＋安装工程费。

工程费用是指建设期内直接用于工程建造、设备购置及其安装的费用。

③ 预备费＝基本预备费＋价差预备费。

（5）流动资金

① 在可行性研究阶段用于财务分析时指的是全部流动资金。② 在初步设计及以后阶段用于计算"项目报批总投资"或"项目概算总投资"时指的是铺底流动资金。

（6）固定资产投资的组成——静态和动态角度

① 固定资产投资＝静态投资＋动态投资。

② 静态投资＝设备及工器具购置费＋建筑安装工程费＋工程建设其他费＋基本预备费。

③ 动态投资＝价差预备费＋建设期利息。

2. 建设项目计价特点

（1）建设项目投资需多次单独计算。（2）建设项目计价依据复杂。（3）分部组合计价特点。

建设项目计价的主要思路：将建设项目细分至最基本的构造单元，找到了适当的计量单位及当时当地的单价，就可以采取一定的计价方法，进行分部组合汇总，计算出相应工程造价。建设项目计价的基本原理就在于项目的分解与组合。

◆考法1：建设项目总投资相关概念

【例题1·单选题】下列组成建设工程项目总概算的费用中，属于工程费用的是（   ）。

  A. 勘察设计费用   B. 建设期利息

  C. 土地使用费   D. 辅助生产项目的设备购置费

【答案】D

【解析】本题的考核点是建设工程项目总投资中工程费用的内容。

◆考法2：建设项目总投资构成的计算

【例题2·单选题】某建设项目设备及工器具购置费为1000万元，建筑安装工程费为2500万元，工程建设其他费为700万元，基本预备费为210万元，价差预备费为310万元，建设期利息为320万元，则该项目的静态投资为（   ）万元。

  A. 4200   B. 4410

  C. 4720   D. 5040

【答案】B

【解析】本题的考核点是建设项目总投资中固定资产投资构成的计算。

静态投资＝建筑安装工程费＋设备及工器具购置费＋工程建设其他费＋基本预备费
　　　　＝2500＋1000＋700＋210
　　　　＝4410万元。

【例题 3·2024 年真题·单选题】某建设项目，设备及工器具购置费 10000 万元，建筑工程费 13000 万元，安装工程费 2000 万元，工程建设其他费 7000 万元，基本预备费 1600 万元，价差预备费 1700 万元，建设期利息 1500 万元。该建设项目的工程费用为（　　　）万元。

A. 15000　　　　　　　　　　B. 32000

C. 25000　　　　　　　　　　D. 33600

【答案】C

【解析】本题的考核点是建设项目总投资中工程费用构成的计算。

工程费用是指建设期内直接用于工程建造、设备购置及其安装的费用。

工程费用＝设备及工器具购置费＋建筑安装工程费
　　　　＝10000＋（13000＋2000）
　　　　＝25000 万元。

◆ **考法 3：建设项目计价特点的理解分析**

【例题 4·单选题】下面关于建设项目计价的说法中，错误的是（　　　）。

A. 建设项目计价的基本原理就在于项目的分解与组合

B. 建设项目计价依据复杂，如预算定额是概算定额（指标）编制的基础，概算定额（指标）又控制预算定额的水平

C. 建设项目只能通过特殊的程序单独计算，需经过多次连续的计算才能确定最终的投资

D. 如果一个建设项目的设计方案已经确定，常用的是综合单价计价法

【答案】D

【解析】本题的考核点是建设项目计价特点。

13.2　设备及工器具购置费构成及计算

核心考点　设备及工器具购置费构成及计算

设备购置费＝设备原价（或进口设备抵岸价）＋设备运杂费

1. 国产设备及工器具原价

（1）国产标准设备原价一般指的是设备制造厂的交货价，即出厂价（带有备件的出厂价）。

（2）如设备由设备成套公司供应，则以订货合同价为设备原价。

（3）非标设备原价由多种计算方法。无论采用哪种方法，都应该使非标准设备计价的准确度接近实际出厂价。并且计算方法要简便。

2. 进口设备抵岸价

（1）进口设备交货方式

进口设备的交货方式可分为内陆交货类、目的地交货类、装运港交货类。

① 装运港交货类的计价方式

a. 装运港船上交货价（FOB），习惯称为离岸价。b. 运费在内价（CFR）。c. 运费、保险费在内价（CIF），习惯称为到岸价。

到岸价＝离岸价＋国外运费＋国外运输保险费。

② 采用装运港船上交货价时卖方的责任

a. 负责在合同规定的装运港口和规定的期限内，将货物装上买方指定的船只，并及时通知买方。b. 负责货物装船前的一切费用和风险。c. 负责办理出口手续。d. 提供出口国政府或有关方面签发的证件。e. 负责提供有关装运单据。

③ 采用装运港船上交货价时买方的责任

a. 负责租船或订舱，支付运费，并将船期、船名通知卖方。b. 承担货物装船后的一切费用和风险。c. 负责办理保险及支付保险费，办理在目的港的进口和收货手续。d. 接受卖方提供的有关装运单据，并按合同规定支付货款。

（2）进口设备抵岸价的构成及其计算

进口设备抵岸价＝货价＋国外运费＋国外运输保险费＋银行财务费＋外贸手续费＋进口关税＋增值税＋消费税（一般为0）

① 货价＝离岸价（FOB价）×人民币外汇牌价

② 国外运费＝离岸价×运费率　或：国外运费＝运量×单位运价

③ 国外运输保险费＝$\dfrac{离岸价＋国际运费}{1－国外运输保险费费率}$×国外运输保险费费率

④ 银行财务费＝离岸价×人民币外汇牌价×银行财务费费率

⑤ 外贸手续费＝进口设备到岸价×人民币外汇牌价×外贸手续费费率

⑥ 进口关税＝到岸价×人民币外汇牌价×进口关税税率

⑦ 进口产品增值税额＝组成计税价格×增值税税率

组成计税价格＝到岸价×人民币外汇牌价＋进口关税＋消费税

3. 设备运杂费

（1）设备运杂费包括的内容

设备运杂费是指设备及工器具原价（或进口设备抵岸价）、工器具及生产家具原价中未包括的：包装和包装材料费、运输费、装卸费、采购费及仓库保管费、供销部门手续费等。

① 国产标准设备由设备制造厂交货地点起至工地仓库（或施工组织设计指定的需要安装设备的堆放地点）止所发生的运费和装卸费。

② 进口设备则由我国到岸港口、边境车站起至工地仓库（或施工组织设计指定的需要安装设备的堆放地点）止所发生的运费和装卸费。

③ 在设备出厂价格中没有包含的设备包装和包装材料器具费。

在设备出厂价或进口设备价格中如已包括了此项费用，则不应重复计算。

④ 供销部门的手续费，按有关部门规定的统一费率计算。

⑤ 建设单位（或工程承包公司）的采购与仓库保管费。

⑥ 如果设备是由设备成套公司供应的，成套公司的服务费也应计入设备运杂费中。

（2）设备运杂费计算

① 设备运杂费 = 设备原价 × 设备运杂费费率

② 进口设备国内运杂费 = 进口设备抵岸价 × 国内设备运杂费费率

◆ **考法1：设备及工器具购置费构成的相关概念**

【例题1·多选题】 关于国产设备原价的说法，正确的有（　　　）。

　　A. 国产标准设备的原价一般是指出厂价

　　B. 由设备成套公司供应的国产标准设备，原价为订货合同价

　　C. 国产标准设备在计算原价时，一般按带有备件的出厂价计算

　　D. 非标准国产设备原价的计算方法应简便，并使估算价接近实际出厂价

　　E. 非标准国产设备原价中应包含运杂费

【答案】 A、B、C、D

【解析】 本题的考核点是国产设备及工器具原价的确定方法。

【例题2·单选题】 某工程采用的进口设备拟由设备成套公司供应，则成套公司的服务费在估价时应计入（　　　）。

　　A. 建设管理费　　　　　　　　　B. 设备运杂费

　　C. 设备原价　　　　　　　　　　D. 进口设备抵岸价

【答案】 B

【解析】 本题的考核点是设备购置费组成的相关内容。

【例题3·多选题】 某建设工程项目购置的进口设备采用装运港船上交货，属于买方责任的有（　　　）。

　　A. 按照合同的约定在规定的期限内将货物装上船只

　　B. 承担货物装船前的一切费用和风险

　　C. 负责租船、支付费用，并将船期、船名通知卖方

　　D. 办理在目的港的进口和收货手续

　　E. 接受卖方提供的装运单据并按合同约定支付货款

【答案】 C、D、E

【解析】 本题的考核点是装运港船上交货价买方、卖方的责任。

◆ **考法2：设备及工器具购置费构成的相关计算**

【例题4·单选题】 某项目拟从国外进口一套设备，重量1000吨，装运港船上交货价为300万美元，国际运费标准为每吨360美元，海上运输保险费率为0.266%。美元的银行外汇牌价为1美元 = 6.1元人民币。则该套设备的国外运输保险费为（　　　）万元。

　　A. 4.868　　　　　　　　　　　B. 4.881

　　C. 5.467　　　　　　　　　　　D. 5.452

【答案】 C

【解析】 本题的考核点是进口设备抵岸价组成中的国外运输保险费的计算。

$$国外运输保险 = \frac{3000000 \times 6.1 + 1000 \times 360 \times 6.1}{1 - 0.266\%} \times 0.266\% = 54665 \, 元。$$

【例题5·单选题】 某企业拟进口一套机电设备，离岸价折合人民币为1830万元，国际运费和国外运输保险费为22.53万元，银行手续费为15万元，关税税率为22%，增值税税率为13%，则该进口设备的增值税为（　　　）万元。

A. 290.24

B. 361.61

C. 356.86

D. 293.81

【答案】 D

【解析】 本题的考核点是进口设备抵岸价构成中进口设备增值税税额计算。

进口设备增值税税额 = 组成计税价格 × 增值税税率。

组成计税价格 = 到岸价 × 人民币外汇牌价 + 进口关税 + 消费税。

到岸价 = 离岸价 + 国外运费 + 国外运输保险费。

则，该进口设备的增值税税额 = （1830 + 22.53）×（1 + 22%）× 13% = 293.81万元。

【例题6·单选题】 某项目进口一批设备，其银行财务费为4.25万元，外贸手续费为18.9万元，关税税率为20%，增值税税率为13%，抵岸价为1792.19万元，无消费税，则进口设备的到岸价格为（　　　）万元。

A. 1270.86

B. 1304.60

C. 1291.27

D. 1405.34

【答案】 B

【解析】 本题的考核点是进口设备抵岸价、到岸价的关系。

抵岸价 = 到岸价 + 银行财务费 + 外贸手续费 + 进口关税 + 进口增值税。

设到岸价为 x，则有：$1792.19 = x + 4.25 + 18.9 + x \times 20\% + x(1 + 20\%) \times 13\%$，$x = 1304.60$ 万元。

13.3 建筑安装工程费构成及计算

核心考点　建筑安装工程费构成及计算

1. 按费用构成要素划分

按照费用构成要素划分，组成建筑安装工程费的有：（1）人工费；（2）材料费；（3）施工机具使用费；（4）企业管理费；（5）利润；（6）规费；（7）税金。

（1）人工费

① 概念：人工费是指按工资总额构成规定，支付给从事建筑安装工程施工的生产工人和附属生产单位工人的各项费用。

② 内容：a. 计时工资或计件工资。b. 奖金：如节约奖、劳动竞赛奖等。c. 津贴补贴：如流动施工津贴、特殊地区施工津贴、高温（寒）作业临时津贴、高空津贴、物价补贴等。d. 加班加点工资。e. 特殊情况下支付的工资：是指根据国家法律、法规和政策规定，因病、工伤、产假、计划生育假、婚丧假、事假、探亲假、定期休假、停工学习、执行国家或社会义务等原因按计时工资标准或计时工资标准的一定比例支付的工资。

③ 人工费的计算公式：人工费＝∑（工日消耗量×日工资单价）

（2）材料费

① 概念：材料费是指工程施工过程中耗费的各种原材料、半成品、构配件的费用，以及周转材料等的摊销、租赁费用。

② 内容——"原价、运费、损耗、采保"。

包括：材料原价、运杂费、运输损耗费、采购及保管费。

③ 材料费计算公式

a. 材料费＝∑（材料消耗量×材料单价）。b. 工程设备费＝∑（工程设备量×工程设备单价）。

（3）施工机具使用费

① 概念：施工机具使用费是指施工作业所发生的施工机械、仪器仪表使用费或其租赁费。

② 内容：

a. 施工机械使用费：施工作业所发生的施工机械使用费或其租赁费。

b. 施工仪器仪表使用费：是指施工作业所发生的仪器仪表使用费或租赁费。

③ 施工机械使用费的内容：

以施工机械台班耗用量乘以施工机械台班单价表示，施工机械台班单价应由下列七项费用组成。

a. 折旧费。

b. 检修费。

c. 维护费：为保障机械正常运转所需替换设备与随机配备工具附具的摊销和维护费用，机械运转中日常保养所需润滑与擦拭的材料费用及机械停滞期间的维护和保养费用等。

d. 安拆费及场外运费：安拆费指施工机械（大型机械除外）在现场进行安装与拆卸所需的人工、材料、机械和试运转费用以及机械辅助设施的折旧、搭设、拆除等费用；场外运费指施工机械整体或分体自停放地点运至施工现场或由一施工地点运至另一施工地点的运输、装卸、辅助材料及架线等费用。

e. 人工费：是指机上司机（司炉）和其他操作人员的人工费。

f. 燃料动力费。

g. 其他费用：是指施工机械按照国家规定应缴纳的车船税、保险费及检测费等。

④ 施工机具使用费计算公式：

a. 施工机械使用费＝∑（施工机械台班消耗量×机械台班单价）。

b. 施工仪器仪表使用费＝工程使用的仪器仪表摊销费＋维修费

（4）企业管理费

① 内容：

企业管理费是指建筑安装企业组织施工生产和经营管理所需的费用。内容包括：

a. 管理人员工资。b. 办公费。c. 差旅交通费。d. 固定资产使用费。e. 工具用具使用费。f. 劳动保险和职工福利费。g. 劳动保护费。h. 检验试验费。i. 工会经费。j. 职工教育经费。k. 财产保险费。l. 财务费。m. 税金。n. 城市维护建设税。o. 教育费附加。p. 地方教育附加。q. 其他管理费。

掌握企业管理费包括的内容，还应重点注意以下问题：

a. 了解各项的基本概念和内容。

b. 检验试验费：

概念：是指施工企业按照有关标准规定，对建筑以及材料、构件和建筑安装物进行一般鉴定、检查所发生的费用，包括自设试验室进行试验所耗用的材料等费用。

检验试验费不包括：新结构、新材料试验费；对构件做破坏性试验及其他特殊要求检验试验的费用和发包人委托检测机构进行检测（费用由发包人在工程建设其他费用中列支）。

c. 劳动保险费和财产保险费与规费中社会保险费的区分。

d. 税金项目包括：房产税、车船使用税、土地使用税、印花税、城市维护建设税、教育费附加、地方教育附加。

② 企业管理费费率计算公式：

a. 以人工费为计算基数：企业管理费费率 $= \dfrac{\text{生产工人年平均管理费}}{\text{年有效施工天数} \times \text{人工单价}} \times 100\%$

b. 以人工费和机械费合计为计算基数：

企业管理费费率 $= \dfrac{\text{生产工人年平均管理费}}{\text{年有效施工天数} \times (\text{人工单价} + \text{每一工日机械使用费})} \times 100\%$

c. 以分部分项工程费为计算基数：

企业管理费费率 $= \dfrac{\text{生产工人年平均管理费}}{\text{年有效施工天数} \times \text{人工单价}} \times \text{人工费占分部分项工程比例} \times 100\%$

（5）利润

利润应列入按照造价形成划分的分部分项工程费和措施项目费中。施工企业根据企业自身需求并结合建筑市场实际自主确定，列入报价中。

利润在税前建筑安装工程费的比重可按不低于 5% 且不高于 7% 的费率计算。

（6）规费

① 内容：

社会保险费，包括：养老保险费、失业保险费、医疗保险费、生育保险费、工伤保险费。住房公积金。其他应列而未列的规费。

② 计算：

社会保险费和住房公积金应以定额人工费为计算基础，根据工程所在地省、自治区、直辖市或行业建设主管部门的规定费率计算。其他应列而未列入的规费按实际发生计取。

社会保险费和住房公积金 $= \sum (\text{工程定额人工费} \times \text{社会保险费率和住房公积金费率})$

社会保险费率和住房公积金费率可按每万元发承包价的生产工人人工费、管理人员工资含量与工程所在地规定的缴纳标准综合分析取定。

（7）税金

建筑安装工程费用的税金是指增值税。

建筑业增值税一般纳税人适用税率9%，增值税小规模纳税人简易征收率3%。

① 税前工程造价＝人工费＋材料费＋施工机具使用费＋企业管理费＋规费＋利润

　　　　　　　　＝分部分项工程费＋措施项目费＋其他项目费＋规费。

② 增值税计算：

a. 一般纳税人：增值税销项税额＝税前工程造价×9%

税前工程造价中各费用项目均按不包含增值税可抵扣进项税额的价格计算。

b. 小规模纳税人：增值税税额＝税前工程造价×3%

税前工程造价中各费用项目均以包含增值税进项税额的含税价格计算。

③（含税）工程造价＝税前工程造价×（1＋9%）

或（小规模纳税人）＝税前工程造价×（1＋3%）。

2. 按造价形成划分

建筑安装工程费按照工程造价形成由分部分项工程费、措施项目费、其他项目费、规费、税金组成。

（1）分部分项工程费

分部分项工程费是指各专业工程的分部分项工程应予列支的各项费用。

（2）措施项目费

措施项目费是指为完成建设工程施工，发生于该工程施工前和施工过程中的技术、生活、安全、环境保护等方面的费用。内容包括：

① 安全文明施工费：具体包括环境保护费、文明施工费、安全施工费和临时设施费。② 夜间施工增加费。③ 二次搬运费。④ 冬雨季施工增加费。⑤ 已完工程及设备保护费。⑥ 工程定位复测费。⑦ 特殊地区施工增加费。⑧ 大型机械设备进出场及安拆费：是指机械整体或分体自停放场地运至施工现场或由一个施工地点运至另一个施工地点，所发生的机械进出场运输及转移费用及机械在施工现场进行安装、拆卸所需的人工费、材料费、机械费、试运转费和安装所需的辅助设施的费用。⑨ 脚手架工程费。

（3）其他项目费

① 暂列金额：是指发包人在工程量列表中暂定并包括在工程合同价款中的一笔款项。用于施工合同签订时尚未确定或者不可预见的所需材料、工程设备、服务的采购，施工中可能发生的工程变更、合同约定调整因素出现时的工程价款调整以及发生的索赔、现场签证确认等的费用。

② 计日工：是指在施工过程中，承包人完成发包人提出的施工图纸以外的零星项目或工作所需的费用。

③ 总承包服务费：是指总承包人为配合、协调发包人进行的专业工程发包，对发包人自行采购的材料、工程设备等进行保管以及施工现场管理、竣工数据汇总整理等服务所需的费用。

◆**考法 1：建筑安装工程费构成的相关内容**

【例题 1·2024 年真题·单选题】按费用构成要素划分，下列费用中，属于建筑安装工程费中企业管理费的是（　　　）。

　　A．养老保险费　　　　　　　　B．工伤保险费

　　C．劳动保护费　　　　　　　　D．高空作业津贴费

【答案】C

【解析】本题的考核点是按费用构成要素划分的建筑安装工程费构成。

【例题 2·单选题】根据《建筑安装工程费用项目组成》，建筑安装工程生产工人的高温作业临时津贴应计入（　　　）。

　　A．劳动保护费　　　　　　　　B．人工费

　　C．规费　　　　　　　　　　　D．企业管理费

【答案】B

【解析】本题的考核点是按费用构成要素划分的建筑安装工程费用组成中人工费包括的内容。

【例题 3·单选题】为保障施工机械正常运转所需的随机配备工具附具的摊销和维护费用，属于施工机械使用费中的（　　　）。

　　A．折旧费　　　　　　　　　　B．施工仪器使用费

　　C．安拆费　　　　　　　　　　D．维护费

【答案】D

【解析】本题的考核点是按费用构成要素划分《建筑安装工程费用项目组成》中施工机具使用费的内容。

【例题 4·多选题】下列费用中，属于建筑安装工程人工费的有（　　　）。

　　A．生产工人的技能培训费用　　B．生产工人的流动施工津贴

　　C．生产工人的增收节支奖金　　D．生产工人在法定节假日的加班工资

　　E．项目部管理人员的计时工资

【答案】B、C、D

【解析】本题考核点是按费用构成要素划分的建筑安装工程费中人工费的内容。

【例题 5·2024 年真题·多选题】按费用构成要素划分，下列费用中，应计入建筑安装工程材料费的有（　　　）。

　　A．材料采购费

　　B．材料运杂费

　　C．材料在运输装卸过程中不可避免的损耗费

　　D．施工机械日常维修保养的材料费

　　E．对材料进行一般鉴定和检查的费用

【答案】A、B、C

【解析】本题的考核点是按费用构成要素划分的建筑安装工程费中材料费的内容。

◆ 考法 2：建筑安装工程费的相关计算

【例题 6·单选题】某企业投标报价时确定企业管理费率以人工费为基础计算。该施工企业生产工人年平均管理费为 1.2 万元，年有效施工天数为 240 天，人工单价为 300 元／天，人工费占分部分项工程费的比例为 75%。则该企业的企业管理费费率应为（　　　　）。

    A. 12.15%   B. 12.50%

    C. 22.22%   D. 16.67%

【答案】D

【解析】本题的考核点是建筑安装工程费构成的相关计算。

$$企业管理费费率 = \frac{生产工人年平均管理费}{年有效施工天数 \times 人工单价} \times 100\% = \frac{12000}{240 \times 300} \times 100\% = 16.67\%。$$

13.4　工程建设其他费构成及计算

核心考点　工程建设其他费构成及计算

1. 工程建设其他费构成项目

工程建设其他费包括：土地使用费和其他补偿费、建设管理费、前期工作咨询费、专项评价费、研究试验费、勘察设计费、场地准备和临时设施费、引进技术和进口设备材料其他费、特殊设备安全监督检查费、市政公用配套设施费、联合试运转费、保险费、专利及专有技术使用费、生产准备费、其他费用。

2. 重要项目的内容及计算

（1）建设管理费

建设管理费是指建设单位为组织完成工程项目建设，在建设期内发生的各类管理性费用，包括：建设单位管理费（项目建设管理费）、工程监理费、设备监造费、招标投标费（招标代理费）、设计评审费、特殊项目定额研究及测定费、其他咨询费、印花税等。

① 建设单位管理费（项目建设管理费）

是指项目建设单位从项目筹建之日起至办理竣工财务决算之日止发生的管理性质的支出，包括：不在原单位发工资的工作人员工资及相关费用、办公费、办公场地租用费、差旅交通费、劳动保护费、工具用具使用费、固定资产使用费、招募生产工人费、技术图书资料费（含软件）、业务招待费、施工现场津贴、竣工验收费和其他管理性质开支。

建设单位管理费按国家、行业或项目所在地相关规定计算。

实行代建制管理的项目，一般不得同时列支代建管理费和项目建设管理费，确需同时发生的，两项费用之和不得高于项目建设管理费限额。

② 其他咨询费

a. 工程造价咨询费：

投资估算、经济评价、设计概算、施工图预算、工程量清单、最高投标报价、工程计算、工程竣工决算等的编制与审核。

b. 政府和社会资本合作开展的项目咨询费（PPP 项目咨询费）。

（2）前期工作咨询费

是指提供建设项目专题研究、编制和评估项目申请报告、项目建议书或者可行性研究报告，以及其他与建设项目前期工作有关的咨询等服务费用。

前期工作所涉及报告评审及申报核准费用在设计评审费中计列。

（3）研究试验费

为建设项目提供或验证设计数据、资料等进行必要的研究试验及按照相关规定在建设过程中必须进行试验、验证所需的费用（如桩基检测费、深基坑监测费等）。包含项目所在地规定应由建设单位承担的工程检测费用，或自行或委托其他部门的专题研究、试验所需的人工费、材料费、试验设备及仪器使用费等。

研究试验费不包括：a. 应由科技三项费用（新产品试制费、中间试验费、重要科学研究补助费）开支的费用。b. 施工企业对建筑材料、构件和建筑物进行一般鉴定、检查所发生的费用。c. 应由勘察设计费或工程费用中开支的费用。

（4）勘察设计费

包括：勘察费、设计费和建筑信息模型（BIM）技术应用服务费。

（5）场地准备费和临时设施费

① 场地准备费

建设项目为达到工程开工条件所发生的未列入工程费用的场地平整以及对建设场地余留的有碍施工建设的设施进行拆除清理所发生的费用。

建设场地的大型土石方工程应进入工程费用中的总图运输费用中。

② 临时设施费

包括施工建设需要而提供到场地界区的未列入工程费用的临时水、电、路、讯、气等工程和临时仓库、办公、生活等建（构）筑物的建设、维修、拆除、摊销费用或租赁费用，以及货场、码头租赁等费用。

不包括已列入建筑安装工程费中的施工单位临时设施费。

（6）特殊设备安全监督检验费

① 特殊设备安全监督检验费

对在施工现场安装的锅炉及压力容器、压力管道、消防设备、燃气设备、起重设备、电梯等特殊设备和设施实施安全验收收取的费用。

② 标定费

列入国家或所在省、自治区、直辖市计量标定范围的计量器具标定，以及进行系统工艺标定、能耗标定等所发生的费用。

（7）联合试运转费

① 内容：是指新建或新增生产能力的工程项目，在交付生产前按照批准的设计文件规定的工程质量标准和技术要求，对整个生产线或装置进行负荷联合试运转所发生的费用净支出（试运转支出大于收入的差额部分费用）。包括试运转所需材料、燃料及动力消耗、低值易耗品、其他物料消耗、机械使用费、联合试运转人员工资、施工单位参加试运转人工费、专家指导费，以及必要的工业炉烘炉费。

② 计算：联合试运转费＝联合试运转支出－联合试运转收入

③ 不包括：a. 单机试车及空载试车费用（应由设备安装工程费用开支）；b. 在试运转中暴露出来的因施工原因或设备缺陷等发生的处理费用。

④ 试运转期的规定：

a. 引进国外设备项目按建设合同中规定的试运转期执行，国内一般性建设项目试运转期原则上应按批准的设计文件所规定的期限执行；b. 个别行业的建设项目试运转期需要超过规定试运转期的，应报项目设计文件审批机关批准。

（8）保险费

（9）生产准备费

包括：人员培训、提前进厂费，以及投产使用必备的办公、生活家具用具及工器具等的购置费用。

生产准备及开办各项费用的计算，新建项目按设计定员为基数计算，改扩建项目按新增设计定员为基数计算。可采用综合的生产准备及开办费用指标进行计算，也可以按费用内容的分类指标计算。

（10）其他费用

① 专项配套设施费：包括专用铁路线、专用公路、专用通信设施、送变电站、地下管道、专用码头等费用。

如由建设单位投资但产权不归属本单位的，应作为无形资产处理；若产权属于建设单位，则上述费用应计入工程费用。

② 房产测绘费。

③ 防空地下室易地建设费。

④ 声像档案制作费。

⑤ 建筑垃圾减量化措施费。

⑥ 全过程工程咨询服务费。

⑦ 工程总承包管理费。

◆ 考法：工程建设其他费的相关内容

【例题1·多选题】关于建设项目场地准备及临时设施费的说法，正确的有（　　　）。

　　A. 场地准备及临时设施费包括建设场地的大型土石方工程费

　　B. 场地准备及临时设施费包括建设单位临时设施费和施工单位临时设施费

　　C. 改扩建项目的场地准备及临时设施费应尽量与永久工程统一考虑

　　D. 场地准备费包括对建设场地余留的有碍于施工建设的设施进行拆除清理的费用

　　E. 场地准备及临时设施费属于建筑安装工程费用

【答案】C、D

【解析】本题的考核点是工程建设其他费中的场地准备及临时设施费内容。

【例题2·单选题】下列费用中，属于工程建设其他费用中的联合试运转费的是（　　　）。

　　A. 试运转过程中所需的专家指导费

　　B. 试运转过程中因施工质量原因发生的处理费用

　　C. 单机试车费用及空载试车费用

D. 试运转过程中设备缺陷发生的处理费用

【答案】A

【解析】本题的考核点是联合试运转费的内容。

【例题3·2024年真题·多选题】下列费用中，属于工程建设其他费的有（　　　）。

A. 土地使用费
B. 施工工人临时宿舍建设费
C. 环境影响评价及验收费
D. 新产品试制费
E. 工程总承包管理费

【答案】A、C、E

【解析】本题的考核点是工程建设其他费的构成。

【例题4·多选题】下列费用中，应计入建设工程项目投资中"生产准备费"的有（　　　）。

A. 生产人员培训费
B. 购买原材料、能源的费用
C. 办公家具购置费
D. 联合试运转费
E. 提前进厂生产人员的人工费

【答案】A、C、E

【解析】本题的考核点是生产准备费的组成内容。

【例题5·单选题】对施工图设计文件中的工程勘察文件审查、深基坑支护设计及施工方案评审的费用属于工程建设其他费中的（　　　）。

A. 勘察设计费
B. 建设管理费
C. 前期工作咨询费
D. 场地准备和临时设施费

【答案】B

【解析】本题的考核点是工程建设其他费中建设管理费的组成内容。

【例题6·单选题】对在施工现场组装的锅炉及压力容器、消防设备、电梯等实施安全检验收入的费用属于工程建设其他费中的（　　　）。

A. 市政公用配套设施费
B. 特殊设备安全监督检验费
C. 专项配套设施费
D. 场地准备和临时设施费

【答案】B

【解析】本题的考核点是工程建设其他费中特殊设备安全监督检验费的内容。

13.5 预备费计算

核心考点　预备费计算

预备费包括基本预备费和价差预备费。

1. 基本预备费

（1）概念

基本预备费是指在项目实施中可能发生难以预料的支出，需要预先预留的费用，又称不可预见费，主要指设计变更及施工过程中可能增加工程量的费用。

（2）计算

基本预备费＝（工程费用＋工程建设其他费）×基本预备费费率

2. 价差预备费

价差预备费是指为在建设期内利率、汇率或价格等因素的变化而预留的可能增加的费用，亦称为价格变动不可预见费。包括：人工、设备、材料、施工机具的价差费，建筑安装工程费及工程建设其他费用调整，利率、汇率调整等增加的费用。

◆ **考法 1：预备费的概念及内容**

【例题 1·单选题】在建设工程项目总投资组成中的基本预备费主要是为（   ）而预留的。

    A. 建设期内材料价格上涨增加的费用

    B. 因施工质量不合格返工增加的费用

    C. 设计变更增加工程量的费用

    D. 因业主方拖欠工程款增加的承包商贷款利息

【答案】C

【解析】本题的考核点是基本预备费的概念。

◆ **考法 2：预备费的计算**

【例题 2·单选题】某建设工程项目建筑安装工程费为 2000 万元，设备及工器具购置费为 800 万元，工程建设其他费为 300 万元，基本预备费率为 8%，该项目的基本预备费为（   ）万元。

    A. 160   B. 184

    C. 224   D. 248

【答案】D

【解析】本题的考核点是基本预备费的计算。

基本预备费 ＝（2000＋800＋300）×8% ＝248 万元。

13.6 增值税计算

具体考核要求参见"13.3 建筑安装工程费构成及计算"中"税金"部分内容。

13.7 建设期利息与流动资金计算

核心考点 建设期利息与流动资金计算

1. 建设期利息

为了简化计算，在编制投资估算时通常假定借款均在每年的年中支用，借款第一年按半年计息，其余各年份按全年计息：

建设期某一年应计利息 ＝（年初借款本息累计金额＋本年借款额／2）×年利率

2. 流动资金

流动资金的估算方法有扩大指标估算法和分项详细估算法两种。

◆ **考法：建设期利息的计算**

【例题·单选题】某项目建设期为 2 年，共向银行借款 10000 万元，借款年利率为 6%。第 1 和第 2 年借款比例均为 50%。借款在各年内均衡使用，建设期内只计息不付息。则编制投资估算时该项目建设期利息总和为（　　　）万元。

  A. 300   B. 450

  C. 459   D. 609

【答案】D

【解析】本题的考核点是建设期利息的计算。

建设期某一年应计利息＝（年初借款本息累计金额＋本年借款额／2）×年利率，

第 1 年应计利息＝10000×50%×1/2×6%＝150 万元，

第 2 年应计利息＝（5000＋150＋5000×1/2）×6%＝459 万元，

建设期利息总和＝150＋459＝609 万元。

第14章　工程计价依据

本章核心考点提纲

14.1　工程造价管理标准体系与工程定额体系 {★工程造价管理标准体系
★工程计价定额体系

14.2　人工、材料与施工机具台班消耗量确定 → ★人工、材料与施工机具台班消耗量确定 {1. 人工定额消耗量确定
2. 材料定额消耗量确定
3. 施工机具定额台班消耗量确定

14.3　人工、材料与施工机具台班单价确定 → ★人工、材料与施工机具台班单价确定 {1. 人工日工资单价确定方法
2. 材料单价确定方法
3. 施工机械台班单价确定方法
4. 施工仪器仪表台班单价确定方法

14.4　预算定额、概算定额与概算指标 → ★预算定额、概算定额与概算指标 {1. 预算定额及其基价
2. 概算定额及其基价
3. 概算指标

14.5　工程造价指标与指数 → ★工程造价指标与指数

本章核心考点分析

14.1　工程造价管理标准体系与工程定额体系

核心考点一　工程造价管理标准体系

1. 工程计价依据

（1）工程计价依据体系

①工程造价管理法律法规是实施工程造价管理的制度依据和重要前提。

②工程造价管理标准是在法律法规要求下，规范工程造价管理的技术要求。

③工程计价定额是进行工程计价工作的重要基础和核心内容。

④工程计价信息是市场经济体制下，准确反映工程价格的重要支撑，也是政府进行公共服务的重要内容。

```
                    ┌─ 工程造价管理法律法规和规范性文件、设计文件、工程合同
          工程       │
          计  ────────┼─ 工程计量计价标准（工程造价管理标准）
          价         │
          依         ├─ 工程计价定额
          据         │
                    └─ 工程计价（造价）信息
```

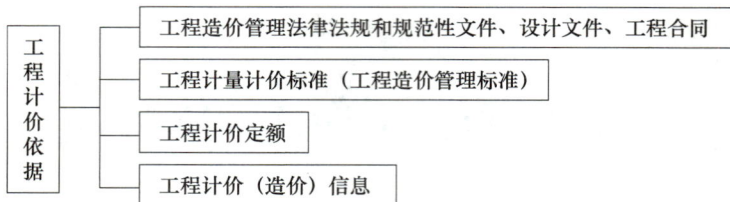

（2）工程计价依据的作用

① 是编制初步设计概算、施工图预算等的指导性依据；② 是承包人投标报价、发包人编制最高投标限价的参考性依据；③ 是国有资金投资为主的建设工程造价控制性标准。

2. 工程造价管理标准体系

工程造价管理标准是指除了法律、法规规范外，还应以国家标准、行业标准等规范性文件进行规范的工程管理和工程造价咨询行为、质量的有关技术要求。

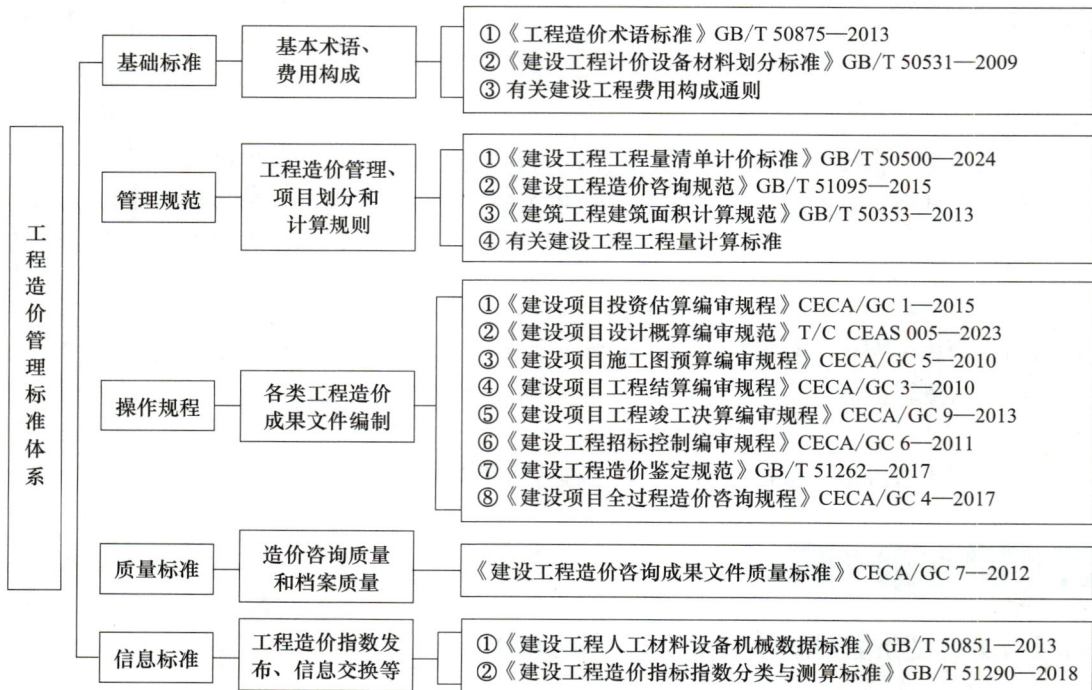

```
                    ┌─ 基础标准 ─── 基本术语、      ┌─ ①《工程造价术语标准》GB/T 50875—2013
                    │              费用构成   ─────┤ ②《建设工程计价设备材料划分标准》GB/T 50531—2009
                    │                              └─ ③ 有关建设工程费用构成通则
                    │
                    │                              ┌─ ①《建设工程工程量清单计价标准》GB/T 50500—2024
                    ├─ 管理规范 ─── 工程造价管理、   │ ②《建设工程造价咨询规范》GB/T 51095—2015
                    │              项目划分和  ─────┤ ③《建筑工程建筑面积计算规范》GB/T 50353—2013
                    │              计算规则        └─ ④ 有关建设工程工程量计算标准
  工
  程                │                              ┌─ ①《建设项目投资估算编审规程》CECA/GC 1—2015
  造                │                              │ ②《建设项目设计概算编审规范》T/C CEAS 005—2023
  价                │                              │ ③《建设项目施工图预算编审规程》CECA/GC 5—2010
  管  ──────────────┤─ 操作规程 ─── 各类工程造价  ─┤ ④《建设项目工程结算编审规程》CECA/GC 3—2010
  理                │              成果文件编制     │ ⑤《建设项目工程竣工决算编审规程》CECA/GC 9—2013
  标                │                              │ ⑥《建设工程招标控制编审规程》CECA/GC 6—2011
  准                │                              │ ⑦《建设工程造价鉴定规范》GB/T 51262—2017
  体                │                              └─ ⑧《建设项目全过程造价咨询规程》CECA/GC 4—2017
  系                │
                    │                              
                    ├─ 质量标准 ─── 造价咨询质量  ─── 《建设工程造价咨询成果文件质量标准》CECA/GC 7—2012
                    │              和档案质量     
                    │
                    └─ 信息标准 ─── 工程造价指数发  ┌─ ①《建设工程人工材料设备机械数据标准》GB/T 50851—2013
                                   布、信息交换等 ─┤ ②《建设工程造价指标指数分类与测算标准》GB/T 51290—2018
```

◆ **考法：工程造价管理标准体系的相关内容**

【例题 1·单选题】 下列工程造价管理标准体系中，属于信息标准的是（　　　）。

　　A.《建设工程人工材料设备机械数据标准》GB/T 50851—2013

　　B.《建设工程计价设备材料划分标准》GB/T 50531—2009

　　C.《工程造价术语标准》GB/T 50875—2013

　　D.《建筑安装工程费用项目组成》

【答案】 A

【解析】 本题的考核点是工程造价管理标准体系的构成内容。

【例题2·多选题】下列工程造价管理标准体系中，属于基础标准的是（　　　）。

A.《建设工程人工材料设备机械数据标准》GB/T 50851—2013

B.《建设工程计价设备材料划分标准》GB/T 50531—2009

C.《工程造价术语标准》GB/T 50875—2013

D. 有关建设工程造价费用构成通则

E.《建设工程工程量清单计价标准》GB/T 50500—2024

【答案】B、C、D

【解析】本题的考核点是工程造价管理标准体系的构成内容。

核心考点二　工程计价定额体系

1. 工程定额与工程计价定额的定义

（1）工程定额：一般是指在一定的生产力水平下，在工程建设中单位产品上人工、材料、机械消耗的规定额度。

（2）工程计价定额：是指工程定额中直接用于工程计价的定额或指标，包括预算定额、概算定额、概算指标和投资估算指标等。

2. 工程定额的分类

（1）按生产要素内容分类，工程定额包括：① 人工消耗定额；② 材料消耗定额；③ 施工机具消耗定额。

（2）按编制用途分类——详见下表所示。

工程定额按编制用途分类

内容	分类				
	施工定额	预算定额	概算定额	概算指标	投资估算指标
研究（编制）对象	以同一性质的施工过程——工序作为研究对象编制	以合格分项工程和结构构件为对象编制	以合格扩大分项工程或扩大结构构件为对象编制	以单位工程为对象，指完成规定计量单位的合格单位工程资源消耗的经济指标	以建设项目、单项工程、单位工程为对象，反映其建设总投资及其各项费用构成的经济指标
定额关系	施工定额是编制预算定额的基础	是以施工定额为基础综合扩大编制的，也是编制概算定额的基础	是在预算定额的基础上综合扩大而成的	概算指标是概算定额的扩大与合并，一般是在概算定额和预算定额的基础上编制的；也可作为编制估算指标的基础	
相关概念	①属于企业内部定额性质；②是建设工程定额中的基础性定额，是分项最细、定额子目最多的一种定额	① 预算定额是一种计价性定额；② 定额项目的综合程度大于施工定额；③ 是编制施工图预算的主要依据；④ 在市场经济体制下，预算定额的指令性作用虽日益削弱，但企业自身的预算定额仍是编制最高投标限价、进行投标报价的重要基础	① 概算定额是一种计价定额；② 主要用于设计概算的编制	① 概算指标是一种计价定额，一般以建筑面积、体积或成套设备装置的台或组等为计量单位；② 概算指标的设定和初步设计的深度相适应，主要用于编制初步设计概算，是设计单位编制设计概算或建设单位编制年度投资计划的依据	① 投资估算指标也是一种计价定额，基本反映建设项目、单项工程、单位工程的相应费用指标，也可以反映其人工、材料、机具消耗量；② 投资估算指标主要用于编制投资估算

（3）按适用范围分类，工程定额包括：① 国家定额；② 行业定额；③ 地区定额；④ 企业定额。

（4）按费用性质分类，工程定额包括：① 建筑工程定额；② 设备安装工程定额；③ 建筑安装工程费用定额；④ 工器具定额；⑤ 工程建设其他费用定额。

◆考法：工程定额分类的相关内容

【例题 1·多选题】按编制用途分类，可以把工程定额分为施工定额、预算定额、概算定额、概算指标和投资估算指标。下面关于这一分类的说法中错误的是（　　）。

    A. 施工定额是计算工人劳动报酬的依据，是计算工人计件工资的基础

    B. 预算定额是以单项工程为对象编制的

    C. 预算定额在市场经济体制下，其指令性作用仍然具有强制性

    D. 概算定额一般以预算定额为基础综合扩大编制而成，主要用于设计概算的编制

    E. 投资估算指标也是一种计价定额，只可以反映其人工、材料、机具消耗量，不能反映相应的费用指标

【答案】B、C、E

【解析】本题的考核点是工程定额按编制用途分类的相关内容。

【例题 2·2024 年真题·单选题】按编制用途分类，工程定额分为（　　）。

    A. 全国统一定额、行业定额、地区统一定额、企业定额

    B. 施工定额、预算定额、概算定额、概算指标、投资估算指标

    C. 建筑工程定额、设备安装工程定额、工器具定额、工程建设其他费定额

    D. 人工消耗定额、材料消耗定额、施工机具台班消耗定额

【答案】B

【解析】本题的考核点是工程定额按编制用途分类的概念。

14.2　人工、材料与施工机具台班消耗量确定

核心考点　人工、材料与施工机具台班消耗量确定

1. 人工定额消耗量确定

（1）人工定额编制的主要工作

编制人工定额的主要工作包括：① 拟定正常的施工作业条件；② 测定定额时间。

拟定正常的施工作业条件包括：a. 拟定施工作业的内容；b. 拟定施工作业的方法；c. 拟定施工作业地点的组织；d. 拟定施工作业人员的组织等。

（2）人工定额的确定方法

① 技术测定法：根据生产技术和施工组织条件，对施工过程中各工序采用测时法、写实记录法、工作日写实法，测出各工序的工时消耗等资料，再对所获得的资料进行科学的分析，制定出人工定额的方法。

② 统计分析法：把过去施工生产中的同类工程或同类产品的工时消耗的统计资料，与当前生产技术和施工组织条件的变化因素结合起来，进行统计分析的方法。适用于施工条件正常、产品稳定、工序重复量大和统计工作制度健全的施工过程。

③ 比较类推法：对于同类型产品规格多、工序重复、工作量小的施工过程，常用比较类推法。此法必须掌握类似的程度和各种影响因素的异同程度。

④ 经验估计法：经验估计法通常作为一次性定额使用。

（3）工人工作时间消耗分类

① 工人工作时间分类图

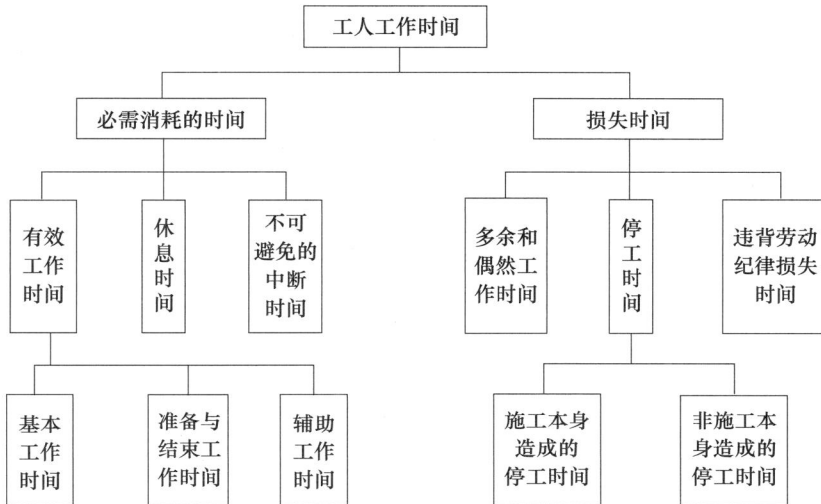

```
                        ┌─────────────┐
                        │  工人工作时间  │
                        └──────┬──────┘
              ┌────────────────┴────────────────┐
      ┌───────┴───────┐                  ┌───────┴───────┐
      │  必需消耗的时间  │                  │   损失时间     │
      └───────┬───────┘                  └───────┬───────┘
      ┌───┬───┼───┐              ┌──────────┬────┼────────────┐
  ┌───┴┐┌─┴┐┌─┴──┐        ┌─────┴──┐  ┌───┴──┐ ┌────────┐
  │有效││休││不可│        │多余和   │  │停工  │ │违背劳动│
  │工作││息││避免│        │偶然工作 │  │时间  │ │纪律损失│
  │时间││时││的中│        │时间     │  │      │ │时间    │
  │    ││间││断时│        └─────────┘  └──┬───┘ └────────┘
  │    ││  ││间  │                        │
  └─┬──┘└──┘└────┘              ┌────────┴────────┐
 ┌──┼──────┐              ┌─────┴───┐   ┌────────┴──┐
┌┴┐┌─┴──┐┌─┴─┐         │施工本身  │   │非施工本   │
│基││准备││辅 │         │造成的    │   │身造成的    │
│本││与结││助 │         │停工时间  │   │停工时间    │
│工││束工││工 │         └──────────┘   └───────────┘
│作││作时││作 │
│时││间  ││时 │
│间││    ││间 │
└─┘└────┘└───┘
```

② 工人工作时间相关概念

必需消耗的时间是工人在正常施工条件下，为完成一定产品（工作任务）所消耗的时间。它是制定定额的主要依据。必需消耗的工作时间包括：有效工作时间、休息时间和不可避免的中断时间。

a. 有效工作时间，包括：基本工作时间、辅助工作时间、准备与结束工作时间。

b. 不可避免的中断时间：是指由于施工工艺特点引起的工作中断所必需的时间。与施工过程、工艺特点有关的工作中断时间，应包括在定额时间内。

c. 休息时间：在定额时间中必须进行计算。休息时间的长短和劳动条件有关，劳动越繁重紧张、劳动条件越差（如高温），则休息时间越长。

损失时间是与产品生产无关，而与施工组织和技术上的缺陷有关，与工人在施工过程中的个人过失或某些偶然因素有关的时间消耗。

损失时间中包括：多余和偶然工作、停工时间、违反劳动纪律损失时间。

a. 多余工作：多余工作的工时损失，一般都是由于工程技术人员和工人的差错而引起的，因此，不应计入定额时间。偶然工作：由于偶然工作能获得一定产品，拟定定额时要适当考虑它的影响。

b. 停工时间：停工时间按其性质可分为施工本身造成的停工时间和非施工本身造成的停工时间两种。前一种情况在拟定定额时不应该计算，后一种情况定额中则应给予合理的考虑。

c. 违背劳动纪律损失时间：此项工时损失不应允许存在。因此，在定额中是不能考虑的。

（4）确定人工定额消耗量

定额时间＝基本工作时间＋准备与结束工作时间＋辅助工作时间＋休息时间＋不可避免的中断时间

① 确定基本工作时间：在必需消耗的工作时间中占的比重最大，一般应根据计时观察资料、大数据分析来确定。

② 确定辅助工作时间：确定方法与基本工作时间相同。如果在计时观察时不能取得足够的资料，也可采用工时规范或经验数据来确定。

③ 确定准备与结束时间：分为工作日和任务两种。任务的准备与结束时间通常不能集中在某一个工作日中，而要采取分摊计算的方法，分摊在单位产品的时间定额里。如果在计时观察资料中不能取得足够的准备与结束时间的资料，也可根据工时规范或经验数据来确定。

④ 确定不可避免的中断时间：由工艺特点所引起的不可避免中断才可列入工作过程的时间定额。根据测时资料、经验数据或工时规范分析获得，以占工作日的百分比表示此项工时消耗的时间定额。

⑤ 确定休息时间：应根据工作班作息制度、经验资料、计时观察资料，以及对工作的疲劳程度作全面分析来确定。同时，应考虑尽可能利用不可避免中断时间作为休息时间。

（5）人工定额形式

① 人工定额按表现形式的分类

人工定额按表现形式的不同，可以分为时间定额和产量定额两种形式。

$$单位产品时间定额（工日）＝\frac{1}{每工日产量}$$

$$或单位产品时间定额（工日）＝\frac{小组成员工日数总和}{机械台班产量}$$

$$每工日产量＝\frac{1}{单位产品时间定额（工日）}$$

时间定额 × 产量定额 ＝ 1

② 人工定额按标定对象的分类

按定额的标定对象不同，人工定额又分为单项工序定额和综合定额两种。

2. 材料定额消耗量确定

（1）相关概念

① 施工中材料的消耗可分为必需的材料消耗和损失的材料两类。

必需消耗的材料是指在合理用料的条件下，生产合格产品所需消耗的材料，包括：直接用于建筑和安装工程的材料净用量、不可避免的施工废料、不可避免的材料损耗。

② 施工中的材料又可分为实体材料和非实体材料两类。

a. 实体材料是指直接构成工程实体的材料，包括工程直接性材料和辅助材料。

b. 非实体材料是指在施工中必须使用但又不能构成工程实体的施工措施性材料，主要指周转性材料，如模板、脚手架、支撑等。

（2）实体性材料定额消耗量确定方法

a. 理论计算法；b. 实验室试验法；c. 现场技术测定法；d. 现场统计法。

（3）非实体性材料（周转性材料）定额消耗量确定

① 周转性材料消耗一般与下列四个因素有关。

a. 第一次制造时的材料消耗（一次使用量）；b. 每周转使用一次材料的损耗（第二次使用时需要补充）；c. 周转使用次数；d. 周转材料的最终回收及其回收折价。

② 定额中周转材料消耗量指标的表示。

a. 一次使用量：是指周转材料在不重复使用时的一次使用量，供施工企业组织施工用。

b. 摊销量：是指周转材料退出使用，应分摊到每一计量单位的结构构件的周转材料消耗量，供施工企业成本核算或投标报价使用。

③ 周转材料消耗量指标计算。

a. 周转使用量 $= \dfrac{\text{一次使用量} \times [1 + (\text{周转次数} - 1) \times \text{补损率}]}{\text{周转次数}}$

b. 摊销量 $= \dfrac{\text{一次使用量}}{\text{周转次数}}$

3. 施工机具定额台班消耗量确定

（1）机械工作时间消耗分类

① 机械工作时间分类图

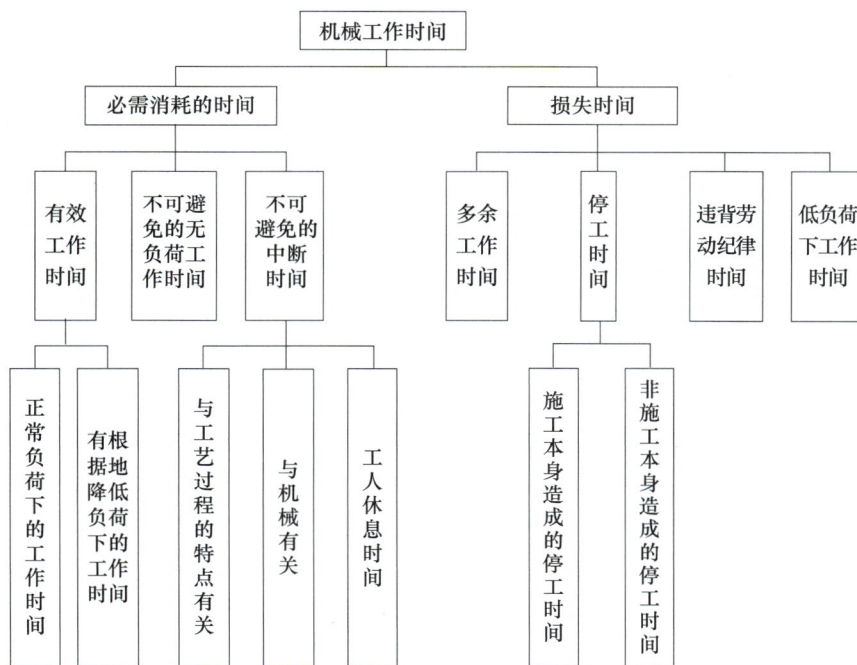

② 机械工作时间相关概念

必需消耗的时间包括：有效工作、不可避免的无负荷工作、不可避免的中断时间。

a. 有效工作时间包括：正常负荷下的工时消耗和有根据地降低负荷下的工时消耗。

b. 不可避免的无负荷工作时间

由施工过程的特点和机械结构的特点造成的机械无负荷工作时间。例如筑路机在工作区末端调头等，都属于此项工作时间的消耗。

c. 不可避免的中断工作时间包括：与工艺过程的特点、机械的使用和保养、工人休息有关的中断时间

损失时间包括：多余工作时间、机械停工时间、违反劳动纪律消耗工作时间、低负荷下工作时间。

（2）施工机具台班定额消耗量的确定

① 确定机械 1h 纯工作正常生产率；② 确定施工机械的时间利用系数；③ 计算施工机械台班定额。

（3）施工机械台班消耗量定额的表现形式

① 施工机械时间定额

单位产品机械时间定额（台班）＝1／台班产量，单位产品人工时间定额（工日）＝小组成员总人数／台班产量

② 施工机械产量定额：机械台班产量定额＝1／机械时间定额（台班）

◆**考法 1：确定人工、材料与施工机具台班消耗量的概念及相关内容**

【例题 1·单选题】编制人工定额时，基本工作结束后的整理劳动工具时间应计入（　　　）。

  A. 休息时间   B. 不可避免的中断时间

  C. 损失时间   D. 有效工作时间

【答案】D

【解析】本题的考核点是人工定额消耗量确定中工人工作时间分类的相关概念。

【例题 2·单选题】编制人工定额时，工人定额工作时间中应予以合理考虑的情况是（　　　）。

  A. 由于工程技术人员和工人差错引起的工时损失

  B. 由于劳动组织不合理导致工作中断所占用的时间

  C. 由于水源或电源中断引起的停工时间

  D. 由于材料供应不及时引起的停工时间

【答案】C

【解析】本题的考核点是人工定额消耗量确定中工人工作时间分类的相关内容。

【例题 3·单选题】某施工企业编制砌砖墙人工定额，该企业有近 5 年同类工程的施工工时消耗资料，则制定人工定额适合选用的方法是（　　　）。

  A. 技术测定法   B. 统计分析法

  C. 比较类推法   D. 经验估计法

【答案】B

【解析】本题的考核点是人工定额制定方法的适用情况。

【例题4·多选题】编制周转性材料消耗定额时，影响周转性材料消耗的因素主要有（　　　）。

  A. 周转材料的制造工艺

  B. 周转使用次数

  C. 周转材料补损的难易程度

  D. 周转材料的最终回收及其回收折价

  E. 每周转使用一次材料的损耗

【答案】B、D、E

【解析】本题的考核点是周转性材料消耗的影响因素。

【例题5·单选题】汽车运输重量轻而体积大的货物时，不能充分利用载重吨位因而不得不在低于其计算负荷下工作的时间应计入（　　　）。

  A. 正常负荷下的工作时间　　　　B. 有根据地降低负荷下的工作时间

  C. 不可避免的中断时间　　　　　D. 损失的工作时间

【答案】B

【解析】本题的考核点是机械台班使用定额编制中机械工作时间消耗分类的相关概念。

【例题6·多选题】下列机械工作时间中，属于机械工作必需消耗的时间有（　　　）。

  A. 不可避免的无负荷工作时间　　B. 有效工作时间

  C. 多余工作时间　　　　　　　　D. 低负荷下工作时间

  E. 非施工本身造成的停工时间

【答案】A、B

【解析】本题的考核点是机械工作时间消耗的分类。

◆ **考法2：人工、材料与施工机具台班消耗量确定的计算**

【例题7·单选题】某混凝土构件采用木模板施工，木模板一次净用量为 $200m^2$，现场制作安装不可避免的损耗率为2%，木模板可周转使用5次，每次补损率为5%，则木模板的周转使用量为（　　　）m^2。

  A. 48.00　　　　　　　　　　　B. 48.96

  C. 49.44　　　　　　　　　　　D. 51.00

【答案】B

【解析】本题的考核点是周转材料消耗量指标的计算。

$$周转使用量 = \frac{一次使用量 \times [1+(周转次数-1)\times 补损率]}{周转次数}$$

$$一次使用量 = 净用量 \times (1+操作损耗率) = 200 \times (1+2\%) = 204m^2$$

$$周转使用量 = \frac{204 \times [1+(5-1)\times 5\%]}{5} = 48.96m^2。$$

【例题 8·单选题】某机械台班产量为 $4m^2$，与之配合的工人小组由 5 人组成，则单位产品的人工时间定额为（　　）工日。

    A. 0.50   B. 0.80

    C. 120   D. 1.25

【答案】D

【解析】本题的考核点是施工机械台班使用定额的计算。

单位产品的人工时间定额＝小组成员工日数总和/机械台班产量＝5/4＝1.25 工日。

14.3　人工、材料与施工机具台班单价确定

核心考点　人工、材料与施工机具台班单价确定

1. 人工日工资单价确定方法

（1）概念

人工日工资单价：施工企业平均技术熟练程度的生产工人在每工作日（国家法定工作时间内）按规定从事施工作业应得的工资总额，简称人工单价或人工工日单价。

（2）人工日工资单价计算

$$日工资单价 = \frac{\substack{生产工人平均月工资\\（计时、计件）} + 平均月\left(奖金 + 津贴补贴 + \substack{特殊情况下\\支付的工资}\right)}{年平均每月法定工作日}$$

$$年平均每月法定工作日 = \frac{全年日历日 - 法定假日}{12}$$

① 确定日工资单价应根据工程项目的技术要求，通过市场调查，参考实物工程量人工单价综合分析确定。② 最低日工资单价不得低于工程所在地人力资源和社会保障部门所发布的最低工资标准的：普工 1.3 倍；一般技工 2 倍；高级技工 3 倍。③ 工程计价定额不可只列一个综合工日单价，应根据工程项目技术要求和工种差别适当划分多种人工日工资单价，确保各分部工程人工费的合理构成。

2. 材料单价确定方法

材料单价＝[（材料原价＋运杂费)×〔1＋运输损耗率（%)〕]×[1＋采购保管费率（%)]

3. 施工机械台班单价确定方法

施工机械台班单价＝台班折旧费＋台班检修费＋台班维护费＋台班安拆费及场外运费＋台班人工费＋台班燃料动力费＋台班其他费用

（1）折旧费确定：$$台班折旧费 = \frac{机械预算价格 \times（1 - 残值率）}{耐用总台班}。$$

（2）检修费确定：$$台班检修费 = \frac{一次检修费 \times 检修次数}{耐用总台班} \times 除税系数。$$

（3）维护费确定：$$台班维护费 = \frac{\sum\left(\substack{各级维护\\一次费用} \times 除税系数 \times \substack{各级维护\\次数}\right) + \substack{临时故障\\排除费}}{耐用总台班}。$$

（4）安拆费及场外运费确定：安拆费及场外运费根据施工机械不同分为计入台班单价、单独计算和不需计算三种类型。

① 计入台班单价

安拆简单、移动需要起重机运输的轻型施工机械，其安拆费及场外运费计入台班单价。

② 单独计算

a. 安拆复杂、移动需要起重机运输的重型施工机械，其安拆费及场外运费单独计算。b. 利用辅助设施移动的施工机械，其辅助设施（包括轨道和枕木）等的折旧、搭设和拆除等费用可单独计算。c. 自升式塔式起重机、施工电梯安拆费的超高起点及其增加费，各地区、部门可根据具体情况确定。

③ 不需计算

a. 不需安拆的施工机械，不计算一次安拆费。b. 不需相关机械辅助运输的自行移动机械，不计算场外运费。c. 固定在车间的施工机械，不计算安拆费及场外运费。

（5）人工费确定：

$$台班人工费 = 人工消耗量 \times (1 + \frac{年制度工作日 - 年工作台班}{年工作台班}) \times 人工单价$$

（6）燃料动力费确定：

台班燃料动力消耗量 =（实测数 × 4 + 定额平均值 + 调查平均值）/6

（7）其他费用确定：$台班其他费 = \dfrac{年车船税 + 年保险费 + 年检测费}{年工作台班}$

4. 施工仪器仪表台班单价确定方法

施工仪器仪表台班单价 = 台班折旧费 + 台班维护费 + 台班校验费 + 台班动力费

◆ 考法1：人工、材料与施工机具台班单价确定的相关概念

【例题1·多选题】关于建筑安装工程人工费中日工资单价的说法，正确的有（　　）。

    A. 日工资单价是施工企业技术最熟练的生产工人在每工作日应得的工资总额

    B. 工程造价管理机构应参考项目实物工程量人工单价综合分析确定日工资单价

    C. 最低日工资单价不得低于工程所在地人力资源和社会保障部门发布的最低工资标准

    D. 企业投标报价时应自主确定日工资单价

    E. 工程计价定额中应根据项目技术要求和工种差别划分多种日工资单价

【答案】B、C、D、E

【解析】本题的考核点是人工日工资单价确定方法的相关内容

【例题2·2024年真题·单选题】下列施工机械的相关费用中，应计入施工机械台班单价的是（　　）。

    A. 安拆简单、移动需要起重机运输的轻型施工机械的安拆费及场外运费

    B. 施工电梯的安拆费

    C. 利用辅助设施移动的施工机械，其辅助设施的折旧、搭设和拆除费用

D. 自升式塔式起重机的安拆费及场外运费

【答案】A

【解析】本题的考核点是施工机械台班单价确定方法的相关内容。

施工电梯的安拆费；利用辅助设施移动的施工机械，其辅助设施的折旧、搭设和拆除费用；自升式塔式起重机的安拆费及场外运费都是单独计算的，不计入施工机械台班单价。

◆ 考法 2：人工、材料与施工机具台班单价的计算

【例题 3·2024 年真题·单选题】计算施工机械台班单价时，已知施工机械预算价格48 万元，预计使用年限 10 年，年平均工作 220 个台班，净残值率 5%。该机械台班折旧费为（　　）元。

A. 207.27
B. 218.18
C. 229.09
D. 229.67

【答案】A

【解析】本题的考核点是人工、材料与施工机具台班单价的计算。

$$台班折旧费 = \frac{机械预算价格 \times （1 - 残值率）}{耐用总台班} = \frac{480000 \times （1 - 5\%）}{10 \times 220} = 207.27 \text{ 元。}$$

【例题 4·单选题】施工企业采购的某建筑材料出厂价为 3500 元／吨，运费为 400 元／吨，运输损耗率为 2%，采购保管费率为 5%，则计入建筑安装工程材料费的该建筑材料单价为（　　）元／吨。

A. 3745.0
B. 3748.5
C. 4173.0
D. 4176.9

【答案】D

【解析】本题的考核点是人工、材料与施工机具台班单价的计算。

材料单价＝[（3500＋400）×（1＋2%）]×（1＋5%）＝4176.9 元／吨。

【例题 5·单选题】某施工机械预算价格为 65 万元，预计残值率为 3%，折旧年限为5 年（年限平均法折旧），每年工作 250 台班。折旧年限内预计每年检修 1 次，每次费用为 3 万元。机械台班人工费为 130 元，台班燃料动力费为 15 元，台班其他费为 10 元，不计台班安拆费及场外运费和维护费，则该机械台班单价为（　　）元。

A. 649.40
B. 754.40
C. 779.40
D. 795.00

【答案】C

【解析】本题的考核点是人工、材料与施工机具台班单价的计算。

（1）$台班折旧费 = \dfrac{机械预算价格 \times （1 - 残值率）}{耐用台班数} = \dfrac{650000 \times （1 - 3\%）}{5 \times 250} = 504.4 \text{ 元。}$

（2）$台班检修费 = \dfrac{一次检修费 \times 检修次数}{耐用台班数} = \dfrac{30000 \times 5}{5 \times 250} = 120 \text{ 元。}$

（3）机械台班单价＝504.4＋120＋130＋15＋10＝779.40 元。

14.4 预算定额、概算定额与概算指标

核心考点 预算定额、概算定额与概算指标

1. 预算定额及其基价

（1）预算定额的作用

预算定额主要由省、自治区、直辖市等地方工程造价管理机构和行业工程造价管理机构进行编制，分别由其相应的主管部门进行审批，主要作用如下：

① 预算定额是编制施工图预算、确定建筑安装工程造价的基础。② 预算定额是编制最高投标限价的基础。③ 预算定额是编制施工组织设计、进行经济分析的依据。④ 预算定额是编制概算定额的基础。

（2）预算定额的编制原则

① 按社会平均水平确定预算定额的原则。

预算定额的平均水平，是在正常的施工条件下，合理的施工组织和工艺条件、平均劳动熟练程度和劳动强度下，完成单位分项工程基本构造单元所需要的劳动时间。

② 简明适用的原则。

（3）预算定额消耗量的确定

① 人工消耗量指标的确定

预算定额中人工消耗量和技工、普工比例，以施工定额为基础，通过有关图纸规定，计算定额人工的工日数。

预算定额中人工消耗量指标包括完成该分项工程必需的各种用工量，包括：基本用工和其他用工两部分。

其中，其他用工是辅助基本用工消耗的工日。按其工作内容不同又分以下三类：

a. 超运距用工，指超过人工定额规定的材料、半成品运距的用工。

b. 辅助用工，指材料需在现场加工的用工，如筛砂子、淋石灰膏等增加的用工量。

c. 人工幅度差用工，指人工定额中未包括的，而在一般正常施工情况下又不可避免的一些零星用工，其内容如下：

各种专业工种之间的工序搭接及土建工程与安装工程的交叉、配合中不可避免的停歇时间；施工机械在场内单位工程之间变换位置及在施工过程中移动临时水电线路引起的临时停水、停电所发生的不可避免的间歇时间；施工过程中水电维修用工；隐蔽工程验收等工程质量检查影响的操作时间；现场内单位工程之间操作地点转移影响的操作时间；施工过程中工种之间交叉作业造成的不可避免的剔凿、修复、清理等用工；施工过程中不可避免的直接少量零星用工。

人工幅度差用工数量＝∑（基本用工＋超运距用工＋辅助用工）×人工幅度差系数

② 材料耗用量指标的确定

材料耗用量指标是以材料消耗定额为基础，按预算定额的定额项目，综合材料消耗定额的相关内容，经汇总后确定。

③ 机械幅度差

预算定额中的机械台班消耗量按合理的施工方法取定并考虑增加了机械幅度差。

机械幅度差是指在施工定额中未曾包括的，而机械在合理的施工组织条件下所必需的停歇时间，在编制预算定额时应予以考虑。其内容包括：施工机械转移工作面及配套机械互相影响损失的时间；正常的施工情况下，机械施工中不可避免的工序间歇；检查工程质量影响机械操作的时间；临时水、电线路在施工中移动位置所发生的机械停歇时间；工程结尾时，工作量不饱满所损失的时间。

由于垂直运输用的塔式起重机、卷扬机及砂浆、混凝土搅拌机是按小组配合，应以小组产量计算机械台班产量，不另增加机械幅度差。

（4）预算定额基价的确定

预算定额基价就是预算定额分项工程或定额子目的单价，只包括人工费、材料费和施工机具使用费，即工料单价。预算定额基价一般通过编制单位估价表来确定单价，用于直接编制施工图预算。在预算定额中列出的"预算价值"或"基价"，应视作该定额编制时的工料单价。预算定额基价的编制本质上是编制人、材、机的消耗量和人、材、机的单价的综合过程。

预算定额基价应是地区定额基价，应按当地的资源价格来编制。预算定额基价就是以一个城市或一个地区为范围进行编制，在该地区范围内适用。预算定额基价的编制（依据）是：

① 以全国统一或地区通用的预算定额或基础定额，确定人工、材料、机械台班的消耗量。

② 以本地区或市场上的资源实际价格或市场价格，确定人工、材料、机械台班价格。

2. 概算定额及其基价

（1）概算定额的作用

① 是编制初步设计阶段工程概算、扩大初步设计阶段修正概算的主要依据。② 是对设计项目进行技术经济分析比较的基础资料之一。③ 是编制建设工程主要材料计划的依据。④ 是控制施工图预算和最高投标限价的依据。⑤ 是工程结束后，进行竣工决算和项目评价的依据。⑥ 是编制概算指标的依据。

（2）概算定额编制原则

① 概算定额的编制深度要适应设计深度的要求。② 概算定额水平的确定应与全国统一或地区通用的预算定额或基础定额的水平基本一致。

（3）概算定额基价

概算定额基价和预算定额基价一样，都只包括人工费、材料费和机具费。概算定额基价是通过编制扩大单位估价表所确定的单价，用于直接编制设计概算。概算定额基价和预算定额基价的编制方法相同，单价均为不含增值税进项税额的价格。

3. 概算指标

概算指标通常是以单位工程为对象，以建筑面积、体积或成套设备装置的台或组为计量单位而规定的人工、材料、机具台班的消耗量标准和造价指标。

概算指标是概算定额的扩大与合并，它是以整个房屋或构筑物为对象，以更为扩大的计量单位来编制的，也包括人工、材料和机械台班定额三个基本部分。同时，还列出了各结构分部的工程量及单位工程（以体积计或以面积计）的造价。

◆**考法 1：预算定额、概算定额与概算指标的相关内容**

【例题 1·单选题】施工过程中对隐蔽工程质量检查验收影响工人操作的时间，属于预算定额人工消耗量指标组成中的（   ）。

　　A. 基本用工　　　　　　　　　　B. 辅助用工

　　C. 人工幅度差用工　　　　　　　D. 超运距用工

【答案】C

【解析】本题的考核点是人工幅度差用工的内容。

【例题 2·2024 年真题·单选题】关于预算定额基价编制的说法正确的是（   ）。

　　A. 预算定额基价应包括人工费、材料费、施工机器使用费、管理费和风险费

　　B. 以全国统一或地区通用的预算定额或基础定额确定人工、材料、机械台班的消耗量

　　C. 预算定额基价中的单价含有增值税进项税额

　　D. 预算定额计价一般通过单位估算表来确定单价，用于直接编制施工预算

【答案】B

【解析】本题的考核点是预算定额基价编制的相关内容。

【例题 3·多选题】关于概算定额的说法，正确的有（   ）。

　　A. 概算定额和预算定额的项目划分相同

　　B. 概算定额是人工、材料、机械台班消耗量的数量标准

　　C. 概算定额是在初步设计阶段编制工程概算的主要依据

　　D. 概算定额是在概算指标的基础上综合而成的

　　E. 概算定额水平的确定应与预算定额的水平基本一致

【答案】C、E

【解析】本题的考核点是概算定额编制的相关内容。

◆**考法 2：预算定额、概算定额与概算指标的计算**

【例题 4·单选题】按照单位工程量和劳动定额中的时间定额计算出的基本用工数量为 15 工日，超运距用工量为 3 工日，辅助用工为 2 工日，人工幅度差系数为 10%，则人工幅度差用工数量为（   ）工日。

　　A. 1.5　　　　　　　　　　　　B. 1.7

　　C. 1.8　　　　　　　　　　　　D. 2.0

【答案】D

【解析】本题的考核点是预算定额编制中人工消耗指标的计算。

人工幅度差用工数量 $=\sum$（基本用工＋超运距用工＋辅助用工）×人工幅度差系数

$$=（15＋3＋2）×10\%＝2\ 工日。$$

14.5 工程造价指标与指数

核心考点 工程造价指标与指数

1. 工程计价信息

工程计价信息是国家、各地区、各部门工程造价管理机构、行业组织以及信息服务企业发布的指导或服务建设工程计价的工程造价指数、要素价格信息、综合指标信息等。

2. 工程造价指标

工程造价指标是指根据已完成或在建工程的各种造价信息，经过统一格式及标准化处理后的造价数值。可用于对已建或在建工程的造价分析以及拟建工程的计价依据。

3. 工程造价指数

工程造价指数的分类：（1）按照工程范围、类别、用途分类，工程造价指数分为建设工程造价综合指数和建设工程要素价格指数。（2）按照基数不同划分，工程造价指数分为定基指数和环比指数。

第15章 设计概算与施工图预算

本章核心考点提纲

15.1 设计概算编制
  ★ 设计概算定义、作用、编制依据及程序
  ★ 设计概算编制方法
    1. 单位工程概算的编制方法
    2. 单项工程综合概算的编制方法
    3. 总概算的编制方法
    4. 设计概算编制成果文件

15.2 施工图预算编制
  ★ 施工图预算定义及作用
  ★ 施工图预算编制方法
    1. 单位工程预算的编制方法
    2. 单项工程综合预算的编制方法
    3. 总预算的编制方法

15.3 设计概算与施工图预算的审查
  ★ 设计概算与施工图预算的审查
    1. 内部审核和外部审查或评审
    2. 设计概算的审查
    3. 施工图预算的审查

本章核心考点分析

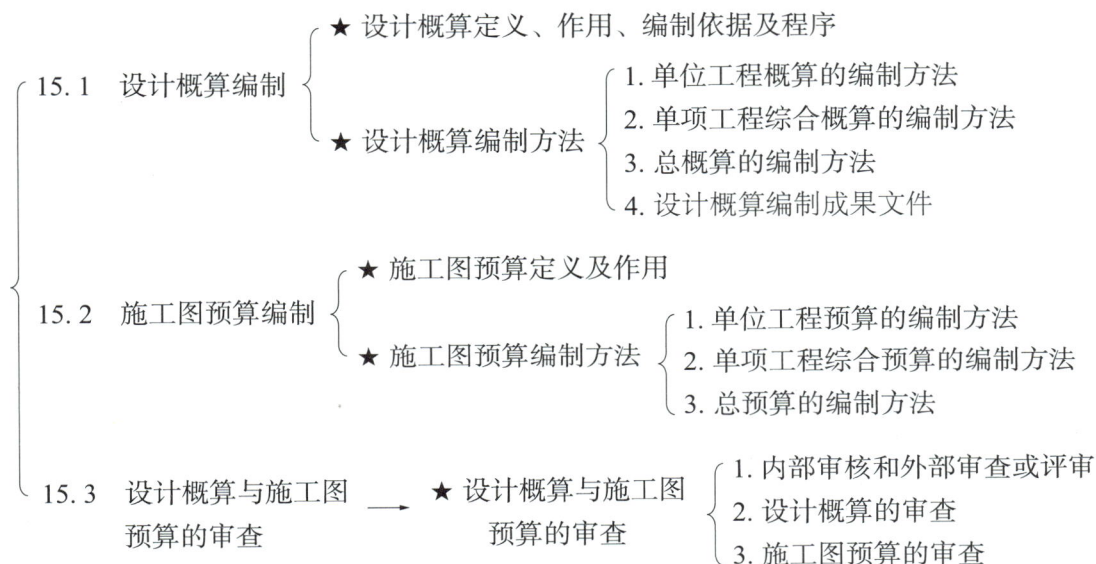

15.1 设计概算编制

核心考点一 设计概算定义、作用、编制依据及程序

设计概算应控制在已批准的投资估算范围内，施工图预算应控制在已批准的设计概算范围内。

1. 设计概算的定义

设计概算是在建设项目初步设计阶段，以初步设计技术文件为基础，依据国家、行业和地方有关规定、相应工程造价管理机构发布的概算定额（或指标）以及其配套使用的费用定额，按照规定的程序、方法和依据，对建设项目总投资及其构成进行的概略计算。

政府投资项目建设投资原则上不得超过经核定的设计概算，非政府投资项目可参照执行。

因国家政策调整、价格上涨、地质条件发生重大变化等原因确需增加设计概算的，项目单位应当提出调整方案及资金来源，按照规定的程序报原初步设计审批部门或者设计概算核定部门核定。

2. 设计概算的作用

设计概算是确定和控制建设项目全部投资的文件。

（1）是编制固定资产投资计划的依据。（2）是实行建设项目投资包干的依据。（3）是签订承发包合同、签订贷款合同的依据。（4）是项目实施全过程造价管理以及考核项目经济合理性的依据。

3. 设计概算编制依据

（1）国家、行业和地方有关规定；（2）相应工程造价管理机构发布的概算定额（或指标）；（3）工程勘察与设计文件；（4）拟定或常规的施工组织设计和施工方案；（5）建设项目资金筹措方案；（6）工程所在地编制同期的人工、材料、机械台班市场价格，以及设备供应方式及供应价格；（7）建设项目的视乎复杂程度，新技术、新材料、新工艺以及专利使用情况等；（8）建设项目批准的相关文件、合同、协议等；（9）政府有关部门、金融机构等发布的价格指数、利率、汇率、税率以及工程建设其他费用等；（10）委托单位提供的其他技术经济资料。

4. 设计概算的编制工作程序

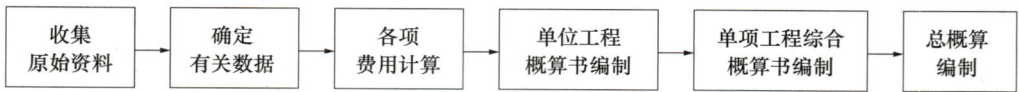

```
收集        确定        各项        单位工程      单项工程综合     总概算
原始资料  →  有关数据  →  费用计算  →  概算书编制  →  概算书编制  →  编制
```

5. 设计概算的构成

设计概算可分为：单位工程概算、单项工程综合概算和建设工程项目总概算三级。

当只有一个单项工程的建设项目时，应采用二级形式编制设计概算；当包含两个及以上单项工程的建设项目时，应采用三级编制形式。

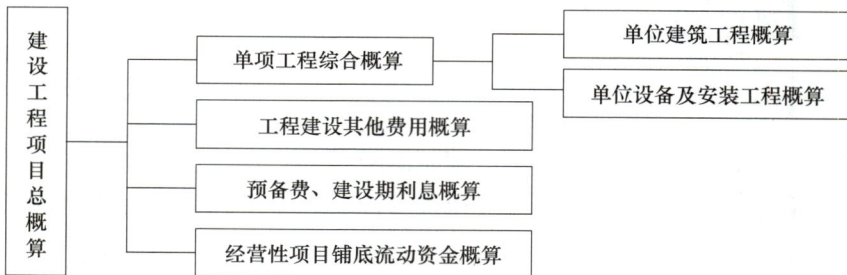

```
                        ┌── 单项工程综合概算 ──┬── 单位建筑工程概算
建                      │                      │
设                      │                      └── 单位设备及安装工程概算
工                      │
程  ────┤                ├── 工程建设其他费用概算
项                      │
目                      ├── 预备费、建设期利息概算
总                      │
概                      └── 经营性项目铺底流动资金概算
算
```

◆ **考法**：设计概算定义、作用、编制依据及程序的相关内容

【例题1·多选题】关于建设工程项目设计概算的内容与作用的说法，正确的有（　　）。

    A. 设计概算是以初步设计文件为基础编制的

    B. 设计概算是签订承发包合同、签订贷款合同的依据

    C. 当包含两个及以上单项工程的建设项目时，应采用二级编制形式编制设计概算

    D. 政府投资项目的设计概算应控制在已批准的投资估算范围内，当遇有超概算情况时，项目单位应当提出调整方案及资金来源，报原初步设计审批或设计概算核定部门核定

E. 设计概算编制不预测建设期价格水平

【答案】A、B、D

【解析】本题的考核点设计概算定义、作用、编制依据及构成的相关内容。

【例题2·单选题】非经营性建设工程项目总概算的完整组成是（　　）。

A. 建筑单位工程概算、设备及安装单位工程概算和工程建设其他费用概算

B. 建筑单位工程概算、设备及安装单位工程概算、工程建设其他费用概算和预备费概算

C. 单项工程综合概算、工程建设其他费用概算、预备费概算、建设期利息概算

D. 单项工程综合概算、工程建设其他费用概算、预备费概算、建设期利息概算和铺底流动资金概算

【答案】C

【解析】本题的考核点设计概算定义、作用、编制依据及构成的相关内容。

核心考点二　设计概算编制方法

设计概算应按编制时（期）项目所在地的价格水平编制。设计概算应考虑建设项目施工条件等因素对投资的影响；应按项目合理建设期限预测建设期价格水平，以及考虑资产租赁和贷款的时间价值等动态因素对投资的影响。

1. 单位工程概算的编制方法

对于一般工业与民用建筑工程而言，单位工程概算按其工程性质分为建筑工程概算和设备及安装工程概算两大类。

单位工程概算只包括单位工程的工程费用，由人、材、机费用和企业管理费、利润、规费、税金组成。

（1）单位建筑工程概算编制方法

① 概算定额法——又称为扩大单价法或扩大结构定额法。

一般对建设项目中占投资比例大的主体工程或主要生产设施的概算编制采用概算定额法。该方法要求初步设计达到一定深度，建筑结构比较明确时方可采用。

编制步骤：

a. 按照概算定额分部分项顺序，列出各分项工程的名称，按规则计算工程量；b. 确定各分部分项工程项目的概算定额单价（基价）；c. 计算单位工程的人、材、机费用；d. 根据人、材、机费用，结合其他各项取费标准，分别计算企业管理费、利润、规费和税金；e. 计算单位工程概算造价。

② 概算指标法

在初步设计、方案设计或概念性设计深度不够，单位工程或分部分项工程量无法准确提供或计算，行业和地方对应概算定额资料不足的条件下，而工程设计采用的技术比较成熟，已有平台数据库在建设地点、工程特征和结构特征、建设规模等类似的单位工程概算指标和分部分项工程概算指标时，可以采用概算指标法编制设计概算。

概算指标法计算精度较低，但由于其编制速度快，因此对一般附属、辅助和服务工程等项目，以及住宅和文化福利工程项目或投资比较小、比较简单的工程项目投资概算编制

有一定实用价值。

概算指标法编制设计概算的应用：

① 拟建工程结构特征与概算指标相同时，可直接套用概算指标编制概算。

② 拟建工程结构特征与概算指标有局部差异时的调整。

a. 调整概算指标中的概算单价。

第一步，结构变化修正每 1m² 人、材、机费用概算指标（修正后人料机单价）＝原概算指标＋换入结构的人、材、机单价－换出结构的人、材、机单价。

第二步，修正后拟建工程概算单价＝修正后人、材、机单价×（1＋管理费率）×（1＋规费费率）×（1＋利润率）×（1＋税率）。

b. 调整概算指标中的人、材、机数量。

结构变化修正概算指标（元/m²）＝原概算指标＋换入结构工程量×换入结构单价－换出结构工程量×换出结构单价。

③ 类似工程预算法：

是利用技术条件与设计对象相类似的已完工程或在建工程的工程造价数据来编制拟建工程设计概算的方法。

该方法适用于拟建工程初步设计与已完工程或在建工程的设计相类似且没有可用的概算指标的情况，但必须对建筑结构差异和价差进行调整。

（2）单位设备购置费概算编制方法

① 设备购置费概算＝设备原价（1＋运杂费率）。

② 工具、器具及生产家具购置费概算＝设备购置费×工器具及生产家具费率。

（3）单位设备安装工程概算的编制方法

① 预算单价法

当初步设计有详细设备清单时，可直接按预算单价（预算定额单价）编制设备安装工程概算。根据计算的设备安装工程量，乘以安装工程预算单价，经汇总求得。用预算单价法编制概算，计算比较具体，精确性较高。

② 扩大单价法

当初步设计的设备清单不完备，或仅有成套设备的重量时，可采用主体设备、成套设备或工艺线的综合扩大安装单价编制概算。

③ 概算指标法

当初步设计的设备清单不完备，或安装预算单价及扩大综合单价不全，无法采用预算单价法和扩大单价法时，可采用概算指标编制概算。概算指标形式较多，概括起来主要可按以下几种指标进行计算。

a. 按占设备价值的百分比（安装费费率）的概算指标计算。

设备安装费＝设备原价×设备安装费费率

b. 按每吨设备安装费的概算指标计算。

设备安装费＝设备总吨数×每吨设备安装费（元/吨）

c. 按座、台、套、组、根或功率等为计量单位的概算指标计算。

d. 按设备安装工程每平方米建筑面积的概算指标计算。

2. 单项工程综合概算的编制方法

单项工程综合概算是以其所包含的建筑工程概算表和设备及安装工程概算表为基础汇总编制的。单项工程综合概算文件一般包括：编制说明和综合概算表两部分。

3. 总概算的编制方法

总概算是以整个建设工程项目为对象，确定项目从筹建开始，到竣工交付使用整个过程的全部建设费用（即建设项目总投资）的文件。

总概算价值＝工程费用＋其他费用＋预备费＋建设期利息＋铺底流动资金

4. 设计概算编制成果文件

设计概算文件一般包括7部分：

（1）封面、签署页及目录；（2）编制总说明（工程概况、资金来源及投资方式、编制依据原则及方法、投资分析）；（3）总概算表（反映静态投资和动态投资两部分）；（4）工程建设其他费用概算表；（5）单项工程综合概算表；（6）单位工程概算表；（7）附录：补充估价表。

◆ 考法1：设计概算编制方法的相关内容

【例题1·多选题】采用概算指标法计算设备安装工程费时，可采用的概算指标有（   ）。

    A. 按占总投资百分比的概算指标

    B. 按占设备价值百分比的概算指标

    C. 按每吨设备安装费的概算指标

    D. 按设备台、套等单位计量的概算指标

    E. 按设备安装工程每平方米建筑面积的概算指标

【答案】B、C、D、E

【解析】本题的考核点是采用概算指标法计算设备安装工程费的方法。

【例题2·单选题】某拟建单位工程初步设计深度不够，不能准确地计算工程量，但工程设计采用的技术比较成熟而又有类似工程概算指标可以利用时，编制该单位工程概算宜采用的方法是（   ）。

    A. 概算指标法   B. 概算定额法

    C. 预算单价法   D. 类似工程预算法

【答案】A

【解析】本题的考核点是单位工程设计概算编制方法的适用情况。

【例题3·多选题】建设项目总概算书的内容有编制说明和（   ）。

    A. 分部分项工程概算表   B. 单位工程概算表

    C. 单项工程综合概算表   D. 工程建设其他费用概算表

    E. 总概算表

【答案】B、C、D、E

【解析】本题的考核点是建设项目有总概算书包括的内容。

【例题 4·2024 年真题·多选题】某公立医院建设项目包括住院楼、科研楼、门诊楼等单项工程，关于该医院建设项目总概算的说法，正确的有（　　）。

  A. 总概算应不含价差预备费概算

  B. 总概算等于各单项工程综合概算之和

  C. 总概算应包含项目前期工作费

  D. 总概算应采用二级概算形式编制

  E. 总概算表应反映静态投资和动态投资两部分

【答案】C、E

【解析】本题的考核点是总概算编制的相关内容。

◆ **考法 2：设计概算编制的计算**

【例题 5·单选题】某工程项目所需设备原价 400 万元，运杂费率为 5%，安装费率为 10%，则该项目的设备及安装工程概算为（　　）万元。

  A. 400   B. 440

  C. 460   D. 462

【答案】C

【解析】本题的考核点是设备及安装工程概算的计算。

设备及安装工程概算费用 = 设备购置费 + 安装工程费，

设备购置费概算 = Σ（设备清单中的设备数量 × 设备原价）×（1 + 运杂费率）

        = 400 ×（1 + 5%）= 420 万元，

设备安装费 = 设备原价 × 设备安装费率 = 400 × 10% = 40 万元，

故，设备及安装工程概算 = 420 + 40 = 460 万元。

【例题 6·单选题】某建设工程项目拟订购 5 台国产设备，订货价格为 50 万元 / 台，设备运杂费率为 8%，设备安装费率为 20%，采用概算指标法确定该项目的设备安装费为（　　）万元。

  A. 54   B. 50

  C. 24   D. 20

【答案】B

【解析】本题的考核点是采用概算指标法编制设备安装工程概算的计算。

概算指标形式较多，其中有按占设备价值的百分比（安装费率）的概算指标计算：

设备安装费 = 设备原价 × 设备安装费率 =（50 × 5）× 20% = 50 万元。

【例题 7·单选题】新建工程与某已建成工程仅外墙饰面不同。已建成工程外墙为水泥砂浆抹面，单价为 8.75 元 /m²，每平方米建筑面积消耗量为 0.852m²；新建工程外墙为贴釉面砖，单价为 49.25 元 /m²，每平方米建筑面积消耗量为 0.814m²。若已建成工程概算指标为 536 元 /m²，则新建工程修正概算指标为（　　）元 /m²。

  A. 568.63   B. 576.50

  C. 585.25   D. 613.26

【答案】A

【解析】本题的考核点是采用概算指标法计算单位工程概算。

结构变化修正概算指标＝原概算指标＋换入结构工程量×换入结构单价－

换出结构工程量×换出结构单价

$$= 536 + 0.814 \times 49.27 - 0.852 \times 8.75 = 568.64 \ 元 / m^2。$$

【例题 8·单选题】某建设项目的建筑面积为 $10000m^2$，按类似工程概算指标计算的一般土建工程单位概算造价为 1158.84 元 $/m^2$（其中人、材、机费用为 800 元 $/m^2$），项目所在地建筑安装工程企业管理费率为 8%，按人、材、机和企业管理费计算的规费费率为 15%，利润率为 7%，增值税税率为 9%。与类似工程概算指标规定的结构特征比较，该项目结构有部分变更，换出结构构件中每 $100m^2$ 的人、材、机费用为 12450 元，换入结构构件中每 $100m^2$ 的人、材、机费用为 15800 元，人、材、机费用均不包含增值税可抵扣进项税额。则该项目一般土建工程修正后的概算单价为（　　　）元 $/m^2$。

    A. 833.50   B. 1192.34

    C. 1207.36   D. 1316.84

【答案】C

【解析】本题的考核点是概算指标法编制单位建筑工程概算——拟建工程结构特征与概算指标有局部差异时的调整计算。

（1）结构变化修正（每 $1m^2$ 人料机费用）概算指标（元 $/m^2$）

        ＝原概算指标＋换入结构的人、材、机单价－换出结构的人、材、机单价

        ＝ $800 + 15800/100 - 12450/100 = 833.5 \ 元 /m^2。$

（2）修正后土建工程概算单价

        ＝ $833.5 \times (1 + 8\%) \times (1 + 15\%) \times (1 + 7\%) \times (1 + 9\%) = 1207.36 \ 元 /m^2。$

15.2　施工图预算编制

核心考点一　施工图预算定义及作用

1. 施工图预算的作用

（1）施工图预算对建设单位的作用

① 施工图预算是施工图设计阶段确定建设项目投资的依据。② 施工图预算是建设单位在施工期间安排建设资金计划和使用建设资金的依据。③ 施工图预算是确定项目最高投标限价的参考依据。④ 施工图预算可以作为确定合同价款、拨付工程进度款及办理工程结算的基础。

（2）施工图预算对施工单位的作用

① 施工图预算是确定投标报价的参考依据。② 施工图预算是施工单位进行施工准备的依据。③ 施工图预算是施工企业控制工程成本的依据。④ 施工企业可以通过施工图预算和施工预算的对比分析，找出差距，采取必要的措施。

（3）施工图预算对其他方面的作用

① 对于工程咨询单位而言，尽可能客观、准确地为委托方做出施工图预算，是其业务水平、素质和信誉的体现。② 对于工程造价管理部门而言，施工图预算是监督检查执

行国家及行业标准、合理确定工程造价、测算造价指数及审核最高投标限价的参考依据。③ 如在履行合同过程中发生经济纠纷，施工图预算还是有关仲裁、管理、司法机关按照法律程序处理、解决问题的参考依据。

2. 施工图预算编制依据

① 国家、行业和地方有关规定；② 预算定额或企业定额、单位估价表等；③ 施工图设计文件及相关标准图集和规范；④ 项目相关文件、合同、协议等；⑤ 工程所在地的人工、材料、设备、施工机具单价、工程造价指标指数等；⑥ 施工组织设计和施工方案；⑦ 项目的管理模式、发包模式及施工条件；⑧ 其他应提供的资料。

3. 施工图预算的编制工作程序

施工图预算由建设项目总预算、单项工程综合预算和单位工程预算组成。编制工作程序是：单位工程预算——单项工程综合预算——建设项目总预算。

当建设项目只有一个单项工程时，应采用二级预算编制形式，二级预算编制形式由建设项目总预算和单位工程预算组成。

当建设项目有多个单项工程时，应采用三级预算编制形式，三级预算编制形式由建设项目总预算、单项工程综合预算、单位工程预算组成。

◆**考法：施工图预算定义和作用的相关内容**

【例题1·多选题】对施工单位而言，施工图预算是（　　）的依据。

    A. 确定投标报价　　　　　　　　B. 控制施工成本

    C. 进行贷款　　　　　　　　　　D. 编制工程概算

    E. 进行施工准备

【答案】A、B、E

【解析】本题的考核点是施工图预算对施工单位的作用。

【例题2·单选题】关于施工图预算编制内容和要求的说法，正确的是（　　）。

    A. 当建设项目只有一个单项工程时，则不需要编制建设项目总预算

    B. 施工图总预算应控制在已批准的设计总概算投资范围以内

    C. 单位工程预算编制依据的定额应为企业定额

    D. 建设项目总预算是反映建设项目施工阶段投资总额的造价文件

【答案】B

【解析】本题的考核点是施工图预算编制内容。

【例题3·多选题】施工图预算的编制依据有（　　）。

    A. 建设单位的资金到位情况

    B. 施工投标单位的资质等级

    C. 项目相关的合同和协议

    D. 工程所在地人、材、机价格

    E. 施工投标单位的施工组织设计

【答案】C、D、E

【解析】本题的考核点是施工图预算的编制依据。

核心考点二　施工图预算编制方法

1. 单位工程预算的编制方法

（1）定额单价法

① 概念：是用事先编制好的分项工程的定额单价来编制施工图预算的方法。

② 编制程序步骤：

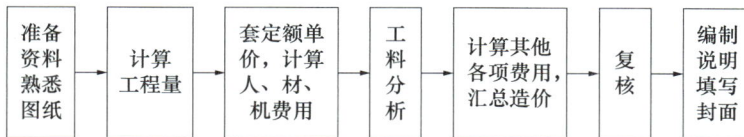

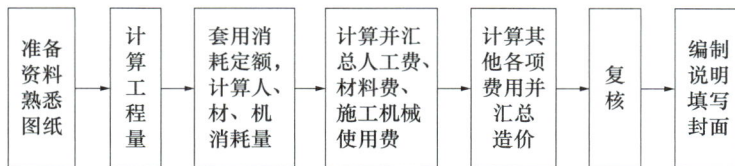

准备资料熟悉图纸 → 计算工程量 → 套定额单价，计算人、材、机费用 → 工料分析 → 计算其他各项费用，汇总造价 → 复核 → 编制说明填写封面

③ 计算人、材、机费用时需注意的内容：

a. 分项工程的名称、规格、计量单位与定额单价中所列内容完全一致时，可以直接套用定额单价；b. 分项工程的主要材料品种与定额单价中规定材料不一致时，不可以直接套用定额单价，需要按实际使用材料价格换算定额单价；c. 分项工程施工工艺条件与定额单价或单位估价表不一致而造成人工、机械的数量增减时，一般调量不换价；d. 分项工程不能直接套用定额、不能换算和调整时，应编制补充定额单价。

（2）综合单价法（工程量清单单价法）

根据国家统一的工程量计算规则计算工程量，采用综合单价的形式计算工程造价的方法。

（3）实物量法

① 概念

依据施工图纸和预算定额的项目划分及工程量计算规则，先计算出分部分项工程量，然后套用预算定额（实物量定额）来编制施工图预算的方法。

② 编制程序步骤

准备资料熟悉图纸 → 计算工程量 → 套用消耗定额，计算人、材、机消耗量 → 计算并汇总人工费、材料费、施工机械使用费 → 计算其他各项费用并汇总造价 → 复核 → 编制说明填写封面

③ 特点

实物量法编制施工图预算的步骤与定额单价法基本相似，但在具体计算人工费、材料费和机械使用费及汇总三种费用之和方面有一定区别。

实物量法所用人、材、机的单价都是当时当地的实际价格，编制出的预算可较准确地反映实际水平，误差较小，适用于市场经济条件波动较大的情况。

2. 单项工程综合预算的编制方法

单项工程综合预算由构成该单项工程的各个单位工程的施工图预算组成。其编制的费用项目是各单项工程的建筑安装工程费和设备及工器具购置费的总和。单项工程综合预算

形成综合预算表。

3. 总预算的编制方法

建设项目总预算是反映施工图设计阶段建设项目投资总额的文件。建设项目总预算形成总预算表。施工图总预算应控制在已批准的设计总概算投资范围以内。

◆**考法 1：施工图预算编制方法的相关内容**

【例题 1·单选题】实物量法编制施工图预算时采用的人工、材料、机械的单价应为（　　）。

    A. 项目所在地定额基价中的价格　　B. 预测的项目建设期的市场价格

    C. 定额编制时的市场价格　　D. 当时当地的实际价格

【答案】D

【解析】本题的考核点是实物量法编制施工图预算的特点。

【例题 2·单选题】采用定额单价法编制施工图预算时，若分项工程采用的主要材料品种与定额单价中规定的材料品种不一致，正确的做法是（　　）。

    A. 直接套用定额单价并通过系数调整

    B. 编制补充定额

    C. 按实际使用材料价格换算定额单价

    D. 调整材料数量，不换价

【答案】C

【解析】本题的考核点是定额单价法编制施工图预算时计算人、材、机费用时需注意的问题。

◆**考法 2：施工图预算编制步骤**

【例题 3·单选题】实物量法编制施工图预算时，计算并复核工程量后紧接着进行的工作是（　　）。

    A. 套用定额单价，计算人、材、机费用

    B. 套用定额，计算人、材、机消耗量

    C. 汇总人、材、机费用

    D. 计算管理费等其他各项费用

【答案】B

【解析】本题的考核点是实物量法编制施工图预算的步骤。

【例题 4·单选题】定额单价法编制施工图预算的工作主要有：① 计算工程量；② 套用定额单价，计算人、材、机费用；③ 按计价程序计取其他费用，并汇总造价；④ 编制工料分析表；⑤ 准备资料，熟悉施工图纸。正确的步骤是（　　）。

    A. ④－⑤－①－②－③　　B. ⑤－①－④－②－③

    C. ⑤－①－②－④－③　　D. ⑤－②－①－④－③

【答案】C

【解析】本题的考核点是施工图预算编制方法中的定额单价法的编制步骤。

15.3 设计概算与施工图预算的审查

核心考点 设计概算与施工图预算的审查

1. 内部审核和外部审查或评审

（1）内部审核

内部审核一般实行编制、审核、审定三级质量管理制度。

设计概算与施工图预算编制的项目负责人是设计概算文件和施工图预算文件质量管理的第一责任人。

审核人应审核委托人提供的书面资料的完整性、有效性、合法性和逻辑性；应审核编制人使用的工程计量、计价基础资料和编制依据的全面性、真实性和适用性，并应对编制人的工程计量、计价等基础工作的关键环节、关键内容进行一定比例的复核——复核科目的数量不应低于所有科目的10%，复核科目所占费用不应低于总投资的90%，并应涉及所有科目类别。

（2）外部审查或评审

设计概算与施工图预算外部审查或评审是指第三方审核。

2. 设计概算的审查

（1）审查设计概算的编制依据

审查设计概算的编制依据是否符合以下要求：

① 定额和标准的时效性；② 针对性；③ 合理性；④ 对影响造价或投资水平的主要因素或关键工程的必要说明；⑤ 适用性。

（2）审查单位工程设计概算构成

① 审查建筑工程概算——包括工程量计算、概算定额选用、取费及材料价格等的审查。

a. 工程量审查：审查工程量计算规则的选用是否正确；审查工程量的计算是否存在重复计算现象；审查工程量汇总计算是否正确。

b. 采用的定额或指标的审查：审查是否存在高套、错套定额现象。

c. 材料预算价格的审查：以耗用量最大的主要材料作为审查的重点。

d. 各项费用的审查：审查各项费用所包含的具体内容是否重复计算或遗漏、取费标准是否符合国家有关部门或地方规定的标准。

② 设备及安装工程概算的审查——重点：设备清单与安装费用的计算。

（3）综合概算和总概算审查

如概算总投资超过原批准投资估算10%以上，应进一步审查超投资估算的原因。

（4）设计概算的审查方法

① 对比分析法。对比分析法主要是指通过建设规模、标准与立项批文对比，工程数量与设计图纸比，综合范围、内容与编制方法、规定对比，各项取费与规定标准对比，材料、人工单价与造价信息对比，技术经济指标与同类工程对比等。

② 查询核实法。查询核实法是对一些关键设备和设施、重要装置、引进工程图纸不全、难以核算的较大投资进行多方查询核对，逐项落实的方法。

③ 联合会审法。联合会审前，可先采取多种形式分头审查，经层层审查把关后，由有关单位和专家进行联合会审。

3. 施工图预算的审查

（1）施工图预算审查的内容

① 审查施工图预算的编制是否符合现行国家、行业、地方政府有关法律、法规和规定要求。② 审查工程量计算的准确性、工程量计算规则与计量标准或定额规则的一致性。③ 审查在施工图预算的编制过程中，各种计价依据使用是否恰当，各项费率计取是否正确；审查依据主要有施工图设计资料、有关定额、施工组织设计、有关造价文件规定和技术规范、规程等。④ 审查各种要素市场价格选用是否合理。⑤ 审查施工图设计中是否存在擅自扩大建设规模、提高建设标准等现象。审查施工图预算是否超过设计概算，是否进行偏差分析。

（2）施工图预算审查的方法

内容\方法	概念	优点	缺点	适用情况
全面审查法	又称逐项审查法，即按定额顺序或施工顺序，对各项工程细目逐项全面详细审查	全面、细致，审查质量高、效果好	工作量大，时间较长	适合于一些工程量较小、工艺比较简单的工程
标准预算审查法	对利用标准图纸或通用图纸施工的工程，先集中力量编制标准预算，以此为准来审查工程预算	时间短、效果好、易定案	适用范围小	仅适用于采用标准图纸的工程
分组计算审查法	把预算中有关项目按类别划分若干组，利用同组中的一组数据审查分项工程量	审查速度快、工作量小		
对比审查法	当工程条件相同时，用已完工程的预算或未完但已经过审查修正的工程预算对比审查拟建工程的同类工程预算			1. 采用同一施工图，但基础部分和现场施工条件不同；2. 工程设计相同，但建筑面积不同；3. 工程面积相同，但设计图纸不完全相同
筛选审查法	先归纳工程量、价格、用工三个单方基本指标及其适用范围。用基本指标筛选各分部分项工程，对不符合条件的应进行详细审查	简单易懂，便于掌握，审查速度快，便于发现问题	问题出现的原因尚需继续审查	适用于审查住宅工程或不具备全面审查条件的工程
重点审查法	抓住施工图预算中的重点进行审核的方法	突出重点，审查时间短、效果好		审查的重点一般是工程量大或者造价较高的各种工程、补充定额、计取的各项费用（计费基础、取费标准）等

◆ **考法 1：设计概算与施工图预算审查的内容**

【例题 1·多选题】 施工图预算审核应依据工程造价管理机构发布的计价依据及有关资料，对编制依据、编制方法、编制内容及各项费用进行审核，应重点对（ ）等进行审核。

A. 工程量   B. 资源要素价格

C. 施工图设计方案   D. 预算单价的套用

E. 可行性研究报告

【答案】A、B、D

【解析】本题的考核点是施工图预算审查的内容。

【例题2·单选题】对设计概算和施工图预算进行内部审核时，审核人应对编制人的工程计量、计价等基础工作的关键环节、关键内容进行一定比例的复核。复核科目的数量不应低于所有科目的（　　　），复核科目所占费用不应低于总投资的（　　　）。

A. 50%，50%   B. 10%，10%

C. 90%，10%   D. 10%，90%

【答案】D

【解析】本题的考核点是设计概算与施工图预算内部审核的内容。

◆ **考法2：设计概算与施工图预算审查方法**

【例题3·单选题】在对某建设项目设计概算审查时，找到了与其关键技术基本相同、规模相近的同类项目的设计概算和施工图预算材料，则该建设项目的设计概算最适宜的审查方法是（　　　）。

A. 标准审查法   B. 分组计算审查法

C. 对比分析法   D. 查询核实法

【答案】C

【解析】本题的考核点是设计概算审查方法的相关概念。

【例题4·单选题】施工图预算审查时，利用房屋建筑工程标准层建筑面积数，从而得知楼面找平层、顶棚抹灰等工程量进行审查的方法，属于（　　　）。

A. 分组计算审查法   B. 重点审查法

C. 筛选审查法   D. 对比审查法

【答案】A

【解析】本题的考核点是施工图预算审查的方法适用情况。

【例题5·多选题】运用筛选审查法审查建筑工程施工图预算时，需要先确定有关分部分项工程的单位建筑面积基本数值指标，其指标包括（　　　）。

A. 工程量   B. 单价

C. 能耗   D. 占地

E. 用工量

【答案】A、B、E

【解析】本题的考核点是施工图预算审查的方法。

第16章　工程量清单计价

本章核心考点提纲

16.1 工程量清单 → ★ 工程量清单
　　　计价原理　　　　计价原理
1. 工程量清单的作用
2. 工程量清单计价原理
3. 工程量清单计价的一般规定
4. 计价风险
5. 合同选择与要求
6. 发包人提供材料
7. 承包人提供材料

16.2 工程量清单编制 → ★ 工程量清单编制
1. 工程量清单编制的概念和规则
2. 分部分项工程项目清单编制
3. 措施项目清单的编制
4. 其他项目清单的编制
5. 增值税的编制
6. 工程量清单编制说明

16.3 最高投标限价编制 → ★ 最高投标限价编制
1. 最高投标限价的概念及其规定
2. 最高投标限价的编制内容
3. 异议和修正

16.4 投标报价编制 → ★ 投标报价编制
1. 投标报价编制的一般规定
2. 投标报价的编制依据
3. 投标报价的编制方法

16.5 合同价款约定 → ★ 合同价款约定

本章核心考点分析

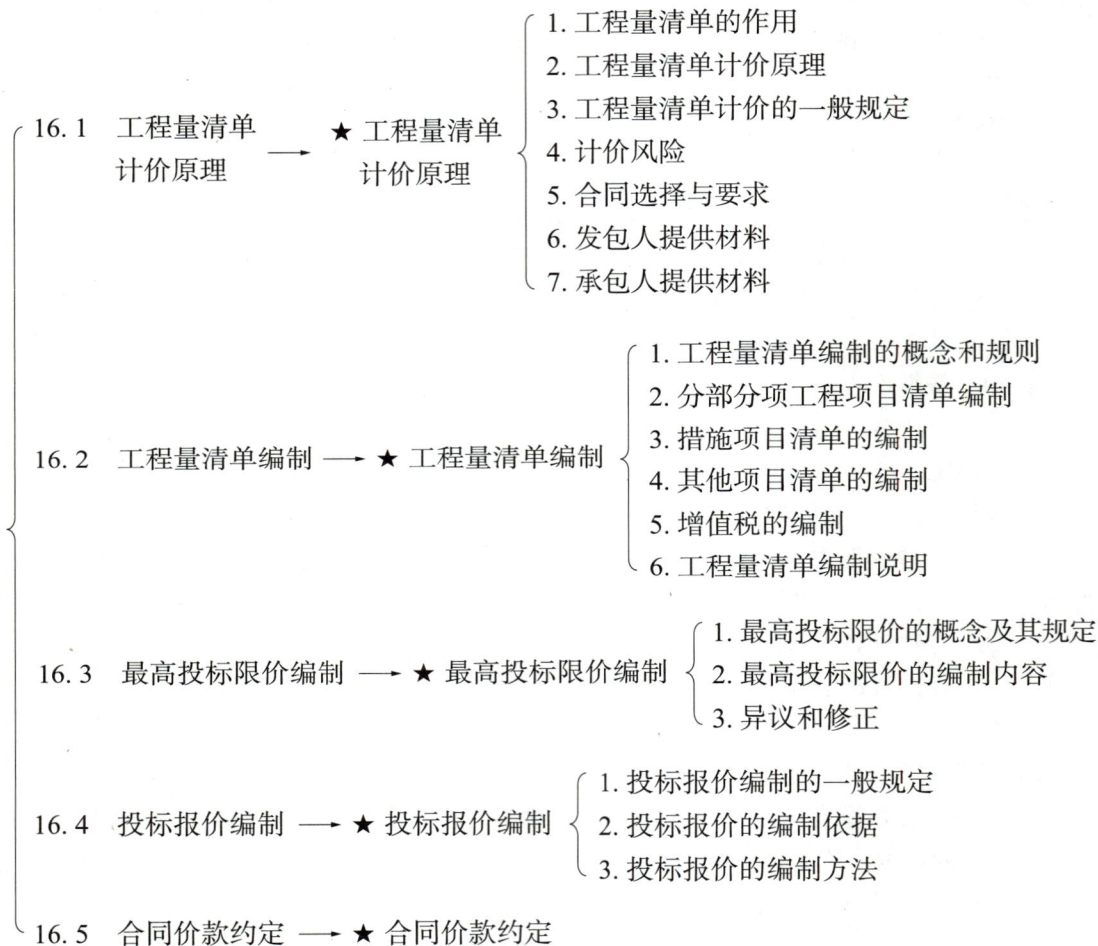

16.1　工程量清单计价原理

核心考点　工程量清单计价原理

1. 工程量清单的作用

工程量清单是工程量清单计价的基础，贯穿于建设工程的发包承包（招标投标）阶段和施工阶段。是编制最高投标限价、投标报价、计算工程量、支付工程款、调整合同价款、办理竣工结算以及工程索赔等的依据。

①工程量清单为投标人的投标竞争提供了平等和共同的基础。②工程量清单是建设工程计价的依据。③工程量清单是工程付款和结算的依据。④工程量清单是调整工程价款、处理工程索赔的依据。

2. 工程量清单计价原理

（1）工程量清单计价形式

如按分部分项工程单价组成来分，工程量清单计价主要有三种形式：

①工料单价＝人工费＋材料费＋施工机具使用费，

②综合单价＝人工费＋材料费＋施工机具使用费＋管理费＋利润，

③全费用综合单价＝人工费＋材料费＋施工机具使用费＋管理费＋利润＋税金。

（2）综合单价法计价形式下的工程造价计算方法

①分部分项工程费＝∑（分部分项工程量×分部分项工程综合单价），

②措施项目费＝∑措施项目工程量×措施项目综合单价＋∑单项措施费，

③其他项目费＝暂列金额＋暂估价＋计日工＋总承包服务费＋其他，

④单位工程报价＝分部分项工程费＋措施项目费＋其他项目费＋税金，

⑤单项工程报价＝∑单位工程报价，

⑥总造价＝∑单项工程报价。

3. 工程量清单计价的一般规定

（1）使用财政资金或国有资金投资的建设工程，应采用工程量清单计价。

（2）工程量清单的清单项目应按招标图纸及技术标准规范、相关工程国家及行业工程量计算标准和计价标准的规定编制。

工程量清单根据工程项目特点进行补充完善、另行约定计量方式或采用其他清单形式的，应在招标文件和合同文件中对其工程量计算规则、计量单位、适用范围、工作内容等予以说明。

（3）工程量清单的清单项目价款确定可采用单价计价、总价计价方式。

根据工程项目特点及实际情况不宜采用单价计价、总价计价方式的，可采用费率计价等其他计价方式，并应在招标文件和合同文件中对其计价要求、价款调整规则等予以说明。

（4）工程量清单的清单项目综合单价及合价应为不含增值税的税前全费用价格：

清单项目综合单价（及合价）＝人、材、机费用＋管理费＋利润＋
约定（或合理范围）的风险费＋
不可或缺的辅助工作所需费用

清单项目的税金应填写在增值税中，但其他项目清单中的专业工程暂估价已含增值税，工程量清单的增值税中不应再计取其相应税金。

（5）采用单价合同的工程，分部分项工程项目清单的准确性、完整性应由发包人负责；采用总价合同的工程，已标价分部分项工程项目清单的准确性、完整性应由承包人负责。

建设工程无论是采用单价合同或总价合同，按项编制的措施项目清单的完整性及准确性均应由承包人负责。

4. 计价风险

建设工程的施工发承包，应在招标文件、合同中明确计量与计价的风险内容及其范围，不得采用无限风险、所有风险或类似语句约定工程计量与计价中的风险内容及范围。

（1）下列事项引起的计量计价风险由发包人承担，承包人的投标价可不考虑：

① 采用单价合同的工程，发包人提供的除措施项目清单外的项目清单存在工程量清单缺陷；② 发包人提供的工程项目原始数据和基准资料错误；③ 发包人批准的工程变更；④ 发包人要求的赶工、提前竣工、停工或暂缓施工；⑤ 法律法规与政策性变化；⑥ 超出招标文件规定承包人应承担风险范围和幅度，以及计价标准规定市场物价变动应予调整的物价变化范围和波动幅度；⑦ 其他应当由发包人承担责任的事项。

（2）下列事项引起的计量计价风险由承包人承担，承包人在投标报价中应予考虑：

① 措施项目清单的准确性及完整性；② 采用总价合同的工程，已标价工程量清单存在的缺陷（单价计价的暂定数量清单项目除外），以及承包人为完成总价合同中合同图纸及合同规范所要求的工程、国家及行业工程量计算标准中工作内容说明的所有工作所需费用；③ 采用单价合同的工程，承包人为完成工程量清单及其项目特征所说明的工程、国家及行业工程量计算标准中工作内容说明的所有工作所需费用；④ 承包人因自身原因引起实施方案变化引起的费用调整；⑤ 承包人因施工机具使用、施工技术应用以及组织管理水平等自身原因造成的施工费用增加；⑥ 承包人因自身原因引起的赶工、停工或暂缓施工；⑦ 未超出招标文件、合同约定物价变化范围和波动幅度的市场物价变动；⑧ 其他应当由承包人承担责任的事项。

因上述原因引起的合同价格和（或）工期变化应视为已包含在合同总价及合同工期内，除合同另有约定外，合同价格和工期不应予调整。

（3）合同约定因物价变化应予调整价格的项目，由于市场物价波动影响合同价格的，合同价格应按下列规定做相应的调整：

① 因人工、主要材料价格波动影响合同价格的，发承包双方应按价格指数调差法或价格信息调差法调整合同价格。② 发承包双方应明确可调价的主要材料范围，并按规定填写《承包人提供可调价主要材料表》作为合同附件。③ 施工机具使用费因其燃料价格波动而允许调整其燃料动力费的，可按主要材料调差方法调整。④ 综合单价的人工费、材料费、施工机具使用费价差调整应计取增值税，不应计取管理费、利润。

（4）合同未约定因物价变化应予调整价款的清单项目，当市场物价异常波动超出合同约定幅度，或合同未约定物价波动幅度，但市场物价异常波动且有经验的承包人不能预见的，发承包双方可参照计价标准的规定调整受异常波动物价变化影响的相关清单项目价款，费用可由发承包双方合理分摊。

（5）承包人投标时所报措施项目施工方案应被认为是合理可行，并符合实际施工要求的，其措施项目费用包干计价，承包人应承担自身调整施工方案所引起的措施项目费用增加的风险。

除工程变更或发包人原因引致承包人提供的措施项目延期使用、拆改、增加等，以及重复提供相关措施项目引致增加措施项目费应按计价标准的相关规定调整外，其他不做调整。

（6）发生工程量清单缺陷、暂列金额、暂估价、总承包服务费、计日工、物价变化、法律法规及政策性变化、工程变更、新增工程、工程索赔等影响合同价款调整事项的，应按计价标准的规定调整合同价格。

（7）完成合同签订的工程，价款支付前需要重新计量与计价的，合同价格应按计价标准的规定计算调整。

但承包人按合同要求对合同图纸进行施工深化设计引起深化图纸与合同图纸存在差异的，除合同另有约定或发包人另有要求外，合同价格不应做调整。

5. 合同选择与要求

建设工程的施工合同可采用单价合同、总价合同、成本加酬金合同等。

（1）发包人可根据工程的招标图纸设计深度、技术难度、建设规模、项目实施计划及工程量清单编制时间、计价风险等因素，选择采用单价合同或总价合同。

（2）紧急抢险、救灾或特别复杂的工程，宜采用成本加酬金合同。

（3）单价合同的工程，合同总价应包括按招标文件规定完成合同工程工程量清单所需的全部费用。

招标工程量清单中的分部分项工程项目清单存在缺陷的，应按照计价标准的规定调整合同价格。

分部分项工程项目清单合同单价可用于合同价格调整的计价，但已标价工程量清单中以项计价的分部分项工程项目清单和措施项目清单，应按计价标准中总价合同的相关规定包干或调整合同价款。

（4）总价合同的工程，合同总价应包括按招标文件规定完成合同图纸及合同规范要求的合同工程所需的全部费用。

已标价工程量清单仅反映合同总价的价格构成，出现工程量清单缺陷的，其价格应视为已包含在合同总价中。

已标价工程量清单的单价可作为合同文件的组成部分，按合同约定应用于工程变更、新增工程等合同价格调整的计价。

如总价合同的工程量清单中存在以暂定数量单价计价的项目，其清单项目应按计价标准中单价合同的相关规定计价。

（5）成本加酬金合同的工程，合同总价为暂定价，应依据招标文件及合同约定的计价规定和发包人发出的施工图纸、相关工程国家及行业工程量计算标准，按实确定工程项目及其数量，乘以其综合单价，计算合同工程成本，并按合同的约定计算相应酬金及增值税后调整合同总价。

6. 发包人提供材料

（1）建设工程存在发包人提供材料的，发包人应在招标文件中明确发包人提供材料的名称、档次、规格型号、交货方式及地点，并在招标工程量清单的项目特征中对发包人提供材料予以描述。

（2）发包人应在招标文件中明确发包人提供材料的有效损耗率，其相应有效损耗率可按类似工程同类项目材料损耗率合理确定，并按计价标准的规定填写《发包人提供材料一览表》，表中的材料数量应根据招标图纸和工程相关国家及行业工程量计算标准规定计算。

（3）合同履行过程中，因承包人原因引起实际领用数量超过单价合同的施工图纸计算的实际数量或总价合同的合同图纸计算的合理数量及合同约定的材料有效损耗时，超出部分的材料费用应由承包人承担。

因发包人实际提供材料的规格型号与招标文件中规定的规格型号不同而引起材料实际损耗率超出有效损耗率的，超出部分应由发包人承担。

（4）负责安装发包人提供材料的承包人，应根据工程进度计划制定发包人提供材料的交货计划并报发包人，承包人应协助发包人协调供货人按计划提供相应材料至合同约定的交货地点并完成卸货，交货时承包人应与供货人办理交货验收手续。

发包人提供材料需要承包人提供协助协调、材料保管等相应服务的，发生的费用应由发包人承担，可在总承包服务费中计取。

（5）发包人提供的材料（如规格型号、质量）不符合合同要求及不满足交货计划，或由于发包人原因发生交货日期延误、交货地点及交货方式变更等情况的，承包人应协助发包人协调供货人将不符合合同要求的材料撤出现场，并按交货计划提供符合合同要求的材料。

如因上述原因引起承包人工期延长的，应按计价标准的相关规定合理延长承包人受影响的工期，并赔偿承包人的损失，包括利润。

（6）发包人要求合同中约定为发包人提供的材料变更为承包人负责采购的，发包人应征得承包人的书面同意，承包人有权对其变更提出合理反对意见。

如承包人接受其变更，承包人应按工程进度计划负责变更材料的采购及供应，如合同总价中已计取发包人提供材料的协助协调、保管及提供相应服务的总承包服务费的，应按计价标准的规定予以扣减。

变更材料价格可通过发承包双方共同招标采购或市场询价确定，相应分部分项工程项目清单变更后的综合单价可按下式计算：

综合单价＝合同单价＋已确认材料价格×（1＋损耗率）×（1＋管理费费率）×（1＋利润率）

7. 承包人提供材料

（1）除发包人提供的材料外，合同工程所需的材料由承包人提供，承包人提供的材料由承包人负责采购、运输和保管。

（2）承包人应按合同约定和工程进度计划，在订购材料前将其提供的主要材料的质量证明文件及其供货人、品种、型号、规格、实物样品（如需要）等提交给发包人确认，在获得发包人确认后可进行相关材料的采购。

（3）发包人可对承包人按合同约定提供的未安装或已安装至合同工程的材料进行

检测。

① 若经检测相关材料不符合合同约定的质量标准，承包人应及时采取措施整改，承包人应承担检测所发生的费用和由此引起的损失及修复工程的费用，受影响的工期不予延长。

② 若经检测相关材料符合合同约定的质量标准，发包人应承担由此增加的费用和（或）工期延误，并应按计价标准规定计算由此引致的承包人的损失和修复工程所发生的费用。

（4）发包人要求将合同中约定由承包人提供的材料变更为发包人提供的，相关费用调整应符合下列规定：

① 相关工程量清单项目综合单价中包含的材料费及其采购保管费等应予扣除，综合单价中所含的其他费用不做调整，扣除后的清单项目单价应为该清单项目的安装综合单价；② 发包人应按计价标准的相关规定，向承包人支付该材料变更为发包人提供而需要承包人协助协调、材料保管等相应服务的总承包服务费和税金。

◆ 考法：工程量清单计价原理的相关内容

【例题1·单选题】与全费用综合单价相比，现行《建设工程工程量清单计价标准》GB/T 50500—2024 中分部分项工程的综合单价中没有涵盖的项目有（　　）。

 A. 管理费   B. 利润

 C. 税金   D. 风险费用

【答案】C

【解析】本题的考核点是工程量清单计价原理。

【例题2·单选题】根据《建设工程工程量清单计价标准》GB/T 50500—2024，下列投标报价计算公式中，正确的是（　　）。

 A. 措施项目费 ＝ ∑（措施项目工程量 × 措施项目综合单价）

 B. 其他项目费 ＝ 暂列金额 ＋ 暂估价 ＋ 计日工 ＋ 总承包服务费 ＋ 税金

 C. 单位工程报价 ＝ 分部分项工程费 ＋ 措施项目费 ＋ 其他项目费

 D. 分部分项工程费 ＝ ∑（分部分项工程量 × 分部分项工程综合单价）

【答案】D

【解析】本题的考核点是工程量清单计价原理。

【例题3·单选题】按照工程量清单计价标准，采用单价合同价格形式的工程，分部分项工程项目清单的准确性和完整性由（　　）负责。

 A. 承包人   B. 发包人

 C. 招标投标监督机构   D. 清单编制人

【答案】B

【解析】本题的考核点是工程量清单计价的一般规定。

【例题4·多选题】按照工程量清单计价规定，下列说法中错误的是（　　）。

 A. 工程量清单根据工程项目特点进行补充完善、另行约定计量方式或采用其他清单形式的，应在招标文件和合同文件中对其工程量计算规则、计量单位、

适用范围、工作内容等予以说明

    B. 清单项目的税金应填写在增值税中，其中包括专业工程暂估价的增值税

    C. 无论是采用单价合同或总价合同，按项编制的措施项目清单的完整性及准确性均由承包人负责

    D. 工程量清单项目价款只能采用单价计价方式

    E. 采用总价合同价格形式的，已标价分部分项工程项目清单的准确性和完整性由发包人负责

【答案】B、D、E

【解析】本题的考核点是工程量清单计价的一般规定。

【例题5·多选题】下列事项引起的计量计价风险由发包人承担、承包人的投标价可不考虑的是（　　）。

    A. 法律法规与政策变化

    B. 计价标准规定范围和波动幅度内的市场物价变动和汇率波动

    C. 发包人批准的工程变更

    D. 超出招标文件规定承包人应承担风险范围和幅度，以及计价标准规定市场物价变动应予调整的物价变化范围和波动幅度

    E. 发包人提供的工程项目原始数据和基准资料错误

【答案】A、C、D、E

【解析】本题的考核点是工程量清单计价中的计量计价风险。

【例题6·单选题】发包人要求检测承包人提供的材料，经检测该项材料符合合同约定的质量标准的，正确的处理方法是（　　）。

    A. 发包人应要求承包人及时采取措施，由此增加的费用和（或）工期延误由承包人承担

    B. 发包人应承担由此增加的费用和（或）工期延误，但不需向承包人支付由此发生的损失

    C. 发承包各自承担相应比例的费用

    D. 发包人应承担由此增加的费用和（或）工期延误，并应按计价标准规定计算由此引致的承包人的损失和修复工程所发生的费用

【答案】D

【解析】本题的考核点是工程量清单计价原理——承包人提供材料的相关内容。

【例题7·单选题】突发疫情，某单位接受政府委托，要在15日内建成方舱医院，发承包应签订（　　）。

    A. 固定总价合同   B. 固定单价合同

    C. 可调单价合同   D. 成本加酬金合同

【答案】D

【解析】本题的考核点是工程量清单计价原理——合同选择与要求。

16.2 工程量清单编制

核心考点 工程量清单编制

1. 工程量清单编制的概念和规则

（1）工程量清单编制的基本概念

① 招标工程量清单应根据招标文件要求及工程交付范围，以合同标的或以单项工程、单位工程为对象进行列项编制，并作为招标文件的组成部分。

② 工程量清单成果文件应包括：封面、签署页、编制说明、工程量计算规则说明、工程量清单及计价表格。

③ 招标工程量清单应用于总价合同的，其清单项目和工程数量应视为与招标图纸和技术标准规范相符。存在工程量清单缺陷的，由承包人按计价标准规定承担工程量清单缺陷责任，工程量清单缺陷不作调整。

但清单内说明是暂定数量的单价计价清单项目及其工程数量，应按计价标准规定重新计量确定，并对相关清单项目的合同价格及合同总价做出相应的增减调整。

④ 招标工程量清单应用于单价合同的，其清单项目列项、项目特征的工作内容及其工程数量应视为符合招标图纸和技术标准规范的要求。存在分部分项工程项目清单缺陷的，由发包人承担相关清单缺陷责任，清单缺陷应按计价标准规定调整。

但措施项目清单和以项计价的分部分项工程项目应按总价计价的规定计算。

⑤ 无论采用总价合同还是单价合同，分部分项工程项目清单应按招标文件中约定的国家级行业工程量计算标准所规定的项目编码、项目名称、项目特征、计量单位、工作内容和补充工程量清单计算规则进行编制。

措施项目清单的项目编码、项目名称应按国家及行业工程量计算标准编制。

（2）工程量清单编制依据

①《建设工程工程量清单计价标准》GB/T 50500—2024 和相关国家及行业工程量计算标准。

② 国家及省级、行业建设主管部门颁发的工程量计量计价规定，以及根据工程需要补充的工程量计算规则。

③ 招标文件、合同条款及其相关资料。

④ 工程招标图纸及相关资料。

⑤ 与建设工程有关的技术标准规范。

⑥ 施工现场情况、地勘水文资料、工程特点及交付标准。

⑦ 其他相关资料。

2. 分部分项工程项目清单编制

应按相关工程现行国家工程量计算标准规定的项目编码、项目名称、项目特征、计量单位和工程量计算规则进行编制。

（1）项目编码设置

分部分项工程量清单项目编码以五级编码设置，采用 12 位阿拉伯数字表示：

① 1、2 位为相关工程国家计量规范代码;

② 3、4 位为专业工程顺序码;

③ 5、6 位为分部工程顺序码;

④ 7、8、9 位为分项工程项目名称顺序码;

⑤ 10~12 位为清单项目编码,应根据拟建工程的工程量清单项目名称设置。

同一招标工程编码不得有重号,这三位清单项目编码由招标人针对招标工程项目具体编制,并应自 001 起顺序编制。

(2)项目名称确定

① 分部分项工程量清单的项目名称应根据《计价标准》的项目名称结合拟建工程的实际确定。

应以附录中的项目名称为基础,考虑该项目的规格、型号、材质等特征要求,并结合拟建工程的实际情况,对其进行适当的调整或细化,使其能够反映影响工程造价的主要因素。

②《计价标准》中规定的"项目名称"为分项工程项目名称,一般以工程实体命名。

(3)项目特征的描述

项目特征是指载明完工交付要求且构成工程量清单自身价值的本质特征。项目特征应依据设计文件并结合完工交付要求、施工方案进行描述。

① 工程量清单项目特征描述的重要意义在于:

a. 项目特征是区分清单项目的依据。b. 项目特征是确定综合单价的前提。c. 项目特征是履行合同义务的基础。

② 清单项目特征主要涉及:

a. 项目的自身特征(材质、型号、规格、品牌);b. 项目的工艺特征;c.(项目的工艺特征)对项目施工方法可能产生影响的特征。

对清单项目特征不同的项目应分别列项,如基础工程,仅混凝土强度等级不同,足以影响投标人的报价,故应分开列项。

(4)计量单位选择

① 以"吨"为计量单位的应保留小数点后三位数字,第四位小数四舍五入。② 以"立方米""平方米""米""千克"为计量单位的应保留小数点后二位数字,第三位小数四舍五入。③ 以"项""个"等为计量单位的应取整数。

(5)工程量计算

除另有说明外,所有清单项目的工程量以实体工程量为准,并以完成后的净值来计算。因此,在计算综合单价时应考虑施工中的各种损耗和需要增加的工程量,或在措施费清单中列入相应的措施费用。采用工程量清单计算规则,工程实体的工程量是唯一的。

(6)补充项目

编制工程量清单时如果出现《计算标准》附录中未包括的项目,编制人应做补充,并报省级或行业工程造价管理机构备案。

补充项目的编码由对应计量规范的代码×(即 01~09)与 B 和三位阿拉伯数字组成,

并应从×B001起顺序编制，同一招标工程的项目不得重码。

工程量清单中需附有补充项目的名称、项目特征、计量单位、工程量计算规则、工作内容。

3. 措施项目清单的编制

（1）措施项目的区分

① 招标人依据设计文件或拟定的合理施工方案能准确计量的措施项目（即单价措施项目）应采用单价计价措施项目清单。

单价措施项目同分部分项工程一样，编制措施项目清单时应列出项目编码、项目名称、项目特征、计量单位，并按现行计价标准规定，采用对应的工程量计算规则计算其工程量。

② 招标人不能准确计量的措施项目（即总价措施项目）应采用总价计价措施项目清单，在编制时应明确其包含的内容、实施要求。

措施项目清单中仅列出了总价措施项目的项目编码、项目名称，但未列出项目特征、计量单位等。

③ 安全生产施工措施项目清单应根据国家及省级、行业主管部门的管理要求和拟建工程的实际情况单独列项。

同一工程、不同承包人组织施工采用的施工措施有时并不完全一致，

（2）措施项目清单设置的依据

措施项目清单的编制应考虑多种因素，除了工程本身的因素外，还要考虑水文、气象、环境、安全和施工企业的实际情况。措施项目清单的设置，需要：

① 参考拟建工程的常规施工组织设计，以确定环境保护、安全文明施工、临时设施、材料的二次搬运等项目；

② 参考拟建工程的常规施工技术方案，以确定大型机械设备进出场及安拆、混凝土模板及支架、脚手架、施工排水、施工降水、垂直运输机械、组装平台等项目；

③ 参阅相关的施工规范与工程验收规范，以确定施工方案没有表述的但为实现施工规范与工程验收规范要求而必须发生的技术措施；

④ 确定设计文件中不足以写进施工方案，但要通过一定的技术措施才能实现的内容；

⑤ 确定招标文件中提出的某些需要通过一定的技术措施才能实现的要求。

4. 其他项目清单的编制

（1）影响其他项目清单具体内容的因素

① 工程建设标准的高低；② 工程的复杂程度；③ 工程的工期长短；④ 工程的组成内容；⑤ 发包人对工程管理的要求等。

（2）其他项目清单的内容

① 暂列金额：发包人在工程量清单中暂定并包括在合同总价中，用于招标时尚未能确定或详细说明的工程和工程实施中可能发生的合同价款调整等所预留的费用。

暂列金额应根据工程特点按招标文件的要求列项并估算。

② 暂估价：暂估价包括材料暂估价和专业工程暂估价。

a. 材料暂估价：是指发包人在工程量清单中提供的，用于支付设计图纸要求必须使用的材料，但在招标时暂不能确定其材料标准、规格、价格的材料费（不含增值税）。

b. 专业工程暂估价：是指发包人在工程量清单中提供的，在招标时暂不能确定工程具体要求及价格的专业工程价款（含增值税）。专业工程暂估价应分不同专业估算，列出明细表及其包含内容等。

③ 计日工

计日工是为了解决现场发生的零星工作的计价而设立的，以完成零星工作所消耗的人工工时、材料数量、机械台班进行计量，并按照计日工表中填报的适用项目的单价进行计价支付。

计日工表中的人工按工种，材料和机械应按规格、型号详细列项。其中人工、材料、机械数量，应由招标人根据工程的复杂程度、工程设计质量的优劣及设计深度等因素，按照经验来估算一个比较贴近实际的数量，并作为暂定量列入计日工表中，纳入有效投标竞争，以期获得合理的计日工单价。

④ 总承包服务费

a. 承包人对发包人提供材料履行保管及其配套服务所需的费用；b. 承包人对专业分包工程提供配合、协调、施工现场管理、已有临时设施使用、竣工资料汇总整理等服务所需的费用；c. 承包人对独立分包工程履行协调及配合责任所需的费用。

5. 增值税的编制

增值税应根据政府有关主管部门及计价标准的规定列项，按增值税率计量。

6. 工程量清单编制说明

工程量清单编制说明包括以下内容：

（1）工程概况：

工程概况中要对建设规模、工程特征、计划工期、施工现场实际情况、自然地理条件、环境保护要求等做出描述。

（2）招标（或合同）范围——招标范围是指单位工程的招标范围。

（3）工程量清单编制依据。

（4）工程质量、材料、施工等的特殊要求。

① 工程质量的要求，是指招标人要求拟建工程的质量应达到合格或优良标准；

② 对材料的要求，是指招标人根据工程的重要性、使用功能及装饰装修标准提出；

③ 施工要求，一般是指建设项目中对单项工程的施工顺序等的要求。

（5）其他需要说明事项。

◆ 考法1：工程量清单编制的内容及规则

【例题1·单选题】招标工程量清单应用于总价合同的，若存在工程量清单缺陷，下列说法中正确的是（　　）。

　　A. 由发包人承担相关清单缺陷责任，清单缺陷应按计价标准规定调整

　　B. 由发包人承担相关清单缺陷责任，但缺陷导致的合同价款不做任何调整

　　C. 由承包人承担工程量清单缺陷责任，扣减合同金额

D. 由承包人承担工程量清单缺陷责任，工程量清单缺陷不作调整

【答案】D

【解析】本题的考核点是工程量清单的编制及编制规则。

【例题2·单选题】根据《建设工程工程量清单计价标准》GB/T 50500—2024，关于分部分项工程量清单中工程量计算的说法，正确的是（ ）。

A. 实际施工中的各种损耗应列入措施项目费中

B. 所有招标清单项目工程量按实际施工工程量计算

C. 计算综合单价时需考虑施工方案增加的工程量，但不考虑施工中的材料损耗

D. 采用工程量清单计算规则计算时，工程实体的工程量是唯一的

【答案】D

【解析】本题的考核点是工程量清单编制中关于分部分项工程量的确定。

【例题3·单选题】根据《建设工程工程量清单计价标准》GB/T 50500—2024，某分部分项工程的项目编码为：01-02-03-004-005，其中"004"这一级编码的含义是（ ）。

A. 工程分类顺序码   B. 清单项目顺序码

C. 分部工程顺序码   D. 分项工程顺序码

【答案】D

【解析】本题的考核点是分部分项工程量清单编制中项目编码的设置。

【例题4·单选题】根据《建设工程工程量清单计价标准》GB/T 50500—2024，关于分部分项工程量清单中项目名称的说法，正确的是（ ）。

A.《计价标准》中的项目名称是分项工程名称，以工程主要材料命名

B.《计价标准》中的项目名称是分部工程名称，以工程实体命名

C. 编制清单时，项目名称应根据《计价标准》的项目名称结合拟建工程实际确定

D. 编制清单时，《计价标准》中的项目名称不能变化，但应补充项目规格、材质

【答案】C

【解析】本题的考核点是分部分项工程量清单编制中项目名称的确定。

【例题5·多选题】根据《建设工程工程量清单计价标准》GB/T 50500—2024，编制措施项目清单时，措施项目设置的依据有（ ）。

A. 投标企业的资质等级与规模

B. 拟建工程的常规施工组织设计

C. 拟建工程的常规施工技术方案

D. 实施中因变更可能产生的零星工作

E. 招标文件中需要通过一定技术措施才能实现的要求

【答案】B、C、E

【解析】本题的考核点是措施项目清单编制的依据。

【例题6·单选题】编制其他项目清单时，关于计日工表中的材料和机械列项要求的说法，正确的是（ ）。

A. 材料和机械应按规格、型号详细列项

B. 材料和机械仅按实际使用数量列项

C. 材料应按使用数量详细列项，机械应按类别粗略列项

D. 材料应按供应厂商详细列项，机械应按型号粗略列项

【答案】A

【解析】本题的考核点是计日工的编制内容。

◆ 考法 2：工程量清单编制的案例及综合应用分析

【例题 7·单选题】根据《建设工程工程量清单计价标准》GB/T 50500—2024，关于工程项目清单编制的说法正确的是（　　　）。

A. 其他项目清单中应列出总承包服务费

B. 暂估价应列出材料暂估价和工程设备暂估价，不考虑专业工程暂估价

C. 暂列金额一般应尽可能列高，以避免在实际中超出该数量

D. 计日工应按照招标工程的复杂程度估算一个数量，该数量一般要比实际少

【答案】A

【解析】本题的考核点是工程量清单编制的综合分析。

【例题 8·单选题】根据《建设工程工程量计价标准》GB/T 50500—2024 编制招标工程量清单时，有两种不同截面的现浇混凝土矩形柱，一种是 400mm×400mm，另一种是 600mm×400mm，混凝土强度均为 C30，其余特征相同。则在编制清单时这两个矩形柱的清单项应（　　　）。

A. 合并列项，项目名称为"矩形柱"，在项目特征中注明混凝土强度

B. 分别列项，一个项目名称为"C30 现浇混凝土矩形柱 400×400"，另一个项目名称为"C30 现浇混凝土矩形柱 600×400"

C. 分别列项，项目名称均为"现浇混凝土矩形柱"，在项目特征中注明截面尺寸

D. 合并列项，项目名称为"矩形柱（400×400，600×400）"，工程数量一栏给出合并后的工程量

【答案】B

【解析】本题的考核点是工程量清单编制的案例应用分析。

16.3　最高投标限价编制

核心考点　最高投标限价编制

1. 最高投标限价的概念及其规定

（1）对于最高投标限价及其规定，应注意从以下方面理解：

① 国有资金投资的建设工程招标，招标人必须编制最高投标限价。

② 最高投标限价超过批准的概算时，招标人应将其报原概算审批部门审核。

③ 投标人的投标报价高于最高投标限价的，招标人应拒绝其投标。

④ 最高投标限价应由具有编制能力的招标人或受其委托具有相应资质的工程造价咨询人编制和复核。工程造价咨询人不得同时接受招标人和投标人对同一工程的最高投标限价和投标报价的编制委托。

⑤ 最高投标限价应在招标文件中公布，不应上浮或下调，招标人应将最高投标限价及有关资料报送工程所在地的工程造价管理机构备查。

（2）最高投标限价的编制依据

①《建设工程工程量清单计价标准》GB/T 50500—2024；② 招标文件（包括招标工程量清单、合同条款、招标图纸、技术标准规范等）及其补遗、澄清或修改；③ 相关国家及行业工程量计算标准，以及根据工程需要补充的工程量计算规则；④ 国家及省级、行业建设主管部门的有关规定；⑤ 与招标工程相关的技术标准规范；⑥ 工程特点及交付标准、地勘水文资料、现场情况；⑦ 合理施工工期及常规施工工艺、顺序；⑧ 工程价格信息及造价资讯、工程造价数据及指数；⑨ 其他相关资料。

2. 最高投标限价的编制内容

采用工程量清单计价时，最高投标限价的编制内容包括：分部分项工程费、措施项目费、其他项目费和增值税。

（1）分部分项工程费

综合单价中应包括招标文件中招标人要求投标人承担的风险内容及其范围（幅度）产生的风险费用，可以风险费率的形式进行计算。

（2）措施项目费

措施项目费应依据招标文件中提供的措施项目清单和拟建工程项目的施工组织设计进行确定。

可以计算工程量的措施项目，应按分部分项工程量清单的方式采用综合单价计价；其余的措施项目可以以"项"为单位计价，应包括除税金外的全部费用。

（3）其他项目费

① 暂列金额：按招标工程量清单中列出的金额填写。

② 暂估价：暂估价中的材料、工程设备单价应按招标工程量清单列出的单价计入综合单价，专业工程暂估价按招标工程量清单中列出的金额填写。

③ 计日工：按招标工程量清单中列出的工程内容和要求计算。

对计日工中的人工单价和施工机械台班单价应可参考省级、行业建设主管部门或其授权的工程造价管理机构公布的单价计算；材料应按工程造价管理机构发布的工程造价信息中的材料单价计算；工程造价信息未发布单价的材料，其价格可参考市场调查确定的单价计算。

④ 总承包服务费：总承包服务费根据招标工程量清单列出的内容和要求计算。

（4）增值税

增值税按国家政府主管部门规定的增值税税率计算，不得作为竞争性费用。

3. 异议和修正

（1）投标人经复核认为招标人公布的最高投标限价未按照规定进行编制或存在不合理的，可在规定时间内向招标人提出异议。

（2）招标人应当在规定的时间内对投标人的异议作出答复。

招标人不在规定的时间内回复或投标人在得到招标人的异议回复后，认为最高投标限价仍然未按照招标文件的规定进行编制或存在不合理的，可向有关行政监督部门反映。

（3）当最高投标限价经有关行政监督部门复查，其结论与原公布的最高投标限价偏差较大时，招标人应当做出说明，及时对其不合理内容进行修订。

（4）招标人根据最高投标限价复查结论需要重新公布最高投标限价的，应根据相关要求和程序重新公布。

◆考法1：最高投标限价编制的内容及其规定

【例题1·多选题】根据《建设工程工程量清单计价标准》GB/T 50500—2024，关于最高投标限价的说法，正确的有（　　）。

  A. 国有资金投资的建设工程招标，必须编制最高投标限价

  B. 国有资金投资的建设工程招标，最高投标限价应控制在已批准的投资概算内

  C. 最高投标限价应在招标文件中公布，不得变动

  D. 投标人的投标报价若高于最高投标限价，其投标应被拒绝

  E. 最高投标限价只能由具有编制能力的招标人自行编制

【答案】A、B、C、D

【解析】本题的考核点是最高投标限价的概念及其规定。

【例题2·单选题】编制最高投标限价时，材料应按工程造价管理机构发布的工程造价信息中的材料单价计算，工程造价信息未发布单价的材料，其价格（　　）计算。

  A. 按投标人提出的价格   B. 按国家发展改革委确定的价格

  C. 按之前项目类似材料价格 D. 可参考市场调查确定的单价

【答案】D

【解析】本题的考核点是最高投标限价编制的内容。

【例题3·单选题】投标人经复核认为招标人公布的最高投标限价未按照规定进行编制或存在不合理的，正确的做法是（　　）。

  A. 可直接向有关行政监督部门反映

  B. 可直接向法院提起诉讼

  C. 可在规定时间内向招标人提出修改最高投标限价的要求

  D. 可在规定时间内向招标人提出异议

【答案】D

【解析】本题的考核点是最高投标限价编制的异议和修正。

◆考法2：最高投标限价的计算

【例题4·2024年真题·单选题】编制某教学楼工程最高投标限价的数据如下：建筑面积12000m²，建筑工程、安装工程、装饰装修工程分部分项工程费指标分别为1800元/m²、500元/m²、1200元/m²。其中：定额人工费占分部分项工程费的15%；措施费以分部分项工程费为计算基数，费率10%；其他项目费合计900万元；增值税税率9%；以上数据均不含增值税进项税额。该工程的最高投标限价为（　　）万元。

  A. 6016.800   B. 5608.200

  C. 6657.720   D. 6859.152

【答案】 A

【解析】 本题的考核点是编制最高投标限价时工程量清单计价的应用。

最高投标限价＝分部分项工程费＋措施项目费＋其他项目费＋税金

（1）分部分项工程费＝（1800＋500＋1200）×12000＝4200万元；

（2）措施项目费＝4200×10%＝420万元；

（3）其他项目费＝900万元；

（4）税金（增值税销项税额）＝（4200＋420＋900）×9%＝496.80万元。

最高投标限价＝4200＋420＋900＋496.80＝6016.800万元。

16.4 投标报价编制

核心考点 投标报价编制

1. 投标报价编制的一般规定

（1）投标人可依据计价标准的规定自主确定投标报价，并应对已标价工程量清单填报价格的一致性及合理性负责，承担不合理报价及总价合同工程量清单缺陷等风险。

（2）严禁投标人的投标报价低于成本价、高于招标人公布的最高投标限价。

（3）投标人应在接收招标文件后，在约定时间内根据招标文件说明的招标工程特点及合同要求复查招标文件中计划工期的可行性及其风险与影响。

投标人对计划工期存有疑问或异议，应按招标文件的规定及时以书面形式提请招标人澄清或修正。投标工期不应超过招标人的计划工期或澄清修正的计划工期。

（4）投标人应在接收招标文件后，在规定时间内根据招标工程特点、合同要求及现场踏勘情况，复查措施项目清单的列项是否完整和适用。

如投标人对措施项目清单有疑问或异议，可按招标文件规定以书面形式提请招标人澄清或修正。

若投标人认为需要增加措施项目的，可在已标价工程量清单的措施项目中补充列项并报价，且对已标价措施项目清单的准确性和完整性负责。

（5）采用单价合同的招标工程，投标人应在接收招标文件后，在约定时间内对招标工程量清单的分部分项工程项目清单进行复核。

如投标人对分部分项工程项目清单有疑问或异议，应按招标文件规定以书面形式提请招标人澄清。

无论投标人是否已提出疑问或异议，分部分项工程项目清单的完整性和准确性由招标人负责。项目清单或修正后的项目清单存在工程量清单缺陷，应按计价标准的规定调整相关价款及合同总价。

（6）采用总价合同的招标工程，如投标人经复核对分部分项工程项目清单有疑问或异议，应按招标文件规定以书面形式提请招标人澄清。

如投标人经复核认为招标工程量清单及其修正后的分部分项工程项目清单存在项目列项及其工程数量等缺陷，可在已标价工程量清单的分部分项工程项目清单中进行补充完善及报价，并对已标价分部分项工程项目清单的完整性和准确性负责。

无论投标人是否已提出疑问或异议、或做出补充完善及报价，合同价格不因已标价的分部分项工程项目清单存在工程量清单缺陷而调整。但招标工程量清单说明为暂定数量的单价计价分部分项工程项目清单除外。

（7）投标价应包括招标文件中规定的由承包人承担范围及幅度内的风险费用。

如招标文件中未明确相关风险责任，投标人应在接收招标文件后，在约定时间内提请招标人明确，招标人应在规定时间内予以书面答复。

（8）采用单价合同的工程，投标人应按要求完整填报工程量清单中所有清单项目的综合单价及其合价和（或）总价计价项目的价格，且每个清单项目应只填报一个报价。

未按要求填报（漏填或未填）综合单价及其合价和（或）清单项目价格的，应按计价标准规定完成相关投标报价澄清或说明，相关清单项目报价可视为已包含在投标总价中。

（9）采用总价合同的工程，投标人应按计价标准规定补充完善工程量清单，并完整填报工程量清单中所有清单项目的综合单价及其合价和（或）总价计价项目的价格，且每个清单项目应只填报一个报价。未按要求填报（漏填或未填）综合单价及其合价和（或）清单项目价格的，可按计价标准规定完成相关的投标报价澄清或说明，相关清单项目报价可视为已包含在其他的清单项目中。

（10）投标人的投标总价应与分部分项工程项目清单、措施项目清单、其他项目清单、税金项目清单的合价总额一致。如投标总价与前述合价总额不相符的，应在保持投标总价不变的前提下，按计价标准的规定调整已标价工程量清单。

2. 投标报价的编制依据

（1）《建设工程工程量清单计价标准》GB/T 50500—2024 和相关的国家级行业工程量计算标准；（2）招标文件（包括招标工程量清单、合同条款、招标图纸、技术标准规范等）及其补遗、答疑、异议澄清或修正；（3）国家及省级、行业建设主管部门颁发的工程计量计价规定以及根据工程需要补充的工程量计算规则；（4）与招标工程相关的技术、标准、规范等技术资料；（5）工程特点及交付标准、地勘水文资料、现场踏勘情况；（6）投标人的工程实施方案及投标工期；（7）投标人企业定额、工程造价数据、市场价格信息及价格变动预期、装备及管理水平、造价资讯等；（8）其他相关资料。

3. 投标报价的编制方法

在编制投标报价之前，需要先对清单工程量进行复核。因为工程量清单中的各分部分项工程量并不十分准确，若设计深度不够则可能有较大的误差，而工程量的多少是选择施工方法、安排人力和机械、准备材料必须考虑的因素，自然也影响分部分项工程的单价。

（1）分部分项工程和措施项目计价表的编制

确定综合单价是分部分项工程和单价措施项目清单与计价表编制过程中最主要的内容。综合单价包括完成一个规定清单项目所需的：人工费、材料和工程设备费、施工机具使用费、企业管理费、利润，并考虑风险费用的分摊。

① 确定综合单价时的注意事项

a. 以项目特征描述为依据。投标人投标报价时应依据招标文件中清单项目的特征描述确定综合单价。

ⅰ在招标投标过程中，当招标工程量清单特征描述与设计图纸不符时，投标人应以招标工程量清单的项目特征描述为准，确定投标报价的综合单价。

ⅱ当施工中施工图纸或设计变更与招标工程量清单项目特征描述不一致时，发承包双方应按实际施工的项目特征，依据合同约定重新确定综合单价。

b. 材料、工程设备暂估价的处理：

对于招标文件中在其他项目清单中提供了暂估单价的材料和工程设备，应按其暂估的单价计入清单项目的综合单价中。

c. 考虑合理的风险：

招标文件中要求投标人承担的风险费用，投标人应考虑计入综合单价。

② 确定综合单价的步骤和方法

$$综合单价 = \frac{人工费 + 材料费 + 施工机具使用费 + 管理费 + 利润 + 合理的风险费用}{招标清单工程量}$$

（2）总价措施项目清单与计价表的编制

对于不能精确计量的措施项目，应编制总价措施项目清单与计价表。投标人对措施项目中的总价项目投标报价应遵循以下原则：

① 措施项目的内容应依据招标人提供的措施项目清单和投标人投标时拟定的施工组织设计或施工方案确定；② 措施项目费由投标人自主确定。

其中安全生产措施费必须按照国家或省级、行业建设主管部门的规定计价，不得作为竞争性费用。

（3）其他项目清单与计价表的编制

投标人对其他项目费投标报价时应遵循以下原则：

① 暂列金额按招标工程量清单中列出的金额填写。② 暂估价不得变动和更改。③ 计日工按招标工程量清单中列出的项目和数量，自主确定综合单价并计算计日工金额。④ 总承包服务费根据招标文件中提出的需要投标人提供服务的范围、内容、要求及其招标工程量清单的特征描述自主确定，并列明其相应的计算方法。

（4）税金项目计价表的编制

税金应按国家政府主管部门的规定计算，不得作为竞争性费用。

（5）投标报价的汇总

① 招标工程量清单与计价表中列明的所有需要填写单价和合价的项目，投标人均应填写且只允许有一个报价。

② 未填写单价和合价的项目，可视为此项费用已包含在已标价工程量清单其他相关项目的单价和合价之中。

③ 不能进行投标总价优惠（或降价、让利），投标人对投标报价的任何优惠（或降价、让利）均应反映在相应清单项目的综合单价中。

◆ 考法1：投标报价编制的相关内容

【例题1·多选题】关于工程量清单计价下施工企业投标报价的说法，正确的有（　　）。

A. 投标报价由投标人依据计价标准规定自主确定

B. 严禁投标报价低于成本价、高于招标人公布的最高投标限价

C. 如投标总价与各项合价总额不相符，应向招标人申请修改投标总价

D. 采用单价合同的招标工程，无论投标人是否提出疑问或异议，分部分项工程清单的完整性和准确性由投标人负责

E. 若投标人认为需要增加措施项目的，可在已标价工程量清单的措施项目中补充列项并报价

【答案】A、B、E

【解析】本题的考核点是投标报价编制的一般规定。

【例题2·单选题】根据《建设工程工程量清单计价标准》GB/T 50500—2024，投标人在确定分部分项工程的综合单价时，若出现某招标工程量清单项目特征描述与设计图纸不符，但均符合设计规范，应以（　　）为准。

A. 设计图纸及其说明　　　　　　　B. 设计规范

C. 招标工程量清单的项目特征描述　D. 实际施工的项目特征

【答案】C

【解析】本题的考核点是确定投标报价编制中分部分项工程和措施项目计价表的综合单价需注意的事项。

【例题3·单选题】关于投标人对措施项目中的总价项目投标报价编制，下列说法中错误的是（　　）。

A. 措施项目的内容只需依据投标人投标时拟定的施工组织设计确定

B. 措施项目费由投标人自主确定

C. 安全生产措施费不得作为竞争性费用

D. 措施项目的内容应依据招标人提供的措施项目清单和投标人投标时拟定的施工组织设计或施工方案确定

【答案】A

【解析】本题的考核点是投标报价的编制方法——总价措施项目清单与计价表的编制。

【例题4·多选题】根据《建设工程工程量清单计价标准》GB/T 50500—2024，关于投标人其他项目清单编制的说法，正确的有（　　）。

A. 专业工程暂估价必须按照招标工程量清单中列出的金额填写

B. 暂列金额应按照招标工程量清单中列出的金额填写，不得变动

C. 计日工应按照招标工程量清单列出的项目和数量，自主确定综合单价并计算计日工金额

D. 总承包服务费应根据招标文件中提出的需要投标人提供服务的范围、内容、要求及其招标工程量清单的特征描述自主确定

E. 材料暂估价由投标人根据市场价格变化自主测算确定

【答案】A、B、C、D

【解析】本题的考核点是投标报价编制时其他项目费编制规则。

◆ 考法 2：投标报价编制的计算及分析

【例 5·2024 年真题·单选题】已知招标工程量清单中挖土方工程量 5000m³，投标人根据施工方案确定的挖土方工程量 5600m³。经测算，投标人完成该土方工程的人、材、机费用之和 275500 元，管理费取人、材、机费用之和的 10%，利润取人、材、机费用及管理费之和的 6%。该土方工程报价的综合单价应为（　　　）元/m³。

    A．55.10　　　　　　　　　　　　B．57.36

    C．60.61　　　　　　　　　　　　D．64.25

【答案】D

【解析】本题的考核点是投标报价时分部分项工程综合单价的计算。

$$综合单价 = \frac{人工费 + 材料费 + 施工机具使用费 + 管理费 + 利润 + 合理的风险费用}{招标清单工程量}$$

$$= \frac{275500 + 275500 \times 10\% + 275500 \times (1 + 10\%) \times 6\%}{5000} = 64.25 \text{ 元}/m^3。$$

【例 6·单选题】根据《建设工程工程量清单计价标准》GB/T 50500—2024，招标工程量清单中挖土方工程量为 20000m³。定额子目工程量为 35000m³，挖土方定额人工费 7 元/m³，材料费 1 元/m³，机械使用费 2 元/m³，管理费取人、材、机费用之和的 14%，利润率取人、材、机费用与管理费之和的 8%。不考虑其他因素，该挖土方工程的综合单价为（　　　）元/m³。

    A．21.55　　　　　　　　　　　　B．21.35

    C．12.31　　　　　　　　　　　　D．11.40

【答案】A

【解析】本题的考核点是分部分项工程综合单价的计算。

$$综合单价 = \frac{人工费 + 材料费 + 施工机具使用费 + 管理费 + 利润 + 合理的风险费用}{招标清单工程量}$$

由于清单工程量与定额子目工程量不一致，清单工程量不能直接用于计价，应按照定额子目工程量来计算各项费用。

人、材、机总费用 =（7 + 1 + 2）× 35000 = 350000 元，

管理费 = 人、材、机总费用 × 14% = 350000 × 14% = 49000 元，

利润 =（人、材、机总费用 + 管理费）× 8% =（350000 + 49000）× 8% = 31920 元，

故，综合单价 =（350000 + 49000 + 31920）/20000 = 21.55 元/m³。

【例题 7·多选题】施工企业拟投标一个单独招标的分部分项工程项目，清单工程量为 10000m³。企业经测算，完成该分部分项工程施工直接消耗的人、材、机费用为 200 万元（不含增值税进项税额）。估计管理费为 16 万元，风险费用 2 万元，利润 30 万元。为完成该分部分项工程的措施项目费估计为 44 万元（其中安全生产措施费 18 万元）。估计税金 9 万元。不考虑其他因素，关于该分部分项工程的说法，正确的有（　　　）。

    A．全费用综合单价为 292 元/m³

    B．工料单价为 200 元/m³

C. 按现行清单计价标准综合单价为 248 元 /m³

D. 按现行清单计价标准，为了中标，税金可降至 6 万元

E. 按现行清单计价标准，措施项目费报价不能低于 18 万元

【答案】B、C、E

【解析】本题的考核点是投标报价的综合分析。

（1）工料单价＝（人、材、机总费用）/ 清单工程量＝200/1＝200 元 /m³。

（2）综合单价＝（人、材、机总费用＋管理费＋利润＋风险费用）/ 清单工程量

$$＝（200＋16＋30＋2）/1＝248 元 /m³。$$

（3）全费用综合单价＝（人、材、机总费用＋管理费＋利润＋风险费用＋税金）/

清单工程量

$$＝（200＋16＋30＋2＋9）/1＝257 元 /m³。$$

（4）税金属于不可竞争的费用，必须按照有关规定计价。

（5）措施项目中的安全生产措施费应按照国家或省级、行业主管部门的规定计算确定，不得作为竞争性费用。

16.5　合同价款约定

核心考点　合同价款约定

承发包双方应在合同条款中，对相关事项进行约定。

第17章 工程计量与支付

本 章 核 心 考 点 提 纲

17.1 工程计量 ⟶ ★ 工程计量
- 1. 工程计量一般规定
- 2. 分部分项工程计量
- 3. 措施项目计量
- 4. 工程变更计量
- 5. 计日工计量
- 6. 返工工程计量
- 7. 新增工程计量

17.2 合同价格调整
- ★ 合同价格调整——工程量清单缺陷
- ★ 合同价格调整——暂列金额
- ★ 合同价格调整——暂估价
- ★ 合同价格调整——总承包服务费
- ★ 合同价格调整——计日工
- ★ 合同价格调整——物价变化

17.3 工程变更价款确定
- ★ 工程变更
- ★ 新增工程
- ★ 工程变更价款调整方法的应用

17.4 工程索赔
- ★ 因法律法规与政策变化事件导致的工程索赔
- ★ 因不可抗力事件导致的工程索赔
- ★ 因非承包人原因发生暂停施工事件导致的工程索赔
- ★ 因提前竣工（赶工）事件导致的工程索赔
- ★ 因工期延误导致的工程索赔
- ★ 承包人索赔及发包人索赔
- ★ 索赔费用的组成与计算
- ★ 现场签证

17.5 合同价款期中支付 ⟶ ★ 合同价款期中支付
- 1. 一般规定
- 2. 预付款
- 3. 安全生产措施费
- 4. 进度款

17.6 结算与支付 ⟶ ★ 结算与支付
- 1. 施工过程结算
- 2. 竣工结算
- 3. 合同解除结算
- 4. 质量保证金
- 5. 最终结清

17.7 合同价款争议的解决 ⟶ ★ 合同价款争议的解决 ⟶ 一般规定

17.1 工程计量

核心考点 工程计量

1. 工程计量一般规定

（1）合同工程需要工程计量的，应以承包人按合同要求已完成且应予计量的工程进行计量。

工程数量应按发承包双方约定的相关工程国家及行业工程量计算标准及补充的工程量计算规则计算。

（2）发承包双方应在合同约定的时间节点、工程形象目标节点或工程进度节点进行工程计量。

（3）合同约定执行物价变化价格调整的分部分项工程项目清单，应按约定的调价周期相对应的已完成工程进行分段计量。

（4）承包人实施的下列工程及工作不应予计量：

① 承包人为完成永久工程所实施的临时工程（合同约定应予计量的临时工程除外）；② 承包人原因引起超出合同约定工程范围的工程；③ 承包人所完成、但不符合合同图纸及合同规范要求的工程；④ 承包人拆除及迁离不符合合同图纸及合同规范要求的工程或工作；⑤ 承包人责任造成的其他返工。

（5）承包人应以书面形式提交相关工程的计量成果给发包人核对，发包人收到承包人的计量成果后应在约定时间内将核对结果以书面形式通知承包人。发包人未在约定时间内提供核对结果的，可视为承包人提交的计量成果已获得发包人认可。承包人提交的计量成果可作为工程价款的计算依据，但不应作为相关工程已合格交付的依据。

（6）承包人收到发包人核对结果后应在约定的时间内以书面形式确认，或以书面形式向发包人提交复核结果存在偏差的意见和详细计算资料。

承包人提交复核结果意见的，发包人收到后应在约定时间内以书面形式确认，或将复查结果以书面形式通知承包人。发包人未在约定时间内提供复查结果的，可视为承包人提交的复核结果意见已获得发包人认可。

（7）发承包双方应在达成一致的相关工程计量成果上签署确认。发承包双方通过核对、复核、复查仍无法达成一致的，可按计价标准规定的争议解决方式处理。

（8）发承包双方签署确认的工程计量成果应作为合同价款调整、工程结算的依据。

合同另有约定或发承包双方明确仅作为工程进度款支付依据及工程计量成果为粗略估算的除外。

2. 分部分项工程计量

（1）单价合同的分部分项工程项目清单工程量应按下列规定计算：

① 单价计价清单项目应依据发包人提供的工程实际使用施工图纸及颁发和确认的变更指令，按照合同约定的国家及行业工程量计算标准及补充的工程量计算规则进行重新计量。

② 工程变更应按计价标准规定计算工程量，并调整合同价格。

③ 工程量清单缺陷引起的工程量增减应按规定调整合同价格，但以项计价的分部分项工程清单项目不应重新计量及调整。

④ 以综合单价形式计价、在分部分项工程项目清单中所列属于措施项目的模板工程及合同约定应予计量的其他措施项目，按上述①②③规定执行。

（2）总价合同的分部分项工程项目清单工程量应按下列规定计算：

① 除招标工程量清单中说明为暂定数量单价计价的分部分项工程项目清单和工程变更外，分部分项工程项目清单不应重新计量。

分部分项工程项目清单存在工程量清单缺陷的，合同价格不应调整。

② 合同约定的分部分项工程项目清单工程量为暂定数量的单价计价清单项目，应按单价合同的规定计量。

3. 措施项目计量

（1）除合同另有约定或工程变更规定应予计量的措施项目外，已标价工程量清单的措施项目均不予计量调整。

（2）安全生产措施费用应按合同约定执行。

（3）专业工程暂估价已包含其措施项目费用，不应另外计算。

（4）下列暂列金额应按计价标准相关规定进行计量：① 合同另有约定；② 计价标准规定用于工程变更、新增工程、工程索赔的暂列金额；③ 用于未能完全预见或详细说明的工程。

上述之外的暂列金额已包含在已标价工程量清单的措施项目中，不应另外计量调整。

4. 工程变更计量

（1）工程变更引起的应予计量的工程量，应按合同约定的工程量计算规则、适用的国家及行业工程量计算标准计算。

（2）采用单价合同的工程变更，应按发包人颁发或确认的变更指令及实际施工图纸重新计算分部分项工程清单项目及工程量，并与合同图纸工程量清单项目及其工程量进行比较，计量清单差异的增减变更项目及其变更工程量。

（3）采用总价合同的工程变更，应按发包人颁发或确认的变更指令及实际施工图纸与合同图纸进行比较，差异部分的分部分项工程项目清单即为工程变更项目，应按合同约定的工程量计算规则及适用的国家及行业工程量计算标准的清单项目分类和工程量计算规则计算变更项目及其变更工程量。

（4）由于工程变更引起的措施项目变化，应按发包人批准的承包人专为工程变更拟定的实施方案或实际发生内容，计算其因工程变更而需要增加投入的施工管理人员、增加搭设的临时设施及其他增加的施工措施工程（工作）量。

工程变更引起合同工期变化的，应依据发包人批准的工期延长或缩短的时间计算调整，作为计算变更工程价格的依据。

5. 计日工计量

（1）如承包人认为有关项目或工作不适宜按分部分项工程、措施项目和工程变更计量计价的，承包人应在合同约定的时间内向发包人提出（按计日工计量）。

若发包人未在约定时间内批复的，应视为同意承包人按照计日工方式进行计量。

（2）下列工程项目及零星工作可采用计日工计量计价：

① 不能依据施工图纸、工程变更及合同约定计量规则进行计量的增加工程或替代工程；② 按发包人要求增加的短工期、零星、有限工程范围、少量工程数量的工程项目；③ 极端变化的工作条件引起的非正常操作；④ 进行紧急工程引起其他工程损坏的修复；⑤ 按发包人要求打开已隐蔽的工程，但相关工程通过检测证明符合合同要求的；⑥ 修复其他承包人完成工作后周边受影响工程的费用；⑦ 因发包人暂缓（停）工程引起工程延期而必须更换材料的费用；⑧ 合同范围外发包人特殊要求的清扫和清场工作；⑨ 合同范围外发包人要求的测试运行；⑩ 非承包人原因引起的修复和恢复被损坏的微小工程（大规模的损坏恢复应按工程变更规定计量与计价）。

（3）采用计日工计价的任何一项工作，在该项工作实施过程中的每一天，承包人应将每天发生计日工内容的下列报表和有关凭证报送给发包人核实：

① 工作名称、内容和数量；② 投入该工作所有人员的姓名、工种、级别和耗用工时；③ 投入该工作的材料名称、类别、规格、品牌和数量；④ 投入该工作的施工机具型号、数量和耗用台班；⑤ 发包人要求提交的其他资料和凭证。

任何一项非当天完成的计日工工作持续进行时，承包人应在该项工作实施结束后，在约定的时间内向发包人提交计日工签证报告，内容应包括每天计日工记录的汇总。

（4）发包人应在收到承包人提交报表后的约定时间内以书面形式通知承包人相关的核实结果，并在收到承包人提交的计日工签证报告后，在约定时间内进行复核。如发包人未在约定时限内提供核实结果或复核结果的，应视为承包人提交的报表或计日工签证报告中的内容已获得发包人认可。

发承包双方应按照共同确认的内容签署相关的计日工确认结果，作为计算相关计日工价格的依据。

6. 返工工程计量

（1）工程变更或发包人责任事件引起承包人已完成的部分或全部工程的返工，或引起承包人已采购及已加工的材料报损或报废的，承包人应在合同约定时间内以书面形式向发包人提出返工确认要求，并提供相关的证明资料。

承包人未在约定时间内提出相关返工确认要求的，应视为相关工程变更指令或发包人责任事件未造成工程返工或已采购及已加工材料的报损或报废，返工工程量不应计量，相关的费用不应补偿。

发包人应按约定时间参与承包人完成的返工工程的确认。

如发包人未按约定参与返工工程确认且未提出异议的，承包人可与监理人共同完成相关的确认，其确认结果应视为已获得发包人认可。

（2）发承包双方应在完成确认后签署相关的返工确认单。返工确认单应符合下列规定：

① 返工工程的工程量可以按相关的施工图纸或工程变更指令计量的，应在返工确认

单中明确用于计算返工工程的施工图纸或变更指令；②返工工程的工程量不能按相关的施工图纸或工程变更指令计量的，发承包双方应在返工确认单中确定返工的项目及其工程量；③报损或报废的已采购及已加工材料，发承包双方应在返工确认单中确定其材料的名称、规格、品牌、数量、单价或总价及处理方式。

（3）属于工程变更或发包人责任原因的，返工确认单内的返工工程项目及其工程量、报损或报废的已采购及已加工材料及其数量，为相关返工工程的计量工程量。

属于承包人责任原因的，返工工程相关工程量不应计量。

（4）如返工工程引致合同工期实质性延长或缩短的，可计算措施项目费用。

7. 新增工程计量

（1）完成新增工程可按单价合同的分部分项工程计量规定计算其分部分项工程项目清单工程量，作为计算新增工程价格的依据。

（2）承包人为实施新增工程所发生的措施项目，可参照工程变更或发包人责任事件引致的措施项目变化规定计量，作为计算新增工程量价格的依据。

◆**考法：工程计量的规定与规则**

【例题1·单选题】关于工程计量，下列说法中错误的是（　　）。

  A. 合同工程需要工程计量的，应以承包人按合同要求已完成且应予计量的工程进行计量

  B. 无论采用何种计价方式，其工程量必须按照相关工程现行国家计算标准规定的工程量计算规则计算

  C. 无论合同如何约定，承包人为完成永久工程所实施的临时工程均应予以计量

  D. 发承包双方签署确认的工程计量成果应作为合同价款调整、工程结算的依据

【答案】C

【解析】本题的考核点是工程计量一般规定的相关内容。

【例题2·多选题】承包人实施的下列工程及工作中，不予计量的有（　　）。

  A. 承包人为完成永久工程所实施的临时工程

  B. 承包人原因造成超出合同约定工程范围的工程

  C. 工程变更引起的增减工程量

  D. 发包人责任事件引致的返工工程量

  E. 承包人拆除及迁离不符合合同图纸及合同规范要求的工程或工作

【答案】A、B、E

【解析】本题的考核点是工程计量规定及规则。

【例题3·多选题】总价合同的分部分项工程项目清单工程量应予重新计量的有（　　）。

  A. 分部分项工程量清单存在缺陷的

  B. 承包人责任造成的返工工程

  C. 合同约定的分部分项工程项目清单工程量为暂定数量的单价计价清单项目

  D. 工程变更

E. 承包人所完成、但不符合合同图纸的工程

【答案】C、D

【解析】本题的考核点是分部分项工程计量的相关规则。

【例题4·单选题】关于措施项目计量，下列说法中错误的是（　　　）。

    A. 除合同另有约定或工程变更外，已标价工程量清单的措施项目均应不予计量调整

    B. 专业工程暂估价已包含其措施项目费用，不应另外计算

    C. 一般情况下，暂列金额的措施项目费已包含在已标价工程量清单的措施项目中，不应另外计量调整

    D. 在分部分项工程项目清单中所列属于措施项目的模板工程，不应重新计量调整

【答案】D

【解析】本题的考核点是分部分项工程和措施项目计量的相关规定。

【例题5·多选题】以下工程项目或零星工作可采用计日工计量的有（　　　）。

    A. 极端变化的工作条件引致的非正常操作

    B. 进行紧急工程引致其他工程损坏的修复

    C. 新增工程

    D. 合同外发包人要求进行的测试运行

    E. 修复其他承包人完成工作后周边受影响工程的费用

【答案】A、B、D、E

【解析】本题的考核点是计日工计量的相关规定。

17.2　合同价格调整

核心考点一　合同价格调整——工程量清单缺陷

1. 单价合同价格调整

（1）采用单价合同的工程，应依据计价标准的规定重新计量合同图纸的分部分项工程项目清单的所有清单项目及工程量，并按下列规定调整其与已标价工程量清单存在差异的工程量清单缺陷引起的合同价格：

① 工程量清单缺陷引致清单项目增加或减少的，增减工程量未超过相应清单项目合同清单所含工程量的15%（含15%）的，应按单价合同工程变更的相应规定计算调整合同价格。

② 工程量清单缺陷引致清单项目增加或减少的，增减工程量超过相应清单项目合同清单所含工程量的15%（不含15%）的，应按单价合同工程变更相应规定计算调整合同价格。

（2）采用单价合同的工程，按照规定完成工程量清单缺陷修正的，除安全生产措施项目及以综合单价形式计价、在分部分项工程项目清单中所列属于措施项目的模板工程及合同约定应予计量的其他措施项目外，合同清单的措施项目清单及合同工期均不应予调整。

2. 总价合同价格调整

采用总价合同的工程，合同价格及合同工期不应因合同清单缺陷而调整。

但合同约定的分部分项工程项目清单工程量为暂定数量单价计价的项目，应按相应规定调整。

◆**考法 1：工程量清单缺陷导致合同价格调整方法**

【例题 1·单选题】采用单价合同的工程，按规定完成工程量清单缺陷修正的，除安全生产措施项目及以综合单价形式计价、在分部分项工程项目清单中所列属于措施项目的模板工程及合同约定应予计量的其他措施项目外，合同清单的措施项目清单及合同工期（　　）。

    A. 增减未超过 15% 的，应按单价合同工程变更计算调整合同价格

    B. 增减超过 15% 的，应按单价合同工程索赔计算调整合同价格

    C. 增减超过 10% 的，应按计价标准中新增工程计算调整合同价格

    D. 均应不予调整

【答案】D

【解析】本题的考核点是工程量清单缺项导致价款调整的相关规定。

【例题 2·单选题】采用总价合同的工程，下列事项应按规定调整的是（　　）。

    A. 工程量清单缺陷导致的合同价格增减变化

    B. 工程量清单缺陷导致的合同工期延长

    C. 合同约定的分部分项工程项目清单工程量为暂定数量单价计价的项目

    D. 最高投标限价计算错误。

【答案】C

【解析】本题的考核点是工程量清单缺项导致价款调整的相关规定。

◆**考法 2：工程量偏差价款调整的计算**

【例题 3·单选题】某混凝土工程招标清单工程量为 $200m^3$，合同约定的综合单价为 600 元 $/m^3$，当实际完成并经监理工程师确认的工程量超过清单工程量 15% 时可调整综合单价，调价系数为 0.9。施工过程中，因设计变更导致实际工程量为 $250m^3$。则该混凝土工程的工程价款为（　　）万元。

    A. 12.00　　　　　　　　　　　B. 14.74

    C. 14.88　　　　　　　　　　　D. 15.00

【答案】C

【解析】本题的考核点是工程量偏差导致价款调整的计算。

当合同中有约定，且最终完成的实际工程量 >1.15 倍的招标清单列出的工程量时，结算的工程价款 = 1.15 倍的招标清单工程量 × 合同约定的综合单价 +

      （实际完成工程量 − 1.15 倍招标清单工程量）× 调整后综合单价

      = $200×（1+15\%）×600+［250−200（1+15\%）］×600×0.9$

      = $138000+10800=148800$ 元。

核心考点二　合同价格调整——暂列金额

（1）合同总价内的暂列金额应由发包人掌握，依据发包人发出的指令使用。

（2）合同总价内的暂列金额用于未能完全预见或详细说明的工程的，发承包双方应根

据双方确认的施工图纸计算分部分项工程项目清单工程量，按合同单价计算调整价格。

完成相关工程引起措施项目费用变化的，可按工程变更规定计算调整。

合同总价应按所确定的调整价格与暂列金额的差异进行调整。

（3）合同总价内的暂列金额用于工程合同价格调整的，发承包双方应按计价标准规定计算调整价格，合同总价应按所确定的调整价格与暂列金额的差异进行调整。

（4）发生工程变更、工程索赔而引起措施项目、合同工期变化的，应分别调整措施项目费用和合同工期。

合同总价应按所确定的调整价格与暂列金额的差异调整。

发生其他用于合同价格调整的暂列金额事件的，合同清单的措施项目费与合同工期均不应做调整。

（5）在合同履行过程中没有发生暂列金额调整事件的，合同总价包括的暂列金额应在结算时全部扣除。

如发生暂列金额调整事件的，发承包双方应按相关规定进行暂列金额调整价格的申报、核实及确定，并支付相应的价款。

◆**考法：合同价格调整——暂列金额的相关规定**

【**例题·单选题**】关于暂列金额，下列说法中错误的是（　　　）。

A. 合同总价内的暂列金额应由发包人掌握，依据发包人发出的指令使用

B. 清单缺陷引起措施项目、合同工期变化的，应分别调整措施项目费用和合同工期

C. 投标人只需要直接将招标工程量清单中所列的暂列金额纳入投标总价，并且不需要在所列的暂列金额以外再考虑任何其他费用

D. 合同总价内的暂列金额用于工程合同价格调整的，发承包双方应按计价标准规定计算调整价格，合同总价应按所确定的调整价格与暂列金额的差异进行调整

【**答案**】B

【**解析**】本题的考核点是合同价格调整——暂列金额的相关规定。

核心考点三　合同价格调整——暂估价

（1）发包人在招标工程量清单中给定暂估价的材料和（或）专业工程属于依法必须招标的，应以招标确定的材料税前价格和（或）含税专业分包工程价格取代暂估价，调整合同价格。

① 由发包人作为招标人进行暂估价材料和暂估价专业工程招标的，组织招标工作有关的费用应由发包人承担。需要承包人配合的，其配合费用应由承包人自行承担。

② 由承包人作为招标人进行暂估价材料和暂估价专业工程招标的，其组织招标工作有关的费用应被认为已经包括在承包人的投标总价（合同签订价格）中。需要发包人配合的，其配合费用应由发包人自行承担。

③ 由发包人和承包人共同作为招标人进行暂估价材料、暂估价专业工程招标的，发承包双方应各自承担相应的费用。

（2）发包人在招标工程量清单中给定材料暂估价不属于依法必须招标的，应由承包人进行采购询价或自主报价（承包人自产自供的），经发包人确认价格后（或由发承包双方共同询价确认价格后）以税前价格取代暂估价，并计算相应价格调整引致的增值税变化，调整合同价格。

材料暂估价的价格调整，应只调整综合单价的材料暂估价价格，合同清单中该清单项目的综合单价的其他费用不作调整。

调整后的合同单价可用于计价标准规定的工程量清单缺陷、暂列金额、工程变更的计价。

（3）发包人在招标工程量清单中给定的专业工程暂估价不属于依法必须招标的，可参照新增工程的相关规定，确定含增值税的专业工程价格（或可由发承包双方共同招标确定含增值税专业工程价格），并以此取代专业工程暂估价，调整合同价格。

（4）承包人参加由发包人作为招标人的暂估价专业工程投标并中标的，应按规定扣减该专业工程的总承包服务费。

◆ **考法 1：合同价格调整——暂估价的相关规定**

【例题 1·单选题】发包人在招标工程量清单中给定材料暂估价和专业工程暂估价属于依法必须招标的，应（　　　）。

A. 以招标确定的材料税前价格和含税专业工程价格为取代暂估价，调整合同价格

B. 按照工程变更相关规定确定专业工程价款，并以此为依据取代专业工程暂估价，调整合同价格

C. 由承包人进行采购定价或自主报价，经发包人确认单价后取代暂估价，调整合同价格

D. 按照招标工程量清单给定的价格计价，不得调整合同价格

【答案】A

【解析】本题的考核点是合同价格调整中暂估价的调整方法。

【例题 2·单选题】由承包人作为招标人进行材料、专业工程暂估价招标的，其组织招标工作有关的费用应当（　　　）。

A. 按照工程变更规定由发包人另行确认支付

B. 由发承包双方按商定比例承担

C. 从总承包服务费中扣减

D. 被认为已经包括在承包人的签约合同价（投标总报价）中，不调整合同价格

【答案】D

【解析】本题的考核点是工程价格调整中暂估价调整的方法。

◆ **考法 2：合同价格调整——暂估价的案例应用分析**

【例题 3·单选题】根据《建设工程工程量清单计价标准》GB/T 50500—2024，工程量清单计价的某分部分项工程综合单价为 500 元 /m^3，其中暂估材料单价 300 元，管理费率 5%，利润率 7%。工程实施后，暂估材料的单价确定为 350 元。结算时该分部分项工程综合单价为（　　　）元 /m^3。

A. 350.00　　　　　　　　　　　B. 392.00

　　C. 550.00　　　　　　　　　　　D. 556.18

【答案】C

【解析】本题的考核点是合同价格调整——暂估价的案例应用分析。

　　材料暂估价的价格调整，应只调整综合单价的材料暂估价价格，合同清单中该清单项目的综合单价的其他费用不作调整。

　　本题中只需要用工程实施后确定的暂估材料单价 350 元取代原综合单价中暂估材料单价 300 元即可，管理费和利润不得变动，结算时的分部分项工程综合单价为 550 元 /m³。

【例题 4·单选题】某工程招标，将现浇混凝土构件钢筋作为暂估价，为 3600 元 / 吨。工程实施后，根据市场价格波动，将各规格现浇钢筋加权平均认定为 4185 元 / 吨，此时，对该暂估价项目正确的计价方法是（　　　）。

　　A. 仍应按 3600 元 / 吨计价　　　　B. 应在综合单价中以 4185 元取代 3600 元

　　C. 按价格指数变动计算确定　　　　D. 按造价管理信息确定

【答案】B

【解析】本题的考核点是合同价格调整——暂估价的案例应用分析。

核心考点四　合同价格调整——总承包服务费

（1）若合同约定的发包人提供材料变更为承包人提供的，发承包双方应按规定调整相应分部分项工程项目清单的综合单价，并扣除合同总价中计取的相应发包人提供材料的总承包服务费。

（2）若合同履行过程中发生合同约定的承包人提供材料变更为发包人提供的，发承包双方应按规定计算新增发包人提供材料的总承包服务费，调整合同总承包服务费。

（3）若合同履行过程中发生暂估价专业分包工程、发包人直接发包的专业工程取消，或确定由承包人负责完成，或承包人按规定中标，或在承包人的合同工程已竣工且撤离现场后进行的，发承包双方应扣除合同总价中计取的相应专业分包工程、直接发包的专业工程的总承包服务费。

（4）若总承包服务费以项计价的，总承包服务费除可按规定扣减或调整外，应为风险包干，工程结算不应作调整。

　　如总承包服务费以费率计价，且合同未约定费率计价基础或约定不明的，总承包服务费除可按计价标准相关规定调整外，工程结算可按专业分包工程、直接发包工程的分包合同价、发包人提供材料的供货合同价进行计算。

（5）发包人同意的专业分包工程发生工程变更或发包人原因引起相关专业分包工程、直接发包的专业工程的实质性工期改变，发承包双方可按下式计算调整受影响的专业分包工程（或直接发包专业工程）总承包服务费：

　　总承包服务费调整价款 = 受影响的专业分包工程总承包服务费 ×

$$\frac{受影响的专业分包工程工期}{受影响的专业分包延误的工期}$$

（6）承包人原因引起相关专业分包工程、直接发包专业工程的实质性工期延长，承包人应向发包人赔偿依据工程索赔条款规定确定的误期赔偿费。

◆**考法 1：合同价格调整——总承包服务费的相关规定**

【**例题 1·单选题**】若合同履行过程中发生暂估价专业分包工程、发包人直接发包的专业工程取消，发承包双方应（　　　）。

  A. 按规定调整相应分部分项工程项目清单的综合单价，并扣除合同总价中计取的相应发包人提供材料的总承包服务费

  B. 对总承包服务费不作调整，因为总承包服务费应为风险包干

  C. 扣除合同总价中计取的相应专业分包工程、直接发包的专业工程的总承包服务费

  D. 按规定计算新增发包人提供材料的总承包服务费，调整合同总承包服务费

【**答案**】C

【**解析**】本题的考核点是合同价格调整——总承包服务费的相关规定。

◆**考法 2：合同价格调整——总承包服务费调整计算**

【**例题 2·单选题**】某施工合同履行过程中，因发包人原因引起某专业分包工程工期延误 5 天。该专业分包工程合同工期 60 天，其总承包服务费的合同金额为 30 万元。则该专业分包工程的总承包服务费应调整的价款为（　　　）万元。

  A. 3.0   B. 1.5

  C. 2.0   D. 2.5

【**答案**】D

【**解析**】本题的考核点是合同价格调整——总承包服务费价款调整计算。

  总承包服务费调整价款＝30×5/60＝2.5 万元。

核心考点五　合同价格调整——计日工

（1）合同工程发生不宜按合同约定和相关国家及行业工程量清单计价标准等计价的，发承包双方可采用计日工方式进行计价。

（2）采用计日工方式进行计价的工程或工作，应按计日工的规定计量，依据合同清单中计日工清单项目的综合单价计价。

（3）合同清单中没有已标价计日工清单项目或已标价计日工清单项目没有适用综合单价的，可按下列规定确定计日工综合单价：

① 人工费、材料费、施工机具使用费可按合同约定的市场价格信息来源所发布工程价格信息确定。

合同没约定或约定不明的，可依据工程所在地工程造价管理部门或行业发布的工程价格信息中的不含税人工、材料、施工机具租赁市场价格信息，以及合同清单中类似清单项目综合单价分析表中的明细价格组成等确定相应计日工综合单价。

② 工程所在地工程造价管理部门及行业发布的工程价格信息中没有相关市场价格信息的，可依据经发承包双方确认的承包人采购单价，以及合同清单中类似清单项目综合单价分析表中的明细价格组成等确定相应计日工综合单价。

（4）采用计日工计价的，计日工综合单价应包括计日工项目随机发生、少量发生等特

点造成的额外增加费用和计日工项目发生的措施项目费用，合同总价中的措施项目费用不应因发生计日工而调整。

（5）工程结算时，按合同约定应予计算的计日工项目应全部计算在结算总价内，但合同总价包含的合同清单中计日工清单项目应从结算总价中扣除。

◆ **考法：计日工的计价方法**

【例题1·单选题】按计日工计价时，若合同清单中没有已标价计日工清单项目或已标价计日工清单项目没有适用综合单价的，人工费、材料费、施工机具使用费可按（　　）。

    A. 发承包双方协商确定的单价计价

    B. 合同约定的市场价格信息来源所发布工程价格信息确定

    C. 由承包人通过市场询价确定的价格计价

    D. 计日工发生当年造价管理部门发布的指导价月平均值计价

【答案】B

【解析】本题的考核点是合同价款调整中的计日工计价方法。

【例题2·单选题】关于计日工计价，下列说法正确的是（　　）。

    A. 计日工综合单价不包括计日工项目发生的措施项目费

    B. 合同总价中的措施项目费用应因发生计日工而相应调整

    C. 已标价工程量清单中没有该类计日工单价的，由发承包双方按工程变更的规定商定计日工单价的计算方法

    D. 工程所在地工程造价管理部门及行业发布的工程价格信息中没有相关市场价格信息的，可依据经发承包双方确认的承包人采购单价，以及合同清单中类似清单项目综合单价分析表中的明细价格组成等确定相应计日工综合单价

【答案】D

【解析】本题的考核点是合同价款调整中的计日工计价方法。

核心考点六　合同价格调整——物价变化

1. 物价变化合同价格调整原则

（1）合同约定因物价变化引起合同清单的分部分项项目清单的人工费、材料费、施工机具使用费中的燃料动力费进行价格调整的，应依据合同约定的市场价格信息来源所发布的合同基准日与调价时间区段相关人工费、材料费、施工机具使用费中的燃料动力费市场价格信息所反映的价格波动幅度，计算调价区段超出合同约定幅度的人工费、材料费、施工机具使用费中的燃料动力费价差，并按下列（2）～（4）的规定调整其价格。

（2）合同约定调整的人工费、材料费、施工机具使用费中的燃料动力费市场价格波动超出合同约定幅度（未约定幅度的超过5%）时，可按价格指数调差法和价格信息调差法调整合同价格。

（3）若不属于合同约定调整的人工费、材料费、施工机具使用费中的燃料动力费的其他材料费市场价格出现异常变动，且是发承包双方在订立合同时无法预见的重大变化，继续履行合同对于受不利影响的合同一方明显不公平的，发承包双方可按风险合理分担原则，协商合同风险幅度或费用分担比例，承担相关部分的增（减）价差或据实调整合同价格。

（4）合同工程出现工期延长的，应按下列规定确定及调整合同履行期由于物价变化影响的价格：

① 因发包人原因引起工期延长的，计划进度日期后续工程的价格，采用计划进度日期与实际进度日期两者的较高者；

② 因承包人原因引起工期延长的，计划进度日期后续工程的价格，采用计划进度日期与实际进度日期两者的较低者；

③ 因非发承包双方原因引起工期延长的，可采用风险合理分担的原则确定计划进度日期后续工程的价格或据实调整合同价格。

（5）发包人提供材料的合同可由发包人按实际变化调整，但不列入合同总价。

材料暂估价按计价标准暂估价条款规定执行。

（6）除合同另有约定外，承包人按合同履行及完成工程所发生的下列费用不因物价变化而调整合同总价和合同单价的价格：

① 施工耗材费用；② 中小型工具使用费；③ 措施项目费用；④ 除燃料动力费外的其他施工机具使用费；⑤ 不属于合同约定调价项目的材料费（价格异常变动除外）；⑥ 超出合同约定调价范围及幅度内的价格变化，或调价项目的物价变化幅度未超过规定的人、材、机（燃料动力费）费用；⑦ 管理费及利润；⑧ 承包人自身原因产生的费用。

2. 价格指数调差法

因人工、材料、施工机具台班价格波动影响合同价格时，根据招标人提供的附录，承包人应提供可调价主要材料表，并采用投标函附录中的价格指数和权重表约定的数据，按下式计算差额并调整合同价格。

$$\Delta P = P_0 \Big[A + \Big(B_1 \times \frac{F_{t1}}{F_{01}} + B_2 \times \frac{F_{t2}}{F_{02}} + B_3 \times \frac{F_{t3}}{F_{03}} + \cdots + B_n \times \frac{F_{tn}}{F_{0n}} \Big) - 1 \Big]$$

招标工程的基准日价格指数，为投标截止日前 28 天的价格指数，招标人应在招标文件中予以明确。非招标工程为合同签订前 28 天的价格指数。

3. 价格信息调差法

（1）合同价格调整方法：采用投标截止日前 28 天（非招标工程为合同签订前 28 天）工程造价管理机构发布的信息价作为基准价，并且以计量周期工程造价管理机构发布的信息价作为现行市场价格的，可调价因子价格变化按照发包人提供的附录，承包人提供的可调价主要材料表（适用于价格信息调差法），由发承包双方约定的风险范围按下列规定调整合同价格。

① 承包人投标报价中可调价因子单价低于基准价：计量周期工程造价管理机构发布的单价涨幅以基准价为基础超过合同约定的风险幅度值，或材料单价跌幅以投标报价为基础超过合同约定的风险幅度值时，其超过部分按实调整。

② 承包人投标报价中可调价因子单价高于基准价：计量周期工程造价管理机构发布的单价跌幅以基准价为基础超过合同约定的风险幅度值，或材料单价涨幅以投标报价为基础超过合同约定的风险幅度值时，其超过部分按实调整。

③ 承包人投标报价中可调价因子单价等于基准价：计量周期工程造价管理机构发布

的单价涨、跌幅以基准价为基础超过合同约定的风险幅度值时，其超过部分按实调整。

（2）采用发包人认定的材料采购价格作为计量周期材料市场价格的，承包人应在采购材料前将采购数量和新的材料单价报送发包人核对，确认用于本合同工程时，发包人应确认采购材料的数量和单价，分批采购时按权重取平均值计算。发包人在收到承包人报送的确认资料后 3 个工作日不予答复的视为已经认可，作为调整合同价格的依据。如果承包人未报经发包人核对即自行采购材料，再报发包人确认调整合同价格的，如发包人不同意，则不作调整。

◆**考法 1：合同价格调整——物价变化合同价格调整原则**

【例题 1·单选题】由于发包人设计变更原因导致承包人未按期竣工，需对原约定竣工日期后继续施工的工程进行价格调整时，宜采用（   ）。

    A. 计划进度日期价格与实际进度日期价格两者的较低者

    B. 计划进度日期与实际进度日期两个价格的平均值

    C. 计划进度日期与实际进度日期两个价格中较高的一个

    D. 承包人与发包人协商新的价格指数

【答案】C

【解析】本题的考核点是物价变化引起合同价格调整原则。

【例题 2·多选题】除合同另有约定外，承包人按合同履行及完成工程所发生的下列费用中不因物价变化而调整合同总价和合同单价的有（   ）。

    A. 施工机具使用费

    B. 中小型工具使用费

    C. 措施项目费

    D. 管理费及利润

    E. 调价项目的物价变化幅度未超过规定的人工、材料、施工机具（燃料动力费）费用

【答案】B、C、D、E

【解析】本题的考核点是物价变化引起合同价格调整原则。

◆**考法 2：合同价格调整的计算——物价变化**

【例题 3·单选题】某工程施工合同约定根据价格调整公式调整合同价。已知不调值部分占合同总价的比例为 15%，可参与调值部分的费用类型、占合同总价的比例和相关价格指数见下表。若结算当月完成的合同额为 1000 万元，则调整后的合同金额为（   ）万元。

	占合同总价的比例	基准日期价格指数	合同签订时价格指数	结算时价格指数
人工	30%	101	103	106
钢筋	20%	101	110	105
混凝土	25%	105	109	115
木材	10%	102	102	105

A. 1000 B. 1017

C. 1034 D. 1050

【答案】D

【解析】本题的考核点是采用价格指数调差法进行价格调整的计算。

$$\Delta P = P_0 \left[A + \left(B_1 \times \frac{F_{t1}}{F_{01}} + B_2 \times \frac{F_{t2}}{F_{02}} + B_3 \times \frac{F_{t3}}{F_{03}} + \cdots + B_n \times \frac{F_{tn}}{F_{0n}} \right) - 1 \right]$$

$$= 1000 \times \left[15\% + \left(30\% \times \frac{106}{101} + 20\% \times \frac{105}{101} + 25\% \times \frac{115}{105} + 10\% \times \frac{105}{102} \right) - 1 \right]$$

$$= 50 \, \text{万元}。$$

所以，调整后的合同金额 = 1000 + 50 = 1050 万元。

【例题 4·单选题】 某工程在施工期间，省工程造价管理机构发布了人工费调增 10% 的文件，适用时间为发布当日，该工程本期完成合同价款 1576893.50 元，其中人工费 283840.83 元，与定额人工费持平，则本期人工费应（ ）。

A. 调减 28384.08 元 B. 调增 28384.08 元

C. 调增 157689.35 元 D. 不予调整

【答案】B

【解析】本题的考核点是采用价格信息调差法进行价格调整的计算。

人工费与定额人工费持平，低于发布价格，应予调增：283840.83 × 10% = 28384.08 元。

17.3 工程变更价款确定

核心考点一 工程变更

（1）采用单价合同的工程，因工程变更或工程量清单缺陷引起分部分项工程的清单项目变化或清单工程量发生变化，且工程量变化不超出 15%（含 15%）时，发承包双方应依据工程计量条款规定确认的工程变更或工程量清单缺陷引起变化的工程量，按下列规定确定综合单价并计价，调整合同价格：

① 相同施工条件下实施相同项目特征的清单项目，应采用相应的合同单价。

② 相同施工条件下实施类似项目特征的清单项目或类似施工条件下实施相同项目特征的清单项目，应采用类似清单项目的合同单价换算调整后的综合单价。

③ 相同施工条件下实施不同项目特征的清单项目或不同施工条件下实施相同项目特征的清单项目，可依据工程实施情况，结合类似项目的合同单价计价规则及报价水平，协商确定市场合理的综合单价。

④ 不同施工条件下实施不同项目特征的清单项目，可依据工程实施情况，结合同类工程类似清单项目的综合单价，协商确定市场合理的综合单价。

⑤ 因减少或取消清单项目的工程变更显著改变了实施中的工程施工条件，可根据实施工程的具体情况、市场价格、合同单价计价规则及报价水平协商确定工程变更的综合单价。

（2）采用单价合同的工程，因工程变更或工程量清单缺陷引起分部分项工程的清单工程量发生变化，且工程量变化超出 15%（不含 15%）时，可按工程计量条款规定确认的工程变更或工程量清单缺陷引起变化的工程量，按下列规定调整合同价格：

① 如工程变更或工程量清单缺陷引起增加清单项目及相应清单项目工程量的，可依据上述（1）的规定，并结合因增加工程数量引起的人工及材料采购价格优惠的影响而合理下调其合同单价及新增综合单价后，计算相应清单项目价格，调整合同价格。

② 如工程变更或工程量清单缺陷引起减少清单项目及相应清单项目工程量的，可依据上述（1）的规定，并结合因减少工程数量引起的人工及材料采购价格失去优惠的影响而合理上调其合同单价及新增综合单价后，计算相应清单项目价格，调整合同价格。

（3）采用总价合同的工程，按合同约定有适用于工程变更合同单价的，因工程变更引致工程量清单项目或其工程数量发生变化时，可依据工程计量条款规定计算的变更工程量，按上述（1）和（2）的规定调整合同总价。

若发承包双方约定已标价工程量清单不适用于工程变更的，工程变更发生的清单项目可由发承包双方根据工程实施情况、市场价格，结合已标价工程量清单计价规则及报价水平重新确定综合单价并计价。

（4）工程变更或发包人责任事件引起合同工期实质性延长或缩短的，发承包双方可按下式计算合同工期影响的措施项目调增（减）价格：

措施项目调增（减）价格＝延长（缩短）工期×措施项目中期运行费用总额／合同工期。

为完成工程变更而需增加的额外措施项目，且该费用未包括在上述规定计价范围的，增加的措施项目费用应按下列规定计算：

① 完成工程变更所需增加的（现场没有的）施工机具，应按实际发生施工机具的型号、台数及其耗用台班计量，并按合同清单中的计日工清单的相关施工机具单价进行计价。若合同清单中没有相应计日工清单，可按计日工相关规定计价。

② 完成工程变更所需增加设置的（现场没有的）临时设施，应按实际发生临时设施的类型、数量及使用时间进行计量，按发承包双方协商确定的合理市场价格进行计价。

（5）工程变更涉及合同工程范围、工期、质量、合同规范等实质性内容变化并引起措施项目发生改变时，发承包双方的不利一方提出调整措施项目费的，应在实施前将拟实施的方案提交另一方审核，并详细说明与原方案措施项目对比的变化情况。拟实施的方案经发承包双方确认后执行的，按规定调整措施项目费。

如果发承包双方的不利一方在约定时间内未提出调整措施项目费用的，应视为工程变更不引起措施项目费用的变化或不利一方放弃调整措施项目费用的权利。

如果另一方未在约定时间内对不利一方提出的调整措施项目费用进行确认或提出审核意见的，应视为认可不利一方提出的调整措施项目费用。

（6）非承包人原因，发包人提出的工程变更取消了合同中的某项原定工作或工程，且承包人发生的费用或（和）应得的收益没有包括在其他已支付或应支付的项目中或在任何替代的工作或工程中，发包人应补偿承包人的损失费用及合理的预期收益。

◆ 考法：工程变更——计量与计价的规定

【例题1·单选题】采用单价合同的工程，因工程变更或工程量清单缺陷引起分部分项工程的清单项目变化或清单工程量发生变化，且工程量变化不超出15%（含15%）时，相同施工条件下实施不同项目特征的清单项目或不同施工条件下实施相同项目特征的清单项目，发承包双方应（　　）。

  A. 采用已标价工程量清单相应项目的合同单价计价

  B. 依据工程实施情况，结合类似项目的合同单价计价规则及报价水平，协商确定市场合理的综合单价

  C. 可按照成本加利润的原则，由监理人按商定或确定条款变更工作的单价

  D. 由承包人按高于类似项目原合同单价5%水平报价，经发包人确认后计价

【答案】B

【解析】本题的考核点是工程变更——单价合同工程变更的计价规则。

【例题2·单选题】完成工程变更所需增加的（现场没有的）施工机具，应按实际发生施工机具的型号、台数及其耗用台班计量，并按（　　）进行计价。

  A. 合同清单中的计日工清单的相关施工机具单价

  B. 监理人确认的市场价格

  C. 发承包双方协商确定市场合理的综合单价

  D. 新增工程的规则

【答案】A

【解析】本题的考核点是工程变更——计量与计价的规定。

【例题3·多选题】按照《建设工程工程量清单计价标准》GB/T 50500—2024的规定，关于工程变更的计量与计价，下列说法中正确的有（　　）。

  A. 采用单价合同的工程，因工程变更或工程量清单缺陷引起分部分项工程的清单工程量减少15%以上，发承包双方可根据具体情况及相关规则，并结合因减少工程数量引起的人工及材料采购价格失去优惠的影响而合理上调其合同单价及新增综合单价后，计算相应清单项目价格，调整合同价格

  B. 采用总价合同的工程，因工程变更引致的清单项目或其工程数量变化，合同总价不作调整

  C. 发包人提出的工程变更取消了合同中的某项原定工作或工程，且承包人发生的费用或（和）应得的收益没有包括在其他已支付或应支付的项目中或在任何替代的工作或工程中，发包人应补偿承包人的损失费用及合理的预期收益

  D. 如果合同不利一方未提出调整措施项目费用的，则视为工程变更不引起措施项目费用的变化或合同不利一方放弃调整措施项目费

  E. 完成工程变更所需增加的（现场没有的）临时设施，应按合同清单中计日工清单的单价计价

【答案】A、C、D

【解析】本题的考核点是工程变更——价款确定的相关规则。

核心考点二　新增工程

（1）承包人按发包人要求完成合同约定工程范围外的新增工程，发承包双方可按合同约定的国家及行业工程量计算标准规定的清单项目列项要求、工程量计算规则和补充的工程量计算规则、合同单价及投标报价水平计算新增工程价格，也可重新协商确定新增工程的计量与计价规则计算新增工程价格，并签订相关新增工程合同或补充协议。

（2）承包人应在新增工程实施前将其施工组织设计或实施方案、施工进度计划、自身要求费用的报价单（包括分部分项工程项目清单及措施项目清单等）提交给发包人审核，发包人应在合理时间内予以审定。

（3）新增工程的分部分项工程项目清单采用合同单价的，可按合同价款调整条款的规定调整合同单价计价，并满足下列差异因素所引起的价格影响的要求：

① 合同单价内包括的人工费、材料费、施工机具使用费的单价与新增工程实施时市场合理价格的差异；

② 合同单价对应的清单项目工程量与新增工程相关项目工程量的差异引起的批量或少量采购对人工费、材料费的影响；

③ 合同单价内存在的偏低或偏高单价的修正；

④ 招标市场竞争确定的合同单价与协商确定的新增工程综合单价之间的差异。

（4）新增工程的措施项目费用，应包括承包人完成新增工程所需发生的下列费用：

① 增加的施工机具费，包括延期使用现有相关施工机具及新增施工机具的费用；

② 增加的临时设施费，包括延期使用现有临时设施及新增工程专用临时设施的费用；

③ 增加的安全生产、文明施工、环境保护等措施费用；

④ 增加的与措施项目相关的现场管理人员费用；

⑤ 新增工程其他必要的措施项目费用。

（5）新增工程发生工程变更的，应依据工程变更条款规定的承包人所报并获得发包人审定的报价单中的综合单价计价。

（6）新增工程宜在发承包双方协商确定了新增工程的合同工期、合同单价、合同总价，并已签订了新增工程合同或补充协议后实施。

（7）除合同另有约定外，新增工程不应影响合同约定的合同工程工期、缺陷责任期、进度款支付、施工过程结算及其价款支付、竣工结算及其价款支付、误期赔偿费等。

◆ **考法：新增工程——计量与计价的规定**

【例题·单选题】承包人按发包人要求完成合同约定工程范围外的新增工程，下列对新增工程计量计价做法正确的是（　　　）。

　　A. 新增工程引致合同工期、进度款支付、竣工结算等的变化，均应按规定进行调整

　　B. 发承包双方可重新协商确定新增工程的计量与计价规则计算新增工程价格，并签订相关新增工程合同或补充协议

　　C. 新增工程的分部分项工程项目清单采用合同单价的，在调整合同单价时不考虑新增工程实施时市场价格与原合同单价的差异

D. 新增工程的措施项目费不应包括延期使用现有临时设施的费用

【答案】B

【解析】本题的考核点是新增工程计价与计价的规定。

核心考点三　工程变更价款调整方法的应用

（1）直接采用适用的项目单价的前提，是其采用的材料、施工工艺和方法相同，也不因此增加关键线路上工程的施工时间。

（2）采用类似的项目单价的前提是其采用的材料、施工工艺和方法基本类似，不增加关键线路上工程的施工时间，可仅就其变更后的差异部分，参考类似的项目单价由发承包双方协商新的项目单价。

（3）无法找到适用和类似的项目单价时，应采用招标投标时的基础资料和工程造价管理机构发布的信息价格，按成本加利润的原则由发承包双方协商新的综合单价。

（4）无法找到适用和类似的项目单价、工程造价管理机构也没有发布此类信息价格的，其项目单价由发承包双方协商确定。

◆考法：工程变更价款调整的应用

【例题·单选题】某工程项目的施工招标文件中表明该工程采用综合单价计价方式。原合同中有 A、B 两项土方工程，工程量均为 1.5 万 m^3，土方工程的合同单价为 60 元 /m^3。A、B 两项工程实际工程量与估计工程量相等。施工过程中，总监理工程师以设计变更通知发布新增土方工程 C 的指示，该工作的性质和施工难度与 A、B 工程相同，工程量为 3.0 万 m^3。总监理工程师与承包单位依据合同约定协商后，确定的土方变更单价为 56 元 /m^3。则承包人提出的工程变更增加的价款为（　　　）万元。

A. 168　　　　　　　　　　　B. 142.80

C. 180　　　　　　　　　　　D. 169.80

【答案】D

【解析】本题的考核点是工程变更价款调整的应用。

（1）应按原合同单价计算的新增工程价款 =（1.5 + 1.5）× 15% × 60 = 27 万元。

（2）超过 15% 的新增工程价款 =［3.0 -（1.5 + 1.5）× 15%］× 56 = 142.80 万元。

（3）承包人提出的工程变更增加的价款 = 27 + 142.80 = 169.80 万元。

17.4　工程索赔

核心考点一　因法律法规与政策变化事件导致的工程索赔

法律法规及政策性变化包括：新增、修改、废止相关法律法规及政策性规定；政府对相关法律法规的解释发生了变化。

（1）合同基准日后，因法律法规与政策性变化引致合同价款增减变化和工期延误的，发承包双方应按合同约定和国家、省级或行业建设主管部门及其授权的工程造价管理机构据此发布的规定调整合同价格及工期。

（2）因承包人原因导致工期延长，在工期延长期间出现法律法规与政策性变化的，合同价格调增的不予调整，合同价格调减的予以调整。

（3）因发包人原因导致工期延长的，在工期延长期间出现法律法规与政策性变化的，合同价格调减的不予调整，合同价格调增的予以调整。

（4）因非发承包人双方原因导致工期延长，在工期延长期间出现上述规定的法律法规及政策性变化的，合同价格应按实调整。

（5）法律法规及政策性变化引致合同价格调整的，其合同总价及合同单价内的管理费及利润不应作调整。

（6）合同履行中，如国家财税政策变化调整增值税税率的，新税率实施后的工程计价及所支付的工程价款应按调整后的税率计算税金，并按与原依据合同基准日税率计算的相应税金的差额调整税金。

◆**考法**：因法律法规与政策变化事件导致的工程索赔——规则及案例分析

【例题1·单选题】某工程项目施工合同约定竣工日期为2021年6月30日，在施工中因天气持续下雨导致甲供材料未能及时到货，使工程延误至2021年7月30日竣工。但由于2021年7月1日起当地计价政策调整，导致承包人额外支付了300万元工人工资。关于这300万元的责任承担的说法，正确的是（　　）。

  A. 发包人原因导致的工期延误，因此政策变化增加的300万元应由发包人承担

  B. 增加的300万元因政策变化造成，属于承包人的责任，应由承包人承担

  C. 因不可抗力原因造成工期延误，增加的300万元应由承包人承担

  D. 工期延误是承包人原因，增加的300万元是政策变化造成，应由双方共同承担

【答案】A

【解析】本题的考核点是因法律法规与政策变化事件导致的工程索赔的案例应用分析。

【例题2·单选题】某工程施工时处于当地正常的雨季，导致工期延误，在工期延误期间又出现政策变化。根据《建设工程工程量清单计价标准》GB/T 50500—2024，对由此增加的费用和延误的工期，正确的处理方式是（　　）。

  A. 费用、工期均由承包人承担

  B. 费用、工期均由发包人承担

  C. 费用由发包人承担，工期由承包人承担

  D. 费用由承包人承担、工期由发包人承担

【答案】A

【解析】本题的考核点是因法律法规与政策变化事件导致的工程索赔的案例应用分析。

【例题3·单选题】法律法规及政策性变化引致合同价格调整的，对其合同总价及合同单价内的管理费及利润，正确的处理方法是（　　）。

  A. 发包人原因导致工期延长，延长期间合同价格调增的，按原比例调整管理费及利润

  B. 承包人原因导致工期延长期间合同价格调减的，按原比例调减管理费及利润

  C. 非发承包人原因导致工期延长期间合同价格调整的，按原比例增减管理费及利润

  D. 管理费及利润不应作调整

【答案】D

【解析】本题的考核点是因法律法规与政策变化事件导致的工程索赔的规则。

核心考点二　因不可抗力事件导致的工程索赔

因不可抗力事件导致的工程索赔，发承包双方应按下列原则分别承担并调整合同价格和工期：

（1）永久工程、已运至施工现场的材料的损坏，以及因工程损坏造成的第三方人员伤亡和财产损失由发包人承担；

（2）承包人施工设备的损坏及停工损失由承包人承担；

（3）发包人和承包人承担各自人员伤亡和财产的损失；

（4）因不可抗力引起暂停施工的，停工期间按照发包人要求照管、清理、修复工程的费用和发包人要求留在施工现场必要的管理与保卫人员工资由发包人承担；

（5）因不可抗力影响承包人履行合同约定的义务，引起工期延误的，应当顺延工期，发包人要求赶工的，由此增加的赶工费用由发包人承担；

（6）其他情形按法律法规规定执行。

◆**考法1：因不可抗力事件导致工程索赔的原则**

【例题1·单选题】因不可抗力事件导致的损失及增加的费用中，应由承包人承担的是（　　　）。

　　　　A. 停工期间承包人应发包人要求留在施工现场的必要的管理人员的费用

　　　　B. 合同工程本身的损害

　　　　C. 工程所需清理和修复费用

　　　　D. 承包人的施工机械设备损坏及停工损失

【答案】D

【解析】本题的考核点是不可抗力导致价款调整的原则。

◆**考法2：因不可抗力事件导致工程索赔的原则——案例应用分析**

【例题2·单选题】某工程在施工过程中因不可抗力造成如下损失：永久工程损坏修复费用16万元，承包人受伤人员医药费4万元，施工机具损害损失6万元，应发包人要求赶工发生费用2万元，停工期间应发包人要求承包人清理现场费用4万元。承包人及时向项目监理机构提出索赔申请，并附有相关证明材料。根据《建设工程施工合同（示范文本）》，项目监理机构应批准的索赔金额为（　　　）万元。

　　　　A. 20　　　　　　　　　　　　B. 22

　　　　C. 24　　　　　　　　　　　　D. 32

【答案】B

【解析】本题的考核点是因不可抗力事件导致工程索赔的原则。

（1）因不可抗力，承包人在停工期间按照发包人要求照管、清理和修复工程的费用由发包人承担。永久工程损坏修复费用16万和发包人要求承包人清理现场费用4万元应补偿给承包人。

（2）因不可抗力，发包人和承包人承担各自人员伤亡和财产损失。承包人受伤人员医药费 4 万元和施工机具损害损失 6 万元，均由承包人承担，不予补偿。

（3）因不可抗力引起或将引起工期延误，发包人要求赶工的，由此增加的赶工费用由发包人承担。应发包人要求赶工发生费用 2 万元应补偿承包人。

综上所述，监理机构应批准的补偿金额：16＋4＋2＝22 万元。

核心考点三　因非承包人原因发生暂停施工事件导致的工程索赔

因非承包人原因发生暂停施工事件导致的工程索赔，承包人可向发包人提出延长工期，并根据工期延长和损失情况索赔以下费用：

①已进场无法进行施工的人员窝工费用；

②已进场无法投入使用的材料损失费用；

③已进场无法进行施工的机械设备停滞费用；

④其他项目损失。

◆**考法：因非承包人原因发生暂停施工事件导致的工程索赔规则**

【例题·多选题】因非承包人原因发生暂停施工事件导致的工程索赔，承包人可向发包人提出延长工期，并根据工期延长和损失情况索赔以下（　　）费用。

　　A. 承包人所有施工人员的窝工费

　　B. 已进场无法进行施工的机械设备停滞费用

　　C. 双倍的质量保证金

　　D. 已进场无法投入使用的材料损失费

　　E. 已进场无法进行施工的人员窝工费用

【答案】B、D、E

【解析】本题的考核点是因非承包人原因发生暂停施工事件导致的工程索赔内容。

核心考点四　因提前竣工（赶工）事件导致的工程索赔

因提前竣工（赶工）事件导致的工程索赔，发承包双方可按下列原则分别承担并调整合同价格和工期：

（1）发包人要求合同工程提前竣工的，应征得承包人同意后与承包人商定采取加快工程进度的措施，并应修订合同工程进度计划。发包人应承担承包人由此增加的提前竣工（赶工）补偿费用。

（2）发包人未作要求，由承包人自行提前竣工的，由此增加的费用应由承包人承担。

赶工费用主要包括：①人工费的增加；②材料费的增加；③机械费的增加。

◆**考法：因提前竣工（赶工）事件导致的工程索赔规则**

【例题·单选题】工程实施中，发包人要求提前竣工的，应采取的做法是（　　）。

　　A. 征得承包人同意后，与承包人商定采取加快工程进度的措施，并承担由此增加的提前竣工费用

　　B. 赶工费用应包括人、材、机费用的增加和可得利润的损失

　　C. 增加合同补充条款要求承包人采取加快工程进度措施，不承担赶工费用

　　D. 自行将工期压缩到合同工期的 80% 并要求承包人按期完工

【答案】A

【解析】本题的考核点是因提前竣工（赶工）事件导致的工程索赔规则。

核心考点五　因工期延误导致的工程索赔

（1）因承包人原因延误工期导致的工程索赔，发承包双方可按下列原则分别承担并调整合同价格和工期：

① 发承包双方应约定误期赔偿费的计算方法或金额和赔偿费用上限；

② 承包人应赔偿发包人由此产生的损失，并应向发包人支付误期赔偿费。

即使承包人支付误期赔偿费，也不能免除承包人应承担的责任和应履行的义务。

③ 在工程竣工之前，合同工程内的某单项（位）工程已通过了竣工验收，且该单项（位）工程接收证书中表明的竣工日期并未延误，而是合同工程的其他部分产生了工期延误时，误期赔偿费按照已颁发工程接收证书的单项（位）工程造价占合同价格的比例幅度予以扣减。

（2）因非承包人原因延误工期导致的工程索赔，发承包双方按本节"核心考点三"的规定调整合同价格。

（3）因发承包一方原因导致工期延误，且在延长的工期内遭遇不可抗力的，不可抗力事件造成的损失由责任方承担。

发承包双方对工期延误均有责任，且在延长的工期内遭遇不可抗力的，按双方过错比例另行协商承担责任。

发生工程索赔事件后，合同当事人均应采取措施尽量避免和减少损失的扩大，任何一方当事人没有采取有效措施导致损失扩大的，应对扩大的损失承担责任。

◆**考法：因工期延误导致的工程索赔规则**

【例题·单选题】对于因工期延误导致的工程索赔，下列说法正确的有（　　　　）。

A. 因承包人原因延误工期，承包人支付误期赔偿费后，即能免除承包人应承担的责任和应履行的义务

B. 因发承包一方原因导致工期延误，且在延长的工期内遭遇不可抗力的，不可抗力事件造成的损失由责任方承担

C. 发承包双方对工期延误均有责任，且在延长的工期内遭遇不可抗力的，由责任更大的一方承担全部责任

D. 发生工程索赔事件后，任何一方当事人没有采取有效措施导致损失扩大的，扩大的损失由保险赔付

【答案】B

【解析】本题的考核点是因工期延误导致的工程索赔规则。

核心考点六　承包人索赔及发包人索赔

1. 承包人索赔的程序和处理程序

（1）索赔程序

① 承包人应在知道或应当知道索赔事件发生后 28 天内，向发包人递交索赔意向通知书，未提出则丧失权利。

② 承包人应在发出索赔意向通知书后 28 天内，向发包人正式递交索赔报告。

承包人提出的索赔事件同时涉及费用增加及工期延长的，应一并提出。

③ 索赔事件具有持续影响的，承包人应按合理时间间隔继续递交索赔通知。

④ 在索赔事件影响结束后的 28 天内，承包人应向发包人递交最终索赔报告。

（2）对承包人索赔的处理

① 发包人应在收到工程索赔报告或有关工程索赔的进一步证明材料后的 28 天内，将工程索赔处理结果答复承包人，如果发包人逾期答复或逾期未作出答复，视为承包人工程索赔要求已被发包人认可。

② 承包人接受工程索赔处理结果的，工程索赔款项应作为增加合同价款，在当期进度款、施工过程结算款、竣工结算款中进行支付；承包人不接受工程索赔处理结果的，应按争议解决方式办理。

2. 发包人索赔——可以选择下列一项或几项方式获得赔偿

① 延长质量缺陷修复期限；

② 要求承包人支付实际发生的额外费用；

③ 要求承包人按合同的约定支付违约金。

承包人应付给发包人的工程索赔金额可从拟支付给承包人的合同价款中扣除，或由承包人以其他方式支付给发包人。

3. 提出索赔的期限

发承包双方在办理了竣工结算后，应被认为承包人已无权再提出竣工结算前所发生的任何工程索赔。

承包人在提交的最终结清申请中，只限于提出竣工结算后的工程索赔。提出工程索赔的期限应自发承包双方最终结清时终止。

◆ **考法**：承包人索赔及发包人索赔的程序及处理

【例题 1·多选题】非承包人原因发生的事件造成承包人损失时，关于承包人索赔的说法，正确的有（　　　）。

    A. 承包人应在知道或应当知道索赔事件发生后 28 天内，向发包人递交索赔意向通知书

    B. 具有持续影响的索赔事件，承包人应按合理时间间隔持续递交延续索赔通知

    C. 承包人应在发出索赔意向通知书 28 天后，向发包人正式递交索赔报告

    D. 发包人应在收到工程索赔报告或有关工程索赔的进一步证明材料后的 28 天内，将工程索赔处理结果答复承包人。逾期未作答复，视为承包人的索赔要求已被发包人认可

    E. 承包人接受索赔处理结果的，索赔款项应在竣工结算时进行支付

【答案】A、B、D

【解析】本题的考核点是承包人索赔及发包人索赔的程序及处理。

【例题 2·单选题】提出工程索赔的期限应自（　　　）终止。

    A. 发承包双方办理竣工结算后　　　　B. 承包人提交最终结清申请后

    C. 发承包合同截止日后　　　　　　　D. 发承包双方最终结清时

【答案】D

【解析】本题的考核点是承包人索赔及发包人索赔的程序及处理。

核心考点七　索赔费用的组成与计算

1. 索赔费用的组成

（1）分部分项工程量清单费用包括：人工费、设备费、材料费、管理费、利润和延期付款利息。

① 人工费

人工费包括增加工作内容的人工费、停工损失费和工作效率降低的损失费等累计，其中：

a. 增加工作内容的人工费应按照计日工费计算；b. 停工损失费和工作效率降低的损失费按窝工费计算，窝工费的标准双方应在合同中约定。

② 设备费

a. 当工作内容增加引起设备费索赔时，设备费的标准按照机械台班费计算；b. 因窝工引起的设备费索赔，当施工机械属于施工企业自有时，按照机械折旧费计算索赔费用；当施工机械是施工企业从外部租赁时，索赔费用的标准按照设备租赁费计算。

（2）措施项目费用。

（3）其他项目费。

（4）税金：索赔税金的款额计算通常是与原报价单中的百分率保持一致。

2.《标准施工招标文件》（2007 年版）中承包人索赔可引用的条款

第 1 类：只能索赔工期，不能索赔费用和利润

异常恶劣的气候条件——只能索赔工期，不能索赔费用和利润。

第 2 类：可索赔工期和费用，不能索赔利润

（1）施工过程发现文物、古迹以及其他遗迹、化石、钱币或物品。（2）承包人遇到不利物质条件。（3）发包人提供资料错误导致承包人的返工或造成工程损失。（4）不可抗力（部分费用）。

第 3 类：只能索赔费用，不能索赔工期和利润

（1）发包人要求向承包人提前交付材料和工程设备。（2）采取合同未约定的安全作业环境及安全施工措施。（3）因发包人原因造成承包人人员工伤事故。（4）基准日后法律变化引起的价格调整。（5）工程移交后因发包人原因出现的缺陷修复后的试验和试运行。

第 4 类：可索赔费用和利润，不能索赔工期

（1）发包人要求承包人提前竣工。（2）发包人的原因导致试运行失败。（3）发包人原因导致的工程缺陷和损失

第 5 类：可索赔工期、费用和利润

（1）提供图纸延误。（2）延误提供施工现场。（3）发包人提供的材料和工程设备不符合合同要求。（4）发包人的原因造成工期延误。（5）发包人原因引起的暂停施工。（6）发包人原因引起造成暂停施工后无法按时复工。（7）发包人原因造成工程质量达不到合同约定验收标准的。（8）监理人对隐蔽工程重新检查，经检验证明工程质量符合合同要求的。

（9）因发包人提供的材料、工程设备造成工程不合格。（10）承包人应监理人要求对材料、工程设备和工程重新检验且检验结果合格。（11）发包人在全部工程竣工前，使用已接收的单位工程导致承包人费用增加的。（12）因发包人违约导致承包人暂停施工。

3. 索赔费用的计算方法

索赔费用的计算方法主要有：实际费用法、总费用法和修正总费用法。

◆ **考法 1　索赔费用组成的内容**

【例题 1·2024 年真题·多选题】根据《标准施工招标文件》（2007 年版），下列导致承包人工期延误和费用增加的事项中，承包人可同时索赔工期、费用和利润的有（　　）。

  A. 发包人提供的材料和工程设备不符合合同要求

  B. 发包人延迟提供施工场地

  C. 施工过程中发现文物

  D. 发包人提供资料错误而导致承包人返工

  E. 承包人遇到不利水文条件

【答案】A、B、D

【解析】本题的考核点是《标准施工招标文件》（2007 年版）中合同条款规定的承包人索赔可引用的条款。

◆ **考法 2　索赔费用组成的案例应用分析**

【例题 2·单选题】某施工项目 6 月份因异常恶劣的气候条件停工 3 天，停工费用 8 万元；之后因停工待图损失 3 万元；因施工质量不合格，返工费用 4 万元。根据《标准施工招标文件》（2007 年版），施工承包商可索赔的费用为（　　）万元。

  A. 15   B. 11

  C. 7   D. 3

【答案】D

【解析】本题的考核点是《标准施工招标文件》（2007 年版）中合同条款规定的承包人索赔可引用条款的案例应用分析。

  （1）异常恶劣气候导致的损失，承包人只能索赔工期，不能索赔费用和利润；

  （2）停工待图是发包人提供资料导致的损失，承包人可以索赔工期、费用和利润；

  （3）施工质量不合格的返工费是由于承包人原因造成的，不能进行索赔。

【例题 3·单选题】某建设工程施工过程中，由发包人供应的材料没有及时到货，导致承包人的工人窝工 5 个工日，每个工日单价为 200 元；承包人租赁的一台挖土机窝工 5 个台班，台班租赁费为 500 元；承包人自有的一台自卸汽车窝工 2 个台班，该自卸汽车折旧费每台班 300 元，工作时燃油动力费每台班 80 元。则承包人可以索赔的费用是（　　）元。

  A. 2500   B. 3500

  C. 4100   D. 4260

【答案】C

【解析】本题的考核点是索赔费用组成的案例应用分析。

  （1）索赔人工费：$5 \times 200 = 1000$ 元；

（2）因窝工引起设备费索赔：$5 \times 500 + 2 \times 300 = 3100$ 元；

共计索赔费用 4100 元（$1000 + 3100$）。

核心考点八　现场签证

1. 现场签证的范围

（1）施工合同范围以外零星工程的确认；（2）在工程施工过程中发生变更后需要现场确认的工程量；（3）非承包人原因导致的人工、设备窝工及有关损失；（4）符合施工合同规定的非承包人原因引起的工程量或费用增减；（5）确认修改施工方案引起的工程量或费用增减；（6）工程变更导致的工程施工措施费增减等。

2. 现场签证的程序

承包人应发包人要求完成合同以外的零星工作或非承包人责任事件发生时，承包人应按合同约定及时向发包人提出现场签证。

当合同对现场签证未作具体约定时，应按照《建设工程价款结算暂行办法》的规定处理：

（1）承包人应在接受发包人要求的 7 天内向发包人提出签证，发包人签证同意后施工。

若没有相应的计日工单价，签证中还应包括用工数量和单价、机械台班数量和单价、使用材料品种及数量和单价等。

若发包人未签证同意，承包人施工后发生争议的，责任由承包人自负。

（2）发包人应在收到承包人签证报告的 48 小时内给予确认或提出修改意见，否则视为该签证报告已被认可。

（3）发承包双方确认的现场签证费用与工程进度款同期支付。

3. 现场签证费用的计算

现场签证费用的计价方式包括两种：

（1）第一种是完成合同以外的零星工作时，按计日工作单价计算。

（2）第二种是完成其他非承包人责任引起的事件，应按合同中的约定计算。

◆ 考法现场签证的相关内容

【例题·单选题】施工过程中，需要进行现场签证的事项是（　　　）。

　　A. 完成施工合同以内的零星工程

　　B. 工程变更导致的施工措施费增减

　　C. 承包人原因导致设备窝工损失

　　D. 承包人原因引起的工程量增减

【答案】B

【解析】本题的考核点是现场签证的相关内容。

17.5　合同价款期中支付

核心考点　合同价款期中支付

1. 一般规定

（1）发承包双方应依据合同约定的期中价款支付方式，按规定程序办理每月或每阶段应支付价款的申请、核对及支付。

（2）承包人应在合同约定的付款核定日前的合理时间，以书面形式提交期中价款支付申请供发包人核对。若合同未约定或约定不明的，按月支付的付款核定日可为每月最后一天。

（3）若合同约定承包人提供总承包服务的，承包人应协调相关专业分包人书面提交专业分包工程期中价款支付申请，提交时间应按专业分包合同约定，未约定的可由承包人与专业分包人商定，可与承包人的期中价款支付申请同时提交发包人核对。

如专业分包人按专业分包合同约定申请期中价款支付时未发生承包人期中价款支付的，承包人应依据上述规定对专业分包人期中价款支付申请履行管理协调责任。

（4）发承包双方应按进度款支付交款的规定，在合同约定的付款核定日或之前共同确认现场已累计完成的进度。

若承包人承担总承包服务的，承包人应在相关专业分包合同约定的付款核定日或之前配合发包人对各专业分包工程的累计完成进度进行现场确认。

（5）当期应付进度款 ＝［累计已完成工程总值（包括已确认的合同价格调整价款）× 支付比例 － 累计预付款扣回（包括当期扣回价款）－ 前期累计已支付进度款］－ 发包人累计扣除的款项（不含预付款扣回）。

① 已完工程总值的支付额度、预付款的扣回价款应按合同约定确定。

合同未约定工程总值支付比例的，支付比例不宜低于累计完成工程总值的80%。

② 前期累计已支付进度款应按上一期进度款支付证书所列明的累计应付进度款计算，不应考虑发包人实际支付进度款的金额与进度款支付证书所列应付金额的差异。

（6）发承包双方在各期应付工程价款中应包括承包人按合同约定需支付给建筑工人的工资，工程价款支付证书中应按合同约定的比例，计算并单独列出当期应支付的建筑工人工资价款。承包人应按合同及相关规定的时间、程序和方法支付建筑工人工资，不得挪作他用。

（7）发包人在发出当期进度款支付证书前，应将拟发出的当期进度款支付证书提交给承包人确认，承包人应按规定进行确认或提出修正意见。

发包人应在与承包人完成进度款支付证书的确认或核对修正后，在合同约定最迟付款日或之前，将进度款支付证书内载明的当期应付进度款支付给承包人。

（8）如进度款支付中存在遗漏、重复或错误，发包人和承包人均有权提出修正申请，发承包双方应按上述（5）规定的核算累计完成工程总值的方式，在下一期的进度款支付中支付或扣除。

（9）发包人应按相关专业分包合同的约定完成专业分包工程的进度款核对，在确定其进度款支付证书后，将其进度款支付证书送达承包人并抄送相关专业分包人；发包人应在合同约定的最迟付款日或之前将专业分包工程进度款支付证书中载明的当期应付进度款支付给承包人；承包人应在专业分包合同约定的最迟付款日或之前将专业分包工程进度款支付证书中载明的当期应付进度款支付给相关专业分包人。

（10）如承包人未按上述（2）的规定提交期中价款支付申请给发包人，或承包人提交的期中价款支付申请未计算按合同价格调整条款规定的已完合同调整价款，发包人可暂按累计已完的工程价款及合同调整价款暂付期中价款。

但暂付价款仅作为期中价款的支付，不应作为工程结算及已完工程的依据，承包人不应就此暂付价款与工程结算之间存在的差异而向发包人提出相关的工程索赔。

2. 预付款

（1）发包人应按合同约定向承包人支付预付款，且不应向承包人收取预付款的利息。

（2）合同工程的预付款金额可依据合同约定按合同价款及预付款支付比例计算确定。

预付款计算依据的合同价款应扣除合同总价所包含的暂列金额、计日工价款及专业工程暂估价。

（3）跨年度实施的重大工程的预付款，可按已获发包人批准的承包人施工组织设计及年度工程进度计划、合同清单的合同价款等，分解形成符合上述（2）规定的相应年度计划中应完成工程的合同价款总额，并按合同约定的预付款支付比例逐年预付。

（4）承包人应在合同约定时间内将预付款支付申请提交给发包人审核。

发包人应在收到支付申请后按合同约定的时间完成审核并向承包人支付预付款。

发包人不按合同约定时间支付预付款的，承包人可催告发包人预付。发包人在催告后的约定时间内仍不按要求预付的，承包人有权暂停施工，并按规定向发包人提出索赔，发包人应承担违约责任。

（5）如合同约定承包人需提供预付款保函的，发包人应按合同约定在承包人提供预付款保函后支付预付款，预付款保函的保证金应与预付款金额一致。

（6）预付款应按合同约定在履行过程扣回。

合同没约定或约定不明的，可选择当累计完成工程总值达到合同总价的一定比例后一次扣回或分次扣回的方式。选择分次扣回方式的，预付款可从每一个支付期应支付给承包人的工程进度款或施工过程结算款中按比例扣回，直到扣回的金额达到合同约定的预付款金额为止。提前解除合同的，尚未扣回的预付款应在合同终止结算时全部扣回。

3. 安全生产措施费

（1）措施项目清单中的安全生产措施费包括的内容和使用范围，应符合合同约定和国家及省级、行业主管部门有关文件及工程量计算标准的规定。

（2）发包人应在工程开工后28天内预付不低于安全生产措施费总额的50%给承包人，其余部分应按照提前安排的原则进行分解，并与工程进度款同期支付。

对跨年度实施的重大工程，预付的安全生产措施费总额可按年度工程进度计划分解计算。

发承包双方在计算应付工程进度款时，不应扣回预付的安全生产措施费。

（3）发包人未按合同约定的时间支付安全生产措施费的，承包人可催告发包人支付；发包人在催告后的约定时间内仍未支付的，承包人有权暂停施工，发包人应承担违约责任。

（4）承包人对安全生产措施费应专款专用，并在财务账目中单独列项备查，不得挪作他用，否则发包人有权责令其限期改正；逾期未改正的，可以责令其暂停施工，由此增加的费用和（或）延误的工期由承包人承担。

4. 进度款

（1）发承包双方应按合同约定的时间或工程形象进度节点、程序和方法，在每个计量周期进行已完工程进度款计量与支付，计量周期应与支付周期一致。

合同中进度款计量周期约定不明的，可以月为单位分期计量与支付。

（2）单价合同工程的分部分项工程项目清单进度款可按合同约定适用的国家及行业工程量计算标准的计算规则及补充的工程量计算规则，重新计量确定累计完成的相应清单项目工程量，乘以合同单价计算累计进度价款。

采用以项总价计价方式的分部分项工程项目清单可按下面（3）的规定计算。

（3）总价合同工程的分部分项工程项目清单进度款可依据发承包双方确认的清单项目累计已完成工程量占合同清单中相应的清单项目的总工程量的比例，乘以相应清单项目合价计算分部分项工程项目清单累计进度价款。

采用暂定数量单价计价的分部分项工程项目清单可按上述（2）的规定计算。

（4）措施项目清单的进度款可按发承包双方约定的支付分解方式计算累计完成的措施项目进度款。

约定不明的，可按累计完成分部分项工程项目清单合价占分部分项工程项目清单总价的比例计算累计完成的措施项目进度款。

（5）其他项目清单的累计进度款可按下列规定计算：

① 总承包服务费应按服务事项的计价方式计算。

a. 以总价计价的，应按当期发包人确认的专业分包工程累计进度款占专业分包工程合同价的比例乘以其相应的服务费总价计算各专业分包工程累计完成的总承包服务费；

b. 以费率计价的，应按当期发包人确认的专业分包工程累计进度款乘以相应的费率计算各专业分包工程累计完成的总承包服务费；

c. 发包人提供材料及直接发包的专业工程可按专业分包工程计价方法计算累计完成的总承包服务费。

② 专业工程暂估价项目应按照当期发包人确认的专业工程项目累计完成的进度款计算。

③ 计日工、暂列金额应按至当期累计完成的进度款进行计算。

（6）发承包双方确认的按规定计算的合同价款调整金额应列入至当期累计完成的进度款中。

（7）发包人认为需要进行现场进度计量核实的，核实前应适时通知承包人。

承包人应为核实提供便利条件并派人参加。

当发承包双方均同意核实结果时，应签字确认。

承包人收到通知后不派人参加核实的，应视为认可发包人的进度计量核实结果。

发包人不按约定时间通知承包人，致使承包人未能派人参加核实的，核实结果无效。

（8）发包人不按合同约定支付进度款或逾期不支付的，承包人可按规定向发包人索赔。

◆ 考法 1　合同价款期中支付的相关内容

【例题 1·单选题】根据有关规定，关于预付款的说法，正确的是（　　）。

    A. 发包人应按规定的利率和期限向承包人收取预付款的利息

    B. 发包人不按约定预付，承包人有权暂定施工

    C. 提前解除合同的，尚未扣回的预付款应与合同价款一并结算

    D. 如合同约定承包人需提供预付款保函的，承包人提供的预付款保函的保证金应不低于预付款金额的 50%

【答案】C

【解析】本题的考核点是合同价款期中支付——预付款的相关内容。

【例题 2·单选题】关于安全生产措施费的说法，正确的是（　　）。

    A. 基准日期后合同所适用的法律发生变化，由此增加的安全文明施工费由承包人承担

    B. 发承包双方在计算应付工程进度款时，应按季度计划分解比例扣回预付的安全生产措施费

    C. 承包人对安全生产措施费应专款专用，并在财务账目中单独列项备查

    D. 发包人应在开工后 42 天内预付安全生产措施费总额的 60%

【答案】C

【解析】本题的考核点是合同价款期中支付的相关内容。

【例题 3·多选题】根据《建设工程工程量清单计价标准》GB/T 50500—2024，关于合同价款期中支付的说法，正确的是（　　）。

    A. 预付款计算依据的合同价款应扣除合同总价所包含的暂列金额、计日工价款及专业工程暂估价

    B. 合同中进度款计量周期不明的，可以以月为单位分期计量与支付

    C. 发承包双方确认的按规定计算的合同价款调整金额应列入至当期累计完成的进度款中

    D. 发包人需要进行现场进度计量核实，但未按约定时间通知承包人致使承包人未能派人参加核实，核实结果依然有效

    E. 发包人按合同约定支付进度款，承包人有权暂定施工，但不能向发包人索赔

【答案】A、B、C

【解析】本题的考核点是合同价款期中支付的相关内容。

◆ 考法 2　合同价款期中支付的计算

【例题 4·2024 年真题·单选题】某工程施工合同约定：合同总额 2100 万元，合同工期 5 个月，预付款 210 万元，进度款按月支付；质量保证金按工程价款的 10% 逐月扣留，累计扣留至合同总额的 3% 停止扣留；预付款在最后两个月等额扣回。承包人每月实际完成并经监理工程师签证确认的工程价款金额见下表，则第 5 个月发包人应支付的工程进度款金额为（　　）万元。

月份	1	2	3	4	5
实际完成的工程价款金额（万元）	300	500	400	400	500

A. 290   B. 345

C. 395   D. 450

【答案】C

【解析】本题的考核点是合同价款期中支付的计算。

（1）质量保证金总额＝2100×3%＝63万元。

质量保证金扣留对应的工程价款基数＝63/10%＝630万元，第1和第2月合计完成工程价款（300＋500）800＞630万元，故第2个月质量保证金已全部扣留完毕。

（2）第5个月发包人应支付的工程进度款＝500－210/2＝395万元。

17.6 结算与支付

核心考点 结算与支付

1. 施工过程结算

（1）编制施工过程结算的依据

施工过程结算是指发包人和承包人根据有关法律法规规定和合同约定，在施工过程结算节点上对已完工程进行当期合同价格的计算、调整、确认的活动。其编制施工过程结算的依据：

① 计价标准；② 工程施工合同及补充协议（包括已标价工程量清单）；③ 建设工程设计文件及相关资料；④ 工程招（投）标文件；⑤ 经确认的工程变更、计日工、工程索赔等资料；⑥ 发承包双方已确认应计入当期施工过程结算的工程量及其结算的合同价款；⑦ 发承包双方已确认应计入当期施工过程结算的调整后追加（减）的合同价款；⑧ 其他依据及资料。

（2）施工过程结算的相关规定

① 发承包双方已确认应计入当期施工过程结算的合同价格调整金额应列入施工过程结算款，并同期支付。

② 经发承包双方签署认可的施工过程结算文件，应作为竣工结算文件的组成部分，竣工结算不应再重新对该部分工程内容进行计量、计价。

③ 施工过程结算款的支付比例在合同中予以约定，应不低于当期施工过程结算价款总额的90%。

④ 措施项目费用可按发承包双方约定的支付分解方式计算累计完成的措施项目费。

约定不明的，可按施工过程结算项目中的分部分项工程项目清单合价占合同工程分部分项工程项目清单总价的比例乘以合同工程措施项目费用总价计算施工过程结算价款。

⑤ 总承包服务费可按施工过程结算时总承包服务事项已实施的工期占相应事项合同工期的比例乘以按规定调整后的总承包服务费总价，计算施工过程结算价款。

⑥ 按上述第④计算的措施项目费和第⑤计算的总承包服务费仅用于计算和支付施工

过程结算价款，不作为工程竣工结算价款确定的依据。

在合同工程整体竣工后进行工程竣工结算时，措施项目费用和总承包服务费应依据合同约定重新计算确定，并按计算确认的结果相应调增或调减。

⑦ 施工过程结算节点工程完工后，承包人应在规定时间内向发包人提交施工过程结算文件。

承包人提交施工过程结算文件时，应同时提交施工过程结算项目的相关质量合格证明等验收资料。但施工过程验收不代替竣工验收，不能免除或减轻在工程竣工验收时质量不合格承包人应承担的整改义务，施工过程结算也不应影响缺陷责任期及质量保修期。

⑧ 发包人未按合同约定支付施工过程结算款的，承包人可催告发包人支付，并可按规定向发包人索赔。

2. 竣工结算

① 工程竣工结算时，发承包双方应对施工过程结算文件的措施项目费用和总承包服务费重新计算确定，并应符合下列规定：

a. 措施项目费用应按规定计算完成工程所含的全部措施项目费用，包括安全生产措施费的调整费用。施工过程结算中列支的措施项目费用不应作为工程竣工结算的依据。

b. 总承包服务费应按规定计算完成所有专业分包工程、直接发包的专业工程、发包人提供材料的总承包服务费。施工过程结算列支的总承包服务费不应作为工程竣工结算的依据。

② 承包人未在约定的时间内提交工程竣工结算文件，经发包人催告后仍未按要求提交或没有明确答复的，发包人可根据已有资料编制竣工结算文件，并提请承包人确认；承包人确认无异议或在约定时间内没有明确答复的，应视为发包人编制的结算文件已被承包人认可，可作为办理竣工结算和支付结算款的依据。

③ 发包人在收到承包人再次提交的竣工结算文件后，应在约定时间内予以复核，并将复核结果通知承包人。

发包人在收到承包人竣工结算文件后约定时间内，未按合同约定核对竣工结算或未提出核对意见的，应视为承包人提交的竣工结算文件已被发包人认可，竣工结算确认完毕。

④ 因承包人原因引起工程质量不合格的，发包人可要求承包人整改合格。

承包人经整改不合格或不整改的，发包人可按合同约定要求承包人承担修复、返工等费用，并在工程竣工结算中扣减承包人应承担的修复、返工等费用。由此造成发包人损失的，发包人可依据规定向承包人索赔。

⑤ 发包人对工程质量有异议的，已竣工验收或已竣工未验收但发包人擅自使用的工程，其质量争议应按工程保修合同或合同中有关保修条款执行，竣工结算应按合同约定办理。

已竣工未验收且未投入使用的工程以及停工、停建工程的质量争议，发承包双方可就有关争议部分委托有工程质量检测鉴定能力的检测鉴定机构进行检测，并应根据检测结果确定解决方案，或按工程质量监督机构的处理决定执行后办理竣工结算，无质量异议部分的竣工结算应按合同约定办理。

⑥ 工程竣工结算价款确认后，承包人应根据竣工结算文件向发包人提交竣工结算价款支付申请，办理竣工结算。支付申请应包括下列内容：a. 工程竣工结算价款总额；b. 累计已实际支付的金额；c. 应预留的质量保证金（已提供其他工程质量保证方式的除外）；d. 实际应支付的竣工结算款金额。

⑦ 发包人未按合同约定支付竣工结算款的，承包人可催告发包人支付，并可按规定向发包人索赔。

3. 合同解除结算

（1）发承包双方协商一致解除合同的，应按双方达成的协议办理解除合同结算，支付相应价款。

（2）因不可抗力引起合同无法履行，发承包双方按合同约定或法律法规规定解除合同的，发承包双方应协商确认下列发包人应支付的价款：

① 合同解除前承包人已完成工程的价款；② 承包人为合同工程按施工进度计划合理订购且已交付的，或承包人有责任接受交付的材料和其他物品的价款；③ 发包人要求承包人退货或解除订货合同而产生的费用，或因不能退货或解除合同而产生的损失；④ 承包人撤离施工现场以及遣散承包人施工人员的费用；⑤ 在合同解除前应支付给承包人的其他价款；⑥ 发包人应扣减承包人的价款；⑦ 发承包双方协商确定的其他价款。

发包人应在协商确认上述价款后，在约定时间内办理结算价款的支付。

当发包人应扣除的金额超过了应支付的金额，承包人应在确认结算价款后的合理时间内将其差额退还给发包人。

（3）因承包人违约解除合同的，发包人可暂停向承包人支付工程价款。

发包人同意解除合同的，应在合同解除后的约定时间内核对承包人提出的合同解除时承包人已完成工程价款，以及按施工进度计划已运至现场的材料货款，并核算承包人给发包人造成的损失或损害的索赔金额，并将结果通知承包人。

发承包双方应在约定时间内予以确认或提出复核意见，并按相关规定办理工程结算。

发承包双方不能就解除合同后的结算达成一致的，可按规定的争议解决方式处理。

因承包人违约解除合同的，不应免除承包人对其已完成工程的质量保证责任。

（4）因发包人违约解除合同的，发包人除应按规定向承包人支付各项价款，以及退还按合同约定的质量保证金外，还应核算发包人应支付的违约金以及给承包人造成损失或损害的索赔费用。

索赔费用可由承包人提出，发包人核实并与承包人协商确认后，在规定时间内向承包人签发支付证书并支付价款。

协商不能达成一致意见的，可按规定的争议解决方式处理。

4. 质量保证金

（1）承包人提供质量保证金的方式

承包人提供质量保证金有以下三种方式：

① 质量保证金保函；② 相应比例的工程款；③ 双方约定的其他方式。

除专用合同条款另有约定外，质量保证金原则上采用上述第①种方式。

（2）质量保证金的扣留

质量保证金的扣留有以下三种方式：

① 在支付工程进度款时逐次扣留，在此情形下，质量保证金的计算基数不包括预付款的支付、扣回以及价格调整的金额；

② 工程竣工结算时一次性扣留质量保证金；

③ 双方约定的其他扣留方式。

发包人累计扣留的质量保证金不得超过工程价款结算总额的 3%。

承包人已经提供履约担保的，在工程项目竣工前发包人不得同时预留工程质量保证金。

采用工程质量担保、工程质量保险等其他保证方式的，发包人不得再预留质量保证金。

（3）质量保证金的退还

① 缺陷责任期内，承包人认真履行合同约定的责任，到期后，承包人可向发包人申请返还保证金。

② 发包人和承包人对保证金预留、返还以及工程维修质量和费用有争议的，按约定的争议和纠纷解决程序处理。

（4）保修

工程保修期从工程竣工验收合格之日起算。具体分部分项工程的保修期由合同当事人在专用合同条款中约定，但不得低于法定最低保修年限。

发包人未经竣工验收擅自使用工程的，保修期自转移占有之日起算。

保修期内，修复的费用按照以下约定处理：

① 保修期内，因承包人原因造成工程的缺陷、损坏，承包人应负责修复，并承担修复的费用以及因工程的缺陷、损坏造成的人身伤害和财产损失；

② 保修期内，因发包人使用不当造成工程的缺陷、损坏，可以委托承包人修复，但发包人应承担修复的费用，并支付承包人合理利润；

③ 因其他原因造成工程的缺陷、损坏，可以委托承包人修复，发包人应承担修复的费用，并支付承包人合理的利润，因工程的缺陷、损坏造成的人身伤害和财产损失由责任方承担。

在保修期内，发包人在使用过程中，发现已接收的工程存在缺陷或损坏的，应书面通知承包人予以修复；情况紧急必须立即修复缺陷或损坏的，发包人可以口头通知承包人并在口头通知后的 48 小时内书面确认，承包人应在专用合同条款约定的合理期限内到达工程现场并修复缺陷或损坏。

5. 最终结清

（1）缺陷责任期终止后，承包人应向发包人提交最终结清申请单和相关证明材料。

最终结清申请单应列明预留的质量保证金或担保保函、缺陷责任期内发生的修复费用、最终结清款。

发包人应将质量担保保函或剩余的质量保证金返还给承包人，不应计算利息。

（2）最终结清款应为预留的质量保证金扣除缺陷责任期内发生的应由承包人承担的修复费用，如有尚未付清的工程结算价款也应在最终结清款中一并结清。

预留的质量保证金或担保保函不足以扣减缺陷责任期内发生的应由承包人承担的修复费用的，承包人应承担不足部分的补偿责任。

（3）发包人对最终结清申请单内容有异议的，可要求承包人进行修正和提供补充资料，承包人应向发包人提交修正后的最终结清申请书。

（4）发包人应在收到承包人提交的最终结清申请书后的约定时间内完成核对，并向承包人签发最终结清支付证书。

发包人逾期未完成核对，又未提出修改意见的，视为发包人同意承包人提交的最终结清申请单，且视为已签发最终结清支付证书。

（5）发包人应在签发最终结清支付证书后的约定时间内完成支付。

发包人逾期支付的，应按合同约定或法律法规规定承担违约责任。

（6）承包人对发包人支付的最终结清款有异议的，应按规定的争议解决方式处理。

◆考法：结算与支付的规则及内容

【例题1·单选题】除专用合同条款另有约定外，承包人应提交最终结清申请单及相关证明材料的时间为（　　　）。

  A. 竣工验收合格后7天   B. 签发竣工付款证书后14天

  C. 竣工验收合格后28天   D. 缺陷责任期终止后约定时间内

【答案】D

【解析】本题的考核点是结算与支付——最终结清的规则内容。

【例题2·单选题】根据《建设工程工程量清单计价标准》GB/T 50500—2024，关于工程保修的说法，正确的是（　　　）。

  A. 保修期内因特大地震造成工程的缺陷和损坏，可以委托承包人修复，发包人承担修复的费用并支付承包人合理的利润

  B. 保修期内因发包人使用不当造成工程的缺陷和损坏，可以委托承包人修复，发包人承担修复的费用但不用支付承包人利润

  C. 保修期内因承包人原因造成工程的缺陷和损坏，承包人应负责修复并承担修复的费用，但不承担因工程缺陷和损坏造成的人身及财产损失

  D. 保修期内发包人发现已接收的工程存在任何缺陷应书面通知承包人修复，承包人接到通知后应在48小时内到工程现场修复缺陷

【答案】A

【解析】本题的考核点是结算与支付——工程保修的相关规定。

【例题3·多选题】因不可抗力导致合同无法履行，发包人和承包人均有权解除合同。合同解除后，发承包人应商定或确定发包人应当支付的款项，该款项包括（　　　）。

  A. 合同解除前承包人已完成工程的价款

  B. 承包人为合同工程合理订购且已交付的材料和其他物品的价款

  C. 发包人要求承包人退货或解除订货合同而产生的费用

D. 承包人撤离施工现场以及遣散承包人人员的费用

E. 因合同解除导致承包人的利润损失

【答案】A、B、C、D

【解析】本题的考核点是结算与支付——合同解除结算的规定。

17.7 合同价款争议的解决

核心考点　合同价款争议的解决

一般规定

（1）发承包双方在合同履行过程中，对工程计量、合同价款调整、价款期中支付、工程结算和与其事项相关的工程质量、工程变更、新增工程等存有争议的，应通过友好协商方式解决，并在协商一致后签订相关的补充（和解）协议，所签订的补充（和解）协议对双方均有约束力。

如果经协商不能达成一致意见的，发承包双方应按合同约定处理。合同未约定或约定不明的，可按计价标准相关的规定处理。

（2）工程发生相关争议事项时，发承包双方可按合同约定及下列争议解决方式处理：

① 委托争议评审委员会（或机构）进行评审。② 委托具有调解能力的调解人（或机构）进行调解。③ 仲裁或诉讼。

第18章　工程总承包计价

本章核心考点提纲

18.1　工程总承包计价原理
- ★ 工程总承包模式的类型与适用情形
- ★ 工程总承包计价方式
- ★ 工程总承包费用项目构成

18.2　工程总承包最高投标限价与投标报价编制 → ★ 工程总承包最高投标限价与投标报价编制
- 1. 最高投标限价编制
- 2. 工程总承包投标报价编制

18.3　工程总承包合同价款约定 → ★ 工程总承包合同价款约定
- 1. 合同价款约定的基本事项
- 2. 解释合同文件的优先顺序
- 3. 合同价格形式及计价风险
- 4. 合同价款支付分解表

18.4　工程总承包合同价款调整与索赔
- ★ 工程变更及合同价款调整
- ★ 索赔

18.5　工程总承包项目结算与支付 → ★ 工程总承包项目结算与支付
- 1. 进度款结算与支付
- 2. 竣工结算与支付

本章核心考点分析

18.1　工程总承包计价原理

核心考点一　工程总承包模式的类型与适用情形

1. 工程总承包模式的类型

根据《国务院办公厅关于促进建筑业持续健康发展的意见》（国办发〔2017〕19号），政府投资工程应带头推行工程总承包，装配式建筑原则上应采用工程总承包。

工程总承包常用的两种模式：设计采购施工总承包（EPC）和设计施工总承包（DB）。除EPC和DB外，还可以根据建设项目的实际需要选择交钥匙总承包、设计采购总承包、采购施工总承包等模式。

2. 不宜采用工程总承包模式的情形

① 若发包人未编制《发包人要求》，或编制的《发包人要求》不能实现工程建设目标时，不宜采用工程总承包模式。② 若发包人以施工图项目进行工程计量和计价，不宜采

用工程总承包模式，宜采用施工总承包。

3. 不宜采用设计采购施工总承包、可采用设计施工总承包的情形

具有下列情形时，发包人不宜采用设计采购施工总承包（EPC），可采用设计施工总承包（DB）：

① 投标人没有足够时间或信息仔细审核发包人要求，或没有足够时间或信息进行设计、风险评估和估价。② 施工涉及实质性地下工程或投标人无法检查的其他区域的工程。③ 发包人要密切监督或控制承包人的工作，或审查大部分施工图纸。

4. 不同发包阶段工程总承包模式的适用情形

① 可行性研究报告批准后发包的，宜采用设计采购施工总承包（EPC）模式。

② 方案设计批准后发包的，可采用设计采购施工总承包或设计施工总承包（DB）模式。

③ 初步设计批准后发包的，宜采用设计施工总承包模式。

◆ 考法：工程总承包模式适用情形的内容

【例题1·多选题】下列情形中不宜采用工程总承包模式的是（　　　）。

　　A. 发包人要密切监督或控制承包人的工作

　　B. 发包人未编制《发包人要求》

　　C. 发包人以施工图项目进行工程计量和计价

　　D. 初步设计批准后发包的

　　E. 可行性研究报告批准后发包的

【答案】B、C

【解析】本题的考核点是工程总承包模式适用情形的具体内容。

【例题2·单选题】下列情形中，发包人适宜采用设计采购施工总承包（EPC）模式进行发包的是（　　　）。

　　A. 投标人没有足够的时间或信息进行设计、风险评估和估价

　　B. 施工涉及实质性地下工程或投标人无法检查的其他区域的工程

　　C. 发包人要密切监督或控制承包人的工作，或审查大部分施工图纸

　　D. 发包人在可行性研究报告批准后发包

【答案】D

【解析】本题的考核点是工程总承包模式适用情形的具体内容。

核心考点二　工程总承包计价方式

工程总承包的计量计价遵循的是价格包含的原则，即总承包人的报价应该包含合同约定的工程范围内的全部费用。工程总承包不以施工图项目作为计量和计价的基础，因此工程量清单计价方式对工程总承包并不适用。

工程总承包计价在以下几方面与工程量清单计价有所区别：

（1）投资控制目标

① 在可行性研究报告批准或方案设计后，按照投资估算中与发包内容对应的总金额作为投资控制目标。

② 在初步设计批准后，按照设计概算中与发包内容对应的总金额作为投资控制目标。

（2）材料设备采购原则

除合同另有约定外，采用工程总承包模式发包时，应由承包人负责材料和设备的采购、运输和保管。承包人若需更换材料设备时，应报发包人核准；若擅自更换，承包人应进行改正，并应承担由此造成的返工损失，延误的工期应不予顺延。

（3）建筑安装工程计价

发包人对建筑安装工程价款的计价，除专用合同条件约定的按照应予计量的实际工程量进行结算支付的单价项目外，不得以项目的施工图为基础对合同价款进行重新计量或调整。

（4）预备费

工程总承包项目的预备费应根据下列规定使用：

① 工程总承包为可调总价合同，已签约合同价中的预备费应由发包人掌握使用，发包人按照合同约定支付后，如预备费有余额，应归发包人所有。

② 工程总承包为固定总价合同，预备费可作为风险包干费用，在合同专用条件中约定，预备费归承包人所有。

◆ 考法：工程总承包计价方式的内容

【例题1·2024年真题·单选题】初步设计批准后实行工程总承包发包的项目，其投资控制目标应根据发包内容，按照（　　　）确定。

　　A. 投资估算中与发包内容对应的总金额

　　B. 设计概算中与发包内容对应的总金额

　　C. 已标价工程量清单中的总价金额

　　D. 设计概算中与发包内容对应的工程费用总金额

【答案】B

【解析】本题的考核点是工程总承包计价方式——投资控制目标的内容。

【例题2·多选题】下列关于工程总承包模式计价方法的说法中，正确的是（　　　）。

　　A. 总承包人的报价应该包含合同约定的工程范围内的全部费用

　　B. 工程总承包以施工图项目作为计量和计价的基础，因此工程量清单计价方式对工程总承包也适用

　　C. 采用工程总承包模式发包时，应由承包人负责材料和设备的采购、运输和保管

　　D. 工程总承包为固定总价合同的，预备费可作为风险包干费用，归发包人所有

　　E. 承包人若需更换材料设备时，应报发包人核准

【答案】A、C、E

【解析】本题的考核点是工程总承包计价方式的相关内容。

核心考点三　工程总承包费用项目构成

1. 工程总承包费用项目构成

（1）确定工程总承包费用项目构成，实质上是在工程建设项目总投资费用中选出适用于工程总承包的费用项目，达到合理界定工程总承包计价范围的目的。

（2）如果发包人将建设项目的报建报批以及与建设、供电、规划、消防、水务、城管

等部门相关的技术与审批等其他服务工作列入了发包范围，则代办服务费也应纳入工程总承包其他费。

（3）其他专项费：是指发包人按照合同约定支付给承包人在项目建设期内，用于本工程的专利及专有技术使用、引进技术和引进设备其他费、工程技术经济等咨询费、苗木迁移、测绘等发生的费用。

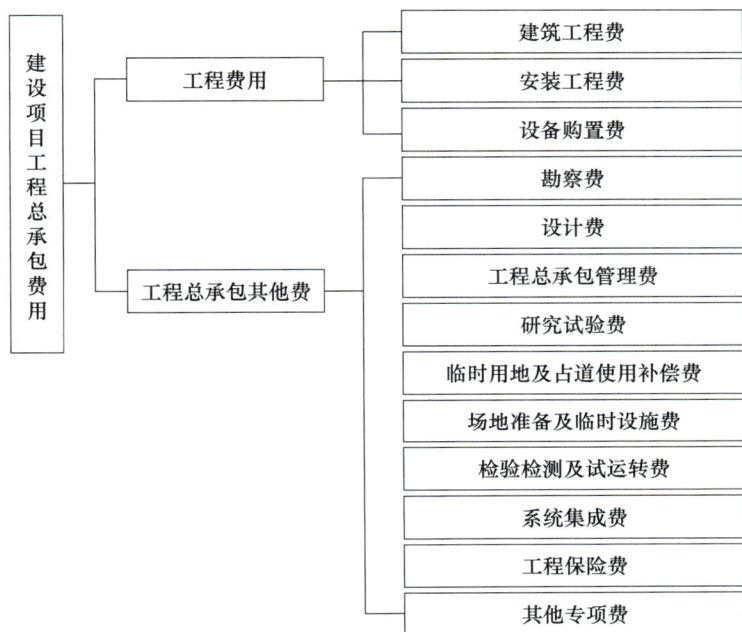

2. 工程总承包费用项目清单

（1）工程总承包费用项目清单的概念

项目清单是指发包人提供的载明工程总承包项目勘察费（如果有）、设计费、建筑安装工程费、设备购置费、暂估价、暂列金额和双方约定的其他费用的名称和相应数量等内容的项目明细。根据承发包阶段的不同，工程总承包费用项目清单可分为以下两种：

① 可行性研究或方案设计后清单

可行性研究或方案设计后，应根据项目编码、项目名称、计量单位和工程量计算规则编制项目清单。

② 初步设计后清单

初步设计后项目清单编码应在可行性研究或方案设计后项目清单编码的基础上进行。

（2）项目清单编制依据

① 工程总承包的工程费用项目清单编制依据：《房屋工程总承包工程量计算规范》T/CCEAS 002—2022、《市政工程总承包工程量计算规范》T/CCEAS 003—2022 等专业工程的工程量计算规范。

② 工程总承包其他费清单编制依据：工程总承包的范围和内容。

根据《建设项目工程总承包计价规范》T/CCEAS 001—2022，发包人对工程费用项目清单可只提供项目清单格式不列工程数量，由承包人根据招标文件和发包人要求填写工程数量并报价。

3. 工程总承包费用价格清单

（1）工程总承包费用价格清单是由承包人按照发包人提供的项目清单中规定的格式和要求，填写并标明价格的清单，是构成合同文件的组成部分。

（2）工程总承包的项目清单应由具有编制能力的发包人或受其委托、具有相应资质的工程造价咨询人编制。

（3）投标人应在项目清单上自主报价，形成价格清单。

（4）工程总承包中价格清单项目的价格应包括成本和利润。成本中的应纳税金由发包人按照下列规定在发包人要求中明确，并在合同中约定：

① 由承包人结合具体工程测算，将应纳税金计入价格清单项目汇入合同总价。

② 由承包人将应纳税金单列计算。

（5）价格清单列出的任何数量仅为估算的工作量，不得将其视为要求承包人实施的工程的实际或准确的工作量。在价格清单中列出的任何工作量和价格数据应仅限于作为变更和支付的参考资料，而不能用于其他目的。

◆考法 1：工程总承包费用项目构成的内容

【例题 1·2024 年真题·多选题】根据《建设项目工程总承包计价规范》T/CCEAS 001—2022，下列工程总承包其他费中，属于其他专项费的有（   ）。

    A. 工程总承包管理费
    B. 工程技术经济咨询费
    C. 研究试验费
    D. 临时用地及占道使用补偿费
    E. 工程的专利使用费

【答案】B、E

【解析】本题的考核点是工程总承包费用项目构成的内容。

【例题 2·单选题】下列费用中不属于工程总承包其他费的是（   ）。

    A. 总承包管理费
    B. 施工勘察费
    C. 设备购置费
    D. 报批报建的代办服务费

【答案】C

【解析】本题的考核点是工程总承包费用项目构成的内容。

◆考法 2：工程总承包费用项目清单及价格清单的相关内容

【例题 3·单选题】在工程总承包模式中，由发包人提供的载明工程总承包项目勘察费（如果有）、设计费、建筑安装工程费、设备购置费、暂估价、暂列金额和双方约定的其他费用的名称和相应数量等内容的项目明细被称为（   ）。

    A. 项目清单
    B. 明细清单
    C. 招标工程量清单
    D. 费用清单

【答案】A

【解析】本题的考核点是工程总承包费用项目清单的概念。

【例题 4·多选题】根据《建设项目工程总承包计价规范》T/CCEAS 001—2022，关于工程总承包费用价格清单的说法正确的是（　　　　）。

  A. 工程总承包费用价格清单不包括利润

  B. 工程总承包费用价格清单是由承包人按照发包人提供的项目清单中规定的格式和要求，填写并标明价格的清单

  C. 价格清单列出的任何数量仅为估算的工作量，不得将其视为要求承包人实施的工程的实际或准确的工作量

  D. 成本中的应纳税金由承包人结合具体工程测算，将应纳税金计入价格清单项目汇入合同总价

  E. 投标人应在项目清单上自主报价，形成价格清单

【答案】B、C、D、E

【解析】本题的考核点是工程总承包费用价格清单的相关规则及内容。

18.2　工程总承包最高投标限价与投标报价编制

核心考点　工程总承包最高投标限价与投标报价编制

1. 最高投标限价编制

发包人采用工程总承包模式招标发包时，可自行决定是否选择设置最高投标限价（或设置标底）进行招标。应在招标文件中明确最高投标限价。

《建设项目工程总承包计价规范》T/CCEAS 001—2022 规定，发包人宜选择设置标底进行招标发包。一个招标项目应只能有一个标底，标底应保密。

（1）最高投标限价的编制方法

最高投标限价应依据拟定的招标文件和发包人要求，按下列方法形成：

① 在可行性研究或方案设计后发包的，发包人宜采用投资估算中与发包范围一致的估算金额为限额，按照相关规范适当修订后计列。

② 在初步设计后发包的，发包人宜采用初步设计概算中与发包范围一致的概算金额为限额，按照相关规范适当修订后计列。

（2）最高投标限价的编制内容

工程总承包项目中，最高投标限价的编制内容包括工程费用、工程总承包其他费用和预备费，具体如下：

① 工程费用中的建筑工程费、设备购置费、安装工程费宜直接按投资估算或设计概算中的费用计列。

② 工程总承包其他费应根据建设项目工程总承包发包的不同范围，按投资估算或设计概算中的同类费用金额计列。

③ 预备费应根据不同阶段的发包内容，采用建设项目投资估算或设计概算中的预备费计列。

在编制最高投标限价时，若投资估算、设计概算中有与项目清单内容相对应的数额，可以直接采用；若有的项目相同，但发包范围缩小，应扣除未包括的内容计列；若没有相同的项目，可按上述方法在估算或概算的总金额范围内计列。

2. 工程总承包投标报价编制

投标人应依据招标文件、发包人要求、项目清单等自主确定工程费用和其他费用的投标报价，但投标报价不得低于成本。

在投标报价时，还应注意下列问题：

（1）勘察费和设计费

① 可行性研究报告批准或方案设计后发包，由发包人负责可行性研究勘察和初步勘察；承包人负责详细勘察和施工勘察、初步设计、施工图设计和专项设计工作。

② 初步设计后发包的，由发包人负责详细勘察；承包人负责施工勘察、施工图设计、专项设计工作。

（2）项目清单

当工程总承包为初步设计后发包时，发包人提供的工程费用项目清单应仅作为投标报价的参考，投标人应依据发包人要求、初步设计文件、详细勘察文件按下列规定进行投标报价：

① 对项目清单内容可增减。

② 对项目应进行细化，原项目下填写投标人认为需要的施工项目和工程数量及单价。

项目清单中需要填写技术参数等产品品质的项目，投标人应列明符合条件的潜在供应商。

（3）预备费

① 工程总承包采用可调总价合同的，预备费应按招标文件中列出的金额填写，不得变动，并应计入投标总价中。

② 采用固定总价合同的，预备费由投标人自主报价，合同价款不予调整。

◆ **考法：工程总承包最高投标限价与投标报价编制的规则及相关内容**

【例题1·单选题】按照《建设项目工程总承包计价规范》T/CCEAS 001—2022规定，在初步设计后发包的，发包人宜采用（   ）为最高投标限价的限额，按照相关规范适当修订后计列。

  A. 初步设计概算中与发包范围一致的概算金额

  B. 投资估算中与发包范围一致的估算金额

  C. 施工图预算与发包范围一致的概算金额

  D. 计价定额与发包范围一致的估算金额

【答案】A

【解析】本题的考核点是工程总承包最高投标限价编制的规则。

【例题2·单选题】按照《建设项目工程总承包计价规范》T/CCEAS 001—2022规定，工程总承包采用可调总价合同的，预备费应按（   ）填写，不得变动，并应计入投标总价中。

  A. 投标人自主报价金额   B. 当时当地的市场价格

  C. 企业定额标准计算的金额 D. 招标文件中列出的金额

【答案】D

【解析】本题的考核点是工程总承包投标报价编制的规则。

【例题3·多选题】工程总承包中，除发包人将全部勘察工作单独委托勘察人实施或合同另有约定外，可行性研究报告批准或方案设计后发包的，下列工作由承包人负责的有（　　）。

  A. 初步勘察   B. 详细勘察

  C. 可行性研究勘察   D. 初步设计

  E. 施工图设计

【答案】B、D、E

【解析】本题的考核点是工程总承包投标报价编制的规则。

18.3 工程总承包合同价款约定

核心考点 工程总承包合同价款约定

1. 合同价款约定的基本事项

包括：工程费用和工程总承包其他费的总额，结算与支付方式；预付款的支付比例或金额、支付时间及抵扣方式；期中结算与支付的里程碑节点，进度款的支付比例等内容。

2. 解释合同文件的优先顺序

根据《标准设计施工总承包招标文件》（2012版），除专用合同条款另有约定外，解释合同文件的优先顺序如下：

（1）合同协议书；（2）中标通知书；（3）投标函及投标函附录；（4）专用合同条款；（5）通用合同条款；（6）发包人要求；（7）承包人建议书；（8）价格清单；（9）双方约定的其他合同文件。

3. 合同价格形式及计价风险

（1）工程总承包合同价格形式

除工程特别复杂，抢险救灾工程宜采用成本加酬金合同外，工程总承包最适宜采用的合同方式应为总价合同（可调总价合同和固定总价合同）。在总价合同中，除工程变更外，工程量不予调整。

工程总承包的总价合同中也可在专用合同条件约定，将发承包时无法把握施工条件变化的某些项目单独列项，按照应予计量的实际工程量和单价进行结算支付。

（2）工程总承包计价风险

存在下列情形时，造成合同工期和价格的变化主要由发包人承担：

① 国家法律发生变化；② 专用合同条款中约定的人工、主要材料等市场价格变化超过合同约定幅度；③ 可行性研究报告批准或方案设计后发包，发包人要求和方案设计发生变更；初步设计后发包，发包人要求和初步设计发生变更；④ 不可预见的地质条件、地下掩埋物等变化；⑤ 不可抗力。

（3）工程总承包合同的几类计价风险

① 发包人要求错误

采用设计采购施工总承包（EPC）模式，承包人应复核发包人要求，发现错误应书面通知发包人。承包人未发现发包人要求中存在错误和（或）未通知发包人提交说明文件的，除专用合同条件另有约定外，承包人自行承担由此导致的费用增加和（或）工期延误。

无论承包人发现与否，发包人要求中的下列错误导致承包人增加的费用和（或）延误的工期，由发包人承担，并向承包人支付合理利润：

a. 发包人要求中或合同中约定由发包人负责的或不可变的数据和资料；b. 对工程或其他任何部分的预期目的的说明；c. 竣工工程的试验和性能的标准；d. 除合同另有约定外，承包人不能核实的数据和资料。

② 发包人提供的数据错误

对发包人提供的现场地形和地下、水温、气候及环境条件方面的数据错误，可按下列规定分担责任：

a. 采用设计采购施工总承包模式时，发包人除按照合同约定或"发包人要求错误"的规定承担责任外，不对现场数据和参考数据的准确性、充分性和完整性承担责任。

b. 采用设计施工总承包模式时，承包人应及时将发现的参考数据错误通知发包人。如果承包人因数据错误遭受延误和（或）费用增加，承包人有权获得工期的延长和（或）额外费用的增加及合理利润。

③ 设计优化和深化

承包人在合同约定承包范围内实施设计时，应在满足发包人要求的前提下进行优化设计，并应从中选取最优设计方案；在满足发包人提供的设计文件技术标准的前提下进行深化设计，实现合同目标，优化设计和深化设计导致的盈亏均归承包人享有或承担。

④ 承包人文件错误

除发包人要求中的错误导致承包人文件出错外，当承包人文件中存在错误、遗漏、含糊、不一致、不适当或其他缺陷时，即使发包人作出了同意或批准，承包人仍应对前述问题带来的缺陷和工程问题进行改正，并应承担相应费用和工期延误。

4. 合同价款支付分解表

（1）里程碑节点的确定

在工程总承包模式中，进度款是按照里程碑节点进行支付的。工程总承包合同中应以工程总进度计划为基础，明确里程碑节点，作为工程款支付分解的依据。里程碑节点应按照下列规定确定：

① 承包人应在合同生效后 14 天内，编制工程总进度计划和工程项目管理及实施方案并报送发包人，发包人如需审批时，应在收到计划和方案的 14 天内予以批准或提出修改建议。

② 工程总进度计划和工程项目管理及实施方案应分工程准备、勘察、设计、采购、施工、初步验收、竣工验收、缺陷修复等阶段编制细目，应明确里程碑节点，并作为控制工程进度以及工程款支付分解的依据。

③ 采用工程量清单及其单价计算的单价项目，应列入工程总进度计划，明确里程碑节点。

（2）合同价款支付分解表的编制

① 建筑工程费应按照合同约定的工程进度计划划分的里程碑节点及对应的价款比例计算金额占比，进行支付分解。

② 设备购置费和安装工程费按订立采购合同、进场验收、安装就位阶段约定比例计算金额占比，进行支付分解。

里程碑节点相邻之间超过一个月时，承包人应按照法规规定提出按月拨付人工费的比例。

③ 工程总承包其他费应按照约定的费用，结合工程进度计划拟完成的工作量或者比例计算金额占比，进行支付分解。其中：

a. 勘察费按照提供勘察阶段性成果文件的时间、对应的工作量进行支付分解；b. 设计费按照提供设计阶段性成果文件的时间、对应的工作量进行支付分解；c. 除勘察设计的其他专项费用按照其工作完成的时间顺序及其与相关工作的关系进行支付分解。

（3）合同价款支付分解表的审批

① 承包人应在收到经发包人批复的工程总进度计划后的 7 天内，将支付分解表以及形成支付分解表的支持性资料报发包人审批。

② 发包人应在收到承包人报送的支付分解表后的 7 天内给予批复或提出修改意见，经发包人批准的支付分解表应具有合同约束力。

③ 进行了工程总进度计划修订的，应相应修改支付分解表，并应按程序报发包人批复。发包人未能在前述时间内完成审批或不予答复的，视为发包人同意支付分解表。

◆ **考法：工程总承包合同价款约定的相关内容**

【**例题 1·多选题**】在工程总承包合同计价中，存在下列情形时，造成合同工期和价格的变化主要由发包人承担的是（　　　　）。

    A. 专用合同条款中约定的人工、主要材料等市场价格变化超过合同约定幅度

    B. 可行性研究报告批准或方案设计后发包，发包人要求和方案设计发生变更；初步设计后发包，发包人要求和初步设计发生变更

    C. 不可预见的地质条件、地下掩埋物等变化

    D. 不可抗力

    E. 承包人未发现发包人要求中存在错误和（或）未通知发包人提交说明文件的

【**答案**】A、B、C、D

【**解析**】本题的考核点是工程总承包合同价款约定——合同计价风险及风险类别。

【**例题 2·单选题**】采用设计采购施工总承包（EPC）模式，发包人要求中的由发包人负责的数据和资料存在错误，导致承包人的费用增加和工期延误，则下列说法正确的是（　　　　）。

    A. 承包人承担增加的费用、延误的工期和利润损失

    B. 发包人仅承担增加的费用，承包人承担延误的工期和利润损失

    C. 发包人仅承担增加的费用和延误的工期，承包人承担利润损失

    D. 发包人承担增加的费用、延误的工期，并向承包人支付合理的利润

【答案】D

【解析】本题的考核点是工程总承包合同价款约定——合同计价风险及风险类别。

【例题3·单选题】除工程特别复杂、抢险救灾工程，工程总承包最适宜采用的合同方式应为（　　）。

  A. 包干加提成合同   B. 单价合同

  C. 成本加酬金合同   D. 总价合同

【答案】D

【解析】本题的考核点是工程总承包合同价款约定——合同价格形式。

【例题4·单选题】组成工程总承包合同的各项文件应互相解释、互为说明。根据《标准设计施工总承包招标文件》（2012年版）的规定，下列解释合同文件中具有首位优先的是（　　）。

  A. 中标通知书   B. 投标函及投标函附录

  C. 发包人要求   D. 合同协议书

【答案】D

【解析】本题的考核点是工程总承包合同价款预定的基本事项。

18.4 工程总承包合同价款调整与索赔

核心考点一 工程变更及合同价款调整

1. 发包人提出的工程变更

① 因发包人变更发包人要求或初步设计文件，导致承包人施工图设计修改并造成成本、工期增加的，应按照合同约定调整合同价款、工期，并应由承包人提出新的价格、工期报发包人确认后进行调整。

② 因发包人提出工程变更引起承包人施工方案改变并导致措施项目发生变化时，承包人应事先将拟实施的方案提交发包人确认，并应按规范确定措施项目费的调整。

③ 当发包人提出的工程变更因非承包人原因删减了合同中的某项原定工作或工程，致使承包人发生的费用或（和）得到的收益不能被包括在其他已支付或应支付的项目中，也未被包含在任何替代的工作或工程中时，承包人有权提出并应得到合理的费用及利润补偿。

2. 承包人提出的工程变更

① 承包人对方案设计或初步设计文件进行的设计优化，如满足发包人要求，其形成的利益应归承包人享有。

② 承包人需要对发包人要求作出修改的，应以书面形式向发包人提出合理化建议。

经发包人认为可以缩短工期、提高工程的经济效益或其他利益，并指示变更的，发包人应将承包人合理化建议形成的利益双方分享，并应调整合同价款和（或）工期。

3. 变更估价的原则

（1）合同中未包含价格清单，合同价格应按照所执行的变更工程的成本加利润进行调整。

（2）合同中包含价格清单，合同价格应按照如下规则进行调整：

① 价格清单中有适用于变更工程项目的，应采用该项目的费率和价格。② 价格清单中没有适用但有类似于变更工程项目的，可在合理范围内参照类似项目的费率或价格。③ 价格清单中没有适用也没有类似于变更工程项目的，该工程项目应按成本加利润原则调整适用新的费率或价格。

4. 物价波动引起的合同价款调整

（1）对于投标函附录约定了价格指数和权重的，根据投标函附录中的价格指数和权重表约定的数据，采用价格指数调差法计算差额并调整合同价格。

对于投标函附录没有约定价格指数和权重的，采用造价信息计算差额并调整合同价格。其中：

① 人工、机械使用费按照国家或省级建设主管部门、行业建设管理部门或其授权的工程造价管理机构发布的人工成本信息、机械台班单价或机械使用费系数进行调整。

② 需要进行价格调整的材料，其单价和采购数应由监理人复核，监理人确认需调整的材料单价及数量，作为调整合同价格差额的依据。

（2）采用工程总承包模式，但未在合同中约定"价格指数权重表"，可视为不因市场价格波动调整合同价款。

◆ 考法：**工程总承包工程变更及合同价款调整的规则内容**

【例题1·单选题】工程总承包项目发生工程变更时，若合同中未包含价格清单，合同价格应（　　）。

    A. 按照承包人提出的对所执行的变更工程价格进行调整

    B. 参照类似项目的费率或价格进行调整

    C. 按照造价管理机构发布的相应项目市场价格进行调整

    D. 按照所执行的变更工程的成本加利润进行调整

【答案】D

【解析】本题的考核点是工程变更时合同价款调整的原则。

【例题2·多选题】关于工程总承包项目工程变更及价款调整，下列说法中正确的有（　　）。

    A. 因发包人提出工程变更引起承包人施工方案改变并导致措施项目发生变化时，直接按承包人实施的方案确认费用并进行调整

    B. 承包人对方案设计或初步设计文件进行的设计优化，如满足发包人要求，其形成的利益应归发包人享有

    C. 当发包人提出的工程变更因非承包人原因删减了合同中的某项原定工作或工程，承包人有权提出并应得到合理的费用及利润补偿

    D. 承包人需要对发包人要求作出修改的，应以书面形式向发包人提出合理化建议

    E. 价格清单中没有适用也没有类似于变更工程项目的，该工程项目应按成本加利润原则调整适用新的费率或价格

【答案】C、D、E

【解析】本题的考核点是工程变更及合同价款调整的规则内容。

核心考点二　索赔

1. 工程总承包项目承包人索赔特点

工程总承包模式下承包人的索赔机会更少，索赔的难度也更大。

2. 承包人索赔的一般原则

① 对于由发包人自身原因直接导致的索赔，承包人不但可以索赔工期和费用，还可以索赔一定的利润，如发包人要求错误、发包人对竣工试验的干扰等。

② 对于由发包人负责的其他原因导致的索赔，承包人一般能索赔工期和费用，但不能得到利润的补偿，例如审批延迟等。

③ 对于个别客观原因造成的索赔，承包人可能仅能得到工期的延长，不能得到费用的补偿。

3. 发包人要求模糊引起的工程索赔

发包人要求模糊可定义为：工程总承包项目的发包人与承包人对工程的目的、范围、设计与其他技术标准和要求中的一项或多项内容约定不明确。发包人要求模糊引发承包人的索赔。索赔可能包括以下三种情况：

（1）若发包人增加或减少合同中的工作，承包人应在收到相应的变更资料后，及时向发包人申请变更费用。

① 如果双方能协商一致，则可通过工程签证的方式解决。

② 若双方不能达成一致，承包人可以向发包人提出工程索赔，对工期、费用及利润进行索赔。

（2）由于发包人提供的技术文件的设计深度不够、设计不当造成发包人要求模糊的问题，应由发包人承担责任，承包人可以向发包人索赔工期、费用及利润；但同时，发包人也可以承包人未进行审查为由向承包人进行索赔。

（3）当发包人在合同中未对一些细节要求（如施工过程中的操作要求、采购要求等）进行明确时，可能导致承包人实际操作与发包人预期并不一致。当出现发包人对合同中条款约定不全面、不明确的事项时，责任由发包人承担，承包人可以向发包人索赔增加的费用。

4. 工程总承包项目索赔的变化

按照《标准设计施工总承包招标文件》（2012 年版）和《建设项目工程总承包合同（示范文本）》GF—2020—0216，相较于施工总承包模式，工程总承包索赔的特点归纳如下：

（1）承包人索赔程序

监理人应在收到索赔通知书或有关索赔的进一步证明文件后的 42 天内，将（发包人书面认可）索赔处理结果答复承包人；监理人在 42 天内不予答复的，视为其认可索赔。

（2）发包人索赔的时效

发包人应在知道或应当知道索赔事件发生后的 28 天内向承包人发出索赔通知；未在 28 内发出索赔通知的，发包人丧失要求扣减付款和（或）延长缺陷责任期的权利。

（3）索赔范围

发承包双方中的任意一方均有权为追加／减少付款、延长缺陷责任期和（或）延长工期向对方提出索赔。

（4）索赔处理的期限

承包人接受索赔处理结果的，发包人应在作出索赔处理结果答复后的28天内完成支付。

◆考法：工程总承包索赔的相关内容

【例题1·多选题】下列工程总承包项目中承包人索赔的一般原则中，正确的是（　　　）。

    A. 由发包人减少合同内的工作导致的索赔，承包人可以索赔一定的利润

    B. 由审批延迟导致的索赔，承包人可以索赔工期、费用和利润

    C. 由发包人要求错误导致的索赔，承包人不但可以索赔工期和费用，还可以索赔一定的利润

    D. 由发包人对竣工试验的干扰导致的索赔，承包人仅能对成本和工期进行索赔

    E. 由发包人提供的技术文件设计深度不够导致的索赔，承包人仅能对成本和工期进行索赔

【答案】C、E

【解析】本题的考核点是工程总承包索赔的一般原则及相关内容。

【例题2·单选题】按照《建设项目工程总承包合同（示范文本）》GF—2020—0216的规定，工程总承包项目的承包人接受索赔处理结果的，发包人应在作出索赔处理结果答复后的（　　　）天内完成支付。

    A. 42   B. 28

    C. 14   D. 7

【答案】B

【解析】本题的考核点是工程总承包索赔的相关规则内容。

18.5　工程总承包项目结算与支付

核心考点　工程总承包项目结算与支付

工程总承包与施工总承包在预付款、质量保证金和最终结清等环节的程序基本相同。

1. 进度款结算与支付

（1）进度款结算和支付方式

《建设项目工程总承包合同（示范文本）》GF—2020—0216中规定，常见的两种进度款支付方式为按月计量付款和里程碑付款。

① 按月计量付款：承包人的资金压力较小，但是对于承包人进度管理的控制作用比较有限。② 里程碑付款的方式回收款项的时间不固定，却可以有效控制承包人保质保量地按照合同约定的里程碑逐步完成项目。

（2）期中结算的要求

进度款支付比例不应低于80%。里程碑相邻节点之间超过一个月的，发包人应按照

下一里程碑节点的工程价款，按月以约定比例预支付人工费。

（3）进度款支付申请的提交

承包人应在实际完成进度计划的里程碑节点到期后的 7 天内向发包人提出进度款支付申请。

2. 竣工结算与支付

采用工程总承包模式的，发包人对建筑安装工程价款的计价，除专用合同条件约定的按照应予计量的实际工程量进行结算支付的单价项目外，不得以项目的施工图为基础对合同价款进行重新计量或调整。

竣工结算价可依据合同形式按照下列规定计算：

① 可调总价合同的竣工结算价 ＝ 签约合同价 － 预备费 ± 合同约定调整价款和索赔的金额

② 固定总价合同的竣工结算价 ＝ 签约合同价 ± 索赔金额。

③ 未支付的价款 ＝ 竣工结算价格 － 已支付的合同价款。

◆ 考法：工程总承包项目结算与支付的规则及相关内容

【例题 1·多选题】根据《建设项目工程总承包合同（示范文本）》GF—2020—0216，关于工程总承包项目进度款结算和支付的说法正确的是（　　　）。

    A. 与按月支付方式相比，里程碑付款方式回收款项的时间不固定

    B. 工程总承包合同必须采用里程碑付款的方式进行进度款支付

    C. 发包人应按照合同价款支付分解表支付进度款，进度款支付比例不应低于 90%

    D. 发承包双方对进度款支付不能达成一致时，发包人在争议解决前无需支付进度款

    E. 复核已签发的进度款支付证书时发现错误的，发包人和承包人均有权提出修正申请

【答案】A、E

【解析】本题的考核点是工程总承包结算与支付的规则及相关内容。

【例题 2·单选题】按照《建设项目工程总承包计价规范》T/CCEAS 001—2022 规定，采用固定总价合同的工程总承包项目的竣工结算价为（　　）。

    A. 签约合同价

    B. 签约合同价 ＋ 预备费

    C. 签约合同价 ＋ 预备费 ＋ 索赔金额

    D. 签约合同价 ＋ 索赔金额

【答案】D

【解析】本题的考核点是工程总承包结算与支付的规则及相关内容——竣工结算的编制方法。

第19章　国际工程投标报价

本 章 核 心 考 点 提 纲

19.1 国际工程投标报价
　　 构成及程序 —→ ★ 国际工程投标 ⎰ 1.国际工程投标报价构成
　　　　　　　　　　　 报价构成及程序 ⎱ 2.国际工程投标报价程序

19.2 国际工程投标报价编制 —→ ★ 国际工程投标报价编制

19.3 国际工程投标报价技巧 —→ ★ 国际工程投标报价技巧

本 章 核 心 考 点 分 析

19.1　国际工程投标报价构成及程序

核心考点　国际工程投标报价构成及程序

1. 国际工程投标报价构成

国际工程投标报价要准确划分报价项目和待摊费用项目。

（1）报价项目就是工程量清单上所列的项目，例如平整场地、土方工程、混凝土工程等等，其具体项目因招标工程内容及招标文件规定的计算方法而异。

（2）待摊费用项目不在工程量清单上单独列项，而是作为报价项目的价格组成因素隐含在每项综合单价之内，分摊到各个报价分项中去。

			人工费
			材料费
			施工机具使用费
国际工程投标总报价组成	待摊费	现场管理费	工作人员费
			办公费
			差旅交通费
			文体宣教费
			固定资产使用费
			国外生活设施使用费
			工具用具使用费
			劳动保护费
			检验试验费
			其他费用

			临时设施工程费
国际工程投标总报价组成	待摊费	其他待摊费	保险费
			税金
			保函手续费
			经营业务费
			工程辅助费
			贷款利息
			总部管理费
			利润
			风险费
	开办费		
	分包工程费	分包报价	
		总包管理费和利润	
	暂定金额（招标人备用金）		

2. 国际工程投标报价程序

国际工程投标报价程序如下图所示。

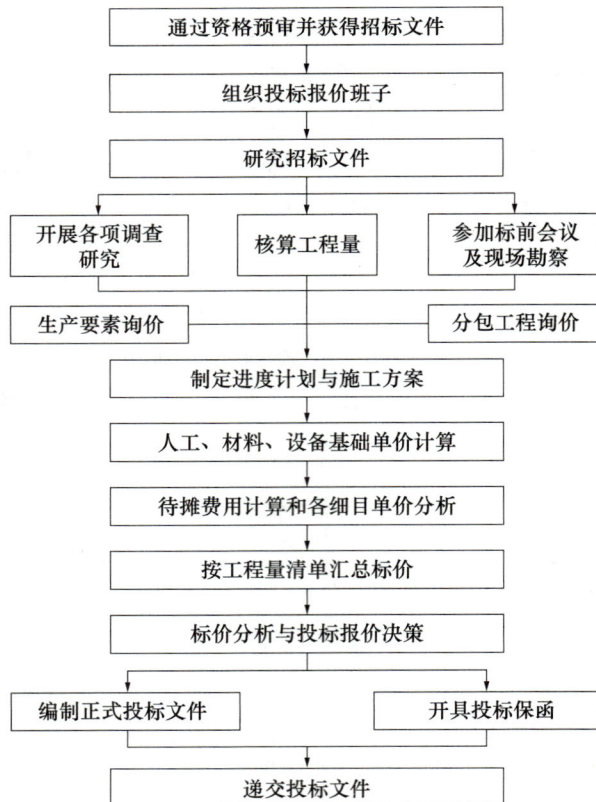

```
        ┌──────────────────────────────┐
        │   通过资格预审并获得招标文件   │
        └──────────────────────────────┘
        ┌──────────────────────────────┐
        │       组织投标报价班子         │
        └──────────────────────────────┘
        ┌──────────────────────────────┐
        │         研究招标文件           │
        └──────────────────────────────┘
  ┌────────────┐  ┌──────────┐  ┌──────────────┐
  │开展各项调查 │  │ 核算工程量 │  │参加标前会议  │
  │    研究    │  │          │  │及现场勘察    │
  └────────────┘  └──────────┘  └──────────────┘
  ┌────────────┐                ┌──────────────┐
  │ 生产要素询价 │──────────────│ 分包工程询价  │
  └────────────┘                └──────────────┘
        ┌──────────────────────────────┐
        │     制定进度计划与施工方案      │
        └──────────────────────────────┘
        ┌──────────────────────────────┐
        │  人工、材料、设备基础单价计算   │
        └──────────────────────────────┘
        ┌──────────────────────────────┐
        │  待摊费用计算和各细目单价分析   │
        └──────────────────────────────┘
        ┌──────────────────────────────┐
        │       按工程量清单汇总标价      │
        └──────────────────────────────┘
        ┌──────────────────────────────┐
        │     标价分析与投标报价决策       │
        └──────────────────────────────┘
  ┌────────────────┐        ┌──────────────┐
  │  编制正式投标文件 │        │  开具投标保函  │
  └────────────────┘        └──────────────┘
        ┌──────────────────────────────┐
        │         递交投标文件           │
        └──────────────────────────────┘
```

◆**考法：国际工程的投标总报价组成的内容**

【例题1·2024年真题·多选题】若国际工程的招标文件中未单列开办费，则下列费用中，应计入现场管理费的有（　　　）。

    A. 工程辅助费　　　　　　　　B. 现场办公费

    C. 经营业务费　　　　　　　　D. 检验试验费

    E. 文体宣教费

【答案】B、D、E

【解析】本题的考核点是国际工程投标总报价组成的内容。

【例题2·单选题】国际工程投标报价时，施工现场办公费的处理方式，正确的是（　　　）。

    A. 按照其费用性质分别计入相应分项工程的人工费、材料费或机具费

    B. 作为待摊费分摊到工程量清单的各个报价分项中

    C. 作为待摊费用单列并计入投标总报价

    D. 作为开办费单列并计入投标总报价

【答案】B

【解析】本题的考核点是国际工程投标总报价组成的内容。

19.2　国际工程投标报价编制

· **核心考点　国际工程投标报价编制**

1. 组织投标报价班子（略）

2. 研究招标文件（略）

3. 开展调查研究（略）

4. 参加标前会议及现场勘察

参加标前会议应注意以下几点：

（1）对工程内容范围不清的问题应当提请说明，但不要表示或提出任何修改设计方案的要求。（2）对招标文件中图纸与技术说明互相矛盾之处，可请求说明应以何者为准，但不要轻易提出修改技术要求。如果自己确实能提出对业主有利的修改方案，可在投标报价时提出，并做出相应的报价供业主选择而不必在会议中提出。（3）对含糊不清、容易产生歧义理解的合同条件，可以请求给予澄清、解释，但不要提出任何改变合同条件的要求。（4）投标人应注意提问的技巧，不要批评或否定业主在招标文件中的有关规定，提问的问题应是招标文件中比较明显的错误或疏漏，不要将对己方有利的错误或疏漏提出来，也不要将己方机密的设计方案或施工方案透露给竞争对手。

5. 工程量复核

（1）工程量复核不仅是为了便于准确计算投标价格，更是今后在实施工程中测量每项工程量的依据，同时也是安排施工进度计划、选定施工方案的重要依据。

（2）当发现遗漏或相差较大时，投标人不能随便改动工程量，仍应按招标文件的要求填报自己的报价，但可另在投标函中适当予以说明。

6. 生产要素询价（略）

7. 分包工程询价（略）

8. 工日基价的计算

工日基价是指国内派出的工人和在工程所在国招募的工人，每个工作日的平均工资。一般来说，在分别计算这两类工人的工资单价后，再考虑功效和其他一些有关因素以及人数，加权平均即可算出工日工资基价。如招标文件或当地法令规定，雇主必须为当地劳工支付个人所得税、雇员的社会保险费等，则也应计入工资单价之内。

9. 材料、半成品和设备预算价格的计算

（1）当地采购。在工程所在国当地采购的材料设备，其预算价格应为施工现场交货价格。通常按下式计算：

预算价格＝市场价＋运输费＋采购保管损耗

（2）国内供应。通常按下式计算：

材料、设备预算价格＝到岸价＋海关税＋港口费＋运杂费＋保管费＋运输保管损耗＋其他费用

（3）从第三国采购。从第三国采购的材料、设备价格，其预算价格的计算方法类似于国内供应材料、设备价格的计算。

10. 施工机具使用费的计算

11. 待摊费计算

包括：（1）现场管理费；（2）其他待摊费用；（3）开办费（如招标项目报价单中单列开办费，则不在待摊费列项）；（4）暂列金额等。

其中，暂列金额是业主在招标文件中明确规定了数额的一笔资金，标明用于工程施工，或供应货物与材料，或提供服务，或以应付意外情况，亦称待定金额或备用金。每个承包商在投标报价时均应将此暂列金额数计入工程总报价，但承包商无权做主使用此金额，这些项目的费用将按照业主工程师的指示与决定，全部或部分使用。

12. 分项工程的单价分析及汇总标价

（1）分项工程单价的概念

也称为工程量单价，是指工程量清单上所列项目的单价。分项工程单价的计算是工程估价中最重要的基础工作。

（2）分项工程人、材、机费用的估价方法

① 定额估价法。使用定额估价法时，应具备较准确的人工、材料、机械台班的消耗定额以及人工、材料和机械台班的使用单价。一般拥有较可靠定额标准的企业，定额估价法应用较为广泛。

② 作业估价法。当机械设备所占比重较大，适用均衡性较差，机械设备搁置时间过长而使其费用增大，而这种机械搁置而又无法在定额估价中给予恰当的考虑时，这时就应采用作业估价法进行计算更为合适。

③ 匡算估价法。采用这种方法，估价师的实际经验直接决定了估价的准确程度。因此，往往适用于工程量不大，所占费用比例较小的那部分分项工程。

（3）标价汇总

总标价＝分项工程合价＋分包工程总价＋暂列金额

13. 标价分析

（1）对比分析

标价的对比分析是依据在长期的工程实践中积累的大量的经验数据，用类比的方法，从宏观上判断计算标价（结构）的合理性。

（2）动态分析

标价的动态分析是假定某些因素发生变化，测算标价的变化幅度，特别是这些变化对目标利润的影响。

该项分析类似于敏感性分析，主要考虑工期延误、物价和工资上涨以及其他可变因素（如汇率、贷款利率、政策法规的变化等）的影响，通过对于各项价格构成因素的浮动幅度进行综合分析，从而为选定投标报价的浮动方向和浮动幅度提供一个科学的、符合客观实际的范围，并为盈亏分析提供量化依据，明确投标项目预期利润的受影响水平。

14. 投标报价决策

影响国际工程投标报价决策的因素主要有：

（1）成本估算的准确性；（2）期望利润；（3）市场条件；（4）竞争程度——公司的实力与规模；（5）风险偏好。

◆考法：国际工程投标报价编制的规则及内容

【例题1·多选题】投标人在国际工程投标的标前会议上的做法，正确的有（　　）。

A. 对招标文件中图纸与技术说明矛盾之处，提出己方的修改建议

B. 提出对业主有利的设计方案修改建议

C. 对工程内容范围不清的问题请业主做出说明

D. 对容易产生歧义理解的合同条件，请业主给予解释

E. 详细阐述己方施工方案的优势和竞争力

【答案】C、D

【解析】本题的考核点是国际工程投标报价编制中投标人参加标前会议应注意的问题。

【例题2·单选题】某国际工程，业主方在施工招标文件中规定了500万元的暂列金额，则承包商对该笔暂列金额的正确处理方式是（　　）。

A. 不计入投标总价，发生时由工程师决定是否使用

B. 计入投标总报价，并有权自主使用

C. 计入投标总报价，但无权自主决定使用

D. 不计入投标总价，在实际发生时由业主支付

【答案】C

【解析】本题的考核点是国际工程投标报价时暂定金额的报价规则。

【例题3·多选题】关于国际工程投标报价中分项工程单价分析的说法，正确的有（　　）。

A. 具有可靠定额标准的企业必须采用定额估价法进行单价分析计算

B. 机械搁置时间过长又无法在定额估价中给予恰当考虑时，采用作业估价法计算机械费用更合适

C. 匡算估价法适合于工程量较大并且所占费用比例较大的分项工程

D. 为保证估价的正确与合理性，作业估价法的内容应包括制定施工计划和计算各项作业的资源费用等

E. 采用作业估价法进行单价分析，估价师的实际经验直接决定估价的准确程度

【答案】B、D

【解析】本题的考核点是国际工程投标报价编制中分项工程单价分析方法。

【例题 4·多选题】国际工程投标报价前，对估价人员算出的暂时标价进行动态分析时要考虑的因素有（   ）。

A. 工期延误的影响   B. 分项工程量变化的影响

C. 地质勘察资料错误的影响   D. 物价和工资上涨的影响

E. 汇率、贷款利率变化的影响

【答案】A、D、E

【解析】本题的考核点是国际工程投标报价编制的动态分析法的内容。

19.3 国际工程投标报价技巧

核心考点　国际工程投标报价技巧

1. 报价可高一些的工程

（1）施工条件差的工程。（2）专业要求高的技术密集型工程，而本公司在这方面有专长，声望也较高。（3）总价低的小型工程以及自己不愿做、又不方便不投标的工程。（4）特殊的工程，如港口码头、地下开挖工程等。（5）工期要求急的工程。（6）竞争对手少的工程。（7）支付条件不理想的工程。

2. 报价可低一些的工程

（1）施工条件好的工程。（2）工作简单、工程量大且一般公司都可以做的工程。（3）本公司目前急于打入某一市场、某一地区，或在该地区面临现有工程结束，机械设备等无工地转移时。（4）本公司在附近有工程，而本项目又可利用该工地的设备、劳务，或有条件短期内突击完成的工程。（5）竞争对手多，竞争激烈的工程。（6）非急需工程。（7）支付条件好的工程。

3. 不平衡报价法的运用

（1）能够早日结账收款的项目（如开办费、土石方工程、基础工程等）可以报得高一些，以利资金周转，后期工程项目（如机电设备安装工程，装饰工程等）可适当降低。

（2）经过工程量核算，预计今后工程量会增加的项目，单价可适当提高，这样在最终结算时可获得超额利润，而将工程量可能减少的项目单价降低，工程结算时损失不大。

（3）设计图纸不明确，估计修改后工程量要增加的，可以提高单价，而工程内容说明不清的，则可降低一些单价。

4. 计日工的报价技巧

（1）如果是单纯对计日工报价，可以报高一些，以便在日后业主用工或使用机械时可以多盈利。

（2）但如果招标文件中有一个假定的"名义工程量"时，则需要具体分析是否报高价，以免提高总报价。

5. 暂定工程量的报价技巧

（1）暂定工程量有三种：

① 第一种是业主规定了暂定工程量的分项内容和暂定总价款，并规定所有投标人都必须在总报价中加入这笔固定金额，但由于分项工程量不很准确，允许将来按投标人所报单价和实际完成的工程量付款。② 第二种是业主列出了暂定工程量的项目和数量，但并没有限制这些工程量的估价总价款，要求投标人既列出单价，也应按暂定项目的数量计算总价，当将来结算付款时可按实际完成的工程量和所报单价支付。③ 第三种是只有暂定工程的一笔固定总金额，将来这笔金额做什么用，由业主确定。

（2）报价技巧：

① 第一种情况，由于暂定总价款是固定的，对各投标人的总报价水平竞争力没有任何影响，因此，投标时应当对暂定工程量的单价适当提高。② 第二种情况，投标人必须慎重考虑。如果单价定高了，同其他工程量计价一样，将会增大总报价，影响投标报价的竞争力；如果单价定低了，将来这类工程量增大，将会影响收益。一般来说，这类工程量可以采用正常价格。如果承包商估计今后实际工程量肯定会增大，则可适当提高单价，使将来可增加额外收益。③ 第三种情况对投标竞争没有实际意义，按招标文件要求将规定的暂定款列入总报价即可。

◆ 考法：国际工程投标报价技巧

【例题1·单选题】国际工程项目招标中，如果业主规定了暂定工程量的分项内容和暂定总价款，且规定所有投标人都必须在总报价中加入这笔固定金额，则投标人对该暂定工程的报价策略是（　　）。

    A. 单价可适当降低　　　　　　　　B. 总价应适当降低

    C. 单价可适当提高　　　　　　　　D. 总价可适当提高

【答案】C

【解析】本题的考核点是国际工程投标报价技巧——注意暂定工程量的报价。

【例题2·单选题】国际工程投标报价时，考虑工程项目的不同特点、类别、施工条件等情况宜采用低价策略的情形是（　　）。

    A. 支付条件好的工程　　　　　　　B. 专业要求高的技术密集型工程

    C. 竞争对手少的工程　　　　　　　D. 工期要求急的工程

【答案】A

【解析】本题的考核点是国际工程投标报价技巧的相关内容。

【例题3·多选题】在国际工程报价中，投标人为了既不提高总报价，又能在结算中获得更理想的经济效益，运用不平衡报价法时，可以适当偏高报价的有（　　）。

A. 能早日结账收款的工程项目

B. 经核算预计今后工程量会增加较多的项目

C. 因设计图纸不明确可能导致工程量增加的项目

D. 预计不可能完全实施的早期工程项目

E. 预计工程量可能减少的后期工程项目

【答案】A、B、C

【解析】本题的考核点是国际工程报价技巧的不平衡报价法的运用。

第20章　工程计价数字化与智能化

本 章 核 心 考 点 提 纲

20.1　BIM在工程计价中的应用 ⟶ ★ BIM在工程计价中的应用

20.2　人工智能在工程计价中的应用 ⟶ ★ 人工智能在工程计价中的应用

20.3　大数据在工程计价中的应用 ⟶ ★ 大数据在工程计价中的应用

本 章 核 心 考 点 分 析

20.1　BIM 在工程计价中的应用

核心考点　BIM 在工程计价中的应用

1. BIM 概述

（1）根据《建筑信息模型存储标准》GB/T 51447—2021，BIM 应由核心层、共享层、专业领域层和资源层四个概念层组成数据模式架构。每个数据应确切地指定到某一个概念层上。

（2）BIM 具有可视化、协调性、模拟性、优化性和精确性的特征。

2. BIM 在工程计价中应用的场景

BIM 在建设项目中的应用涵盖了投资决策、设计、施工和竣工验收等阶段，为项目相关方提供了更高效、准确的信息交流。

3. BIM 在工程计价中应用的影响

（1）自动生成工程量清单，提升计价准确性和效率。

（2）实时更新模型参数，增强设计与施工的协同。

（3）与企业定额关联，快速生成定额清单，助力成本控制和优化。

4. BIM 在工程计价中应用的难点

（1）数据质量要求严格。BIM 依赖于高质量的数据输入，任何数据的不一致或不准确都会直接影响计价结果，可能导致预算超支或项目延期。确保数据的准确性和一致性是实施 BIM 计价的前提。

（2）标准化不足影响兼容性。

（3）跨部门协同难。加快建立高效的跨部门协作机制与信息共享平台，是提升 BIM 应用效果的关键。

【例题·2024 年真题·单选题】组成 BIM 数据模式架构的四个概念层是（　　　　）。

  A. 核心层、共享层、专业领域层和资源层

  B. 基础层、核心层、共享层和应用层

  C. 基础层、核心层、专业领域层和应用层

  D. 核心层、共享层、应用层和资源层

【答案】A

【解析】本题的考核点是 BIM 在工程计价中的应用——BIM 概述的相关内容。

20.2　人工智能在工程计价中的应用

核心考点　人工智能在工程计价中的应用

1. 人工智能对工程计价的影响

人工智能通过自动化处理和分析大量的工程数据，有利于提高工程计价的效率和准确性。

（1）智能化提高计价精度和效率：在投资估算环节，人工智能对于非线性数据具有很强的拟合能力。（2）智能决策支持与动态成本预测。（3）智能算法优化设计与施工协同。

与 BIM 侧重于物理模型不同，人工智能强调数据驱动的决策，利用深度学习和自然语言处理等技术，促进设计与施工之间的无缝协作，提高了工程计价的整体连贯性与效率，降低项目变更和返工风险。

2. 人工智能在工程计价中应用的难点

（1）数据隐私与安全风险。（2）算法透明性与解释难题。（3）模型开发与行业适配要求。

◆ 考法：人工智能在工程计价中应用的相关内容

【例题·单选题】关于人工智能在工程计价中应用的说法中，错误的是（　　　　）。

  A. 人工智能通过自动化的数据处理和机器学习等技术，减少人为误差，优化计价流程

  B. 在投资估算环节，人工智能对于非线性数据具有很强的拟合能力

  C. 不利于项目相关方审查和验证结果，降低了计价透明度

  D. 人工智能利用的都是公开的工程项目数据，不会涉及项目的隐私和安全，不会引起任何法律问题

【答案】D

【解析】本题的考核点是人工智能在工程计价中应用的相关内容。

20.3　大数据在工程计价中的应用

核心考点　大数据在工程计价中的应用

1. 大数据概述

（1）特征：

大数据具有"4V"特征，即规模性（Volume）、多样性（Variety）、高速性（Velocity）

和多变性（Variability）。

（2）应用流程：工程计价大数据的应用包括以下环节：

数据收集→数据分析→数据应用→数据解释。

2. 大数据在工程计价中应用的影响

（1）数据驱动的计价准确性与效率提升

与 BIM 依赖于可视化模型不同，大数据技术更注重数据的全面性和趋势分析，通过动态数据优化计价流程，确保结果的及时性与可靠性。

（2）多源数据丰富计价信息

大数据能够捕捉工程项目中的动态变化，如施工进度、市场波动和设备运行状态，使得计价更加准确和具有时效性。

（3）实时数据的动态应用与成本调整

通过实时分析，快速识别潜在问题并调整成本估算，提高应对不确定性的能力。相较于 BIM 和人工智能，大数据更强调数据的实时性与广泛来源，为项目动态管理提供坚实的数据支持。

3. 大数据在工程计价中应用的难点

① 数据隐私与和规定要求。② 多源数据整合的复杂性。③ 系统响应与数据实时性要求。

◆考法：大数据在工程计价中应用的相关内容

【例题·单选题】下列特征中，不属于大数据"4V"特征的是（　　）。

A. 多变性　　　　　　　　　　B. 规模性

C. 多样性　　　　　　　　　　D. 合法性

【答案】D

【解析】本题的考核点是人工智能在工程计价中应用——大数据概述的相关内容。

本篇模拟强化练习

第13章　建设项目总投资构成及计算

一、单项选择题

1. 按人民币计算，某进口设备离岸价为1000万元，到岸价1050万元，银行财务费5万元，外贸手续费15万元，进口关税70万元，增值税税率13%，不考虑消费税，则该设备的抵岸价为（　　）万元。

    A. 1285.60

    B. 1271.90

    C. 1321.90

    D. 1330.40

2. 某采用装运港船上交货价的进口设备，货价为1000万元人民币，国外运费为90万元人民币，国外运输保险费为10万元人民币，进口关税为150万元人民币。则该设备的到岸价为（　　）万元人民币。

    A. 1090

    B. 1100

    C. 1150

    D. 1250

3. 某建设工程项目的设备及工器具购置费为2500万元，建筑安装工程费为2000万元，工程建设其他费为1500万元，基本预备费率为10%，则该项目的基本预备费为（　　）万元。

    A. 200

    B. 400

    C. 600

    D. 450

4. 按照费用构成要素划分建筑安装工程费用，职工的劳动保险费应计入（　　）。

    A. 规费

    B. 企业管理费

    C. 措施费

    D. 人工费

5. 施工企业按照规定标准对采购的建筑材料进行一般性鉴定、检查发生的费用应计入（　　）。

    A. 材料费

    B. 企业管理费

    C. 人工费

    D. 措施项目费

6. 某施工企业投标报价时确定企业管理费费率以人工费为基础计算。据统计资料，该施工企业生产工人年平均管理费为1.1万元，年有效施工天数为240天，人工单价为350元/天。则该企业的企业管理费费率应为（　　）。

    A. 16.15%

    B. 12.50%

    C. 13.10%

    D. 18.22%

7. 某企业拟进口一套机电设备，离岸价折合人民币为2000万元，国际运费和国外运输保险费为50.50万元，银行手续费为35万元，关税税率为20%，增值税税率为13%，则该进口设备的增值税为（　　）万元。

    A. 319.88　　　　　　　　　　　B. 361.61

    C. 356.86　　　　　　　　　　　D. 296.40

8. 建设单位委托有资质的机构对设计方案进行评审所发生的费用应计入工程建设其他费用中的（　　）。

    A. 建设管理费　　　　　　　　　B. 专项评价费

    C. 勘察设计费　　　　　　　　　D. 工程咨询服务费

9. 将塔式起重机自停放地点运至施工现场的运输、拆卸、安装的费用属于（　　）。

    A. 施工机械使用费　　　　　　　B. 二次搬运费

    C. 大型机械进出场及安拆费　　　D. 固定资产使用费

10. 某新建项目，建设期为3年，共向银行借款1300万元，其中第一年借款700万元，第二年借款600万元，借款在各年内均衡使用，年利率为6%，建设期每年计息，但不还本付息，则第3年应计的借款利息为（　　）万元。

    A. 0　　　　　　　　　　　　　　B. 82.94

    C. 85.35　　　　　　　　　　　　D. 104.52

11. 下列施工中发生的与材料有关的费用，属于建筑安装工程费中材料费的是（　　）。

    A. 对原材料进行一般鉴定、检查所发生的费用

    B. 原材料在运输装卸过程中不可避免的损耗费

    C. 施工机械场外运输所需的辅助材料费

    D. 机械设备日常保养所需的材料费用

12. 因执行国家或社会义务，按计时工资标准支付给从事建筑安装工程施工生产工人的工资，属于建筑安装工程人工费中的（　　）。

    A. 奖金　　　　　　　　　　　　B. 特殊情况下支付的工资

    C. 津贴补贴　　　　　　　　　　D. 加班加点工资

13. 某企业拟进口一套机电设备，折合成人民币的离岸价、国外运费和国外运输保险费分别为1500万元、75万元和3.16万元。银行财务费6万元，外贸手续费22.9万元，关税税率8%，增值税税率13%，国内运杂费费率3%。该套进口设备购置费为（　　）万元。

    A. 1955.729　　　　　　　　　　B. 2002.231

    C. 2013.3469　　　　　　　　　　D. 2020.094

14. 某投资项目，建筑安装工程费5080万元，设备及工器具购置费4010万元，工程建设其他费3030万元，基本预备费600万元，价差预备费750万元，建设期利息458万元，以上数据均为含税价。该项目的静态投资金额为（　　）万元。

    A. 12120　　　　　　　　　　　　B. 13470

    C. 12720　　　　　　　　　　　　D. 13928

15. 对立项阶段报告评审所发生的费用，属于工程建设其他费中的（　　）。

    A. 前期工作咨询费　　　　　　　B. 专项评价费

C. 研究试验费 D. 建设管理费

16. 为保证建设项目初期正常生产所必需购置的第一套不够固定资产标准的设备、仪器、工卡模具、生产家具等的费用属于（　　）。

    A. 联合试运转费 B. 前期工作咨询费

    C. 工程总承包管理费 D. 生产准备费

二、多项选择题

17. 估算设备工器具购置费时，国产标准设备运杂费的构成包括（　　）。

    A. 交货地点至工地仓库的运费和装卸费

    B. 设备出厂价格中未包含的包装材料费

    C. 供销部门手续费

    D. 采购与仓库保管费

    E. 设备进场费

18. 《建筑安装工程费用项目组成》中，暂列金额主要用于（　　）。

    A. 施工合同签订时尚未确定的材料设备采购费用

    B. 施工中可能发生的工程变更价款调整的费用

    C. 施工图纸以外的零星项目所需的费用

    D. 项目施工现场签证确认的费用

    E. 隐蔽工程二次检验的费用

19. 估算建设项目设备购置费时，可直接作为设备原价的有（　　）。

    A. 国产标准设备出厂价 B. 国产标准设备订货合同价

    C. 国产非标准设备成本价 D. 进口设备抵岸价

    E. 进口设备出厂价

20. 下列费用中，属于工程建设其他费用中联合试运转费的有（　　）。

    A. 施工单位参加试运转人员的人工费

    B. 试运转所需低值易耗品费用

    C. 生产单位提前进厂参加设备调试的人员工资

    D. 交付生产前发生的必要的工业炉烘炉费

    E. 生产工人培训费

21. 在下列各项中，属于工程项目建设投资的有（　　）。

    A. 建设期利息 B. 设备及工器具购置费

    C. 预备费 D. 流动资产投资

    E. 工程建设其他费

第 14 章　工程计价依据

一、单项选择题

1. 根据生产技术和施工组织条件，对施工过程中各工序采用一定的方法测出其工时消耗等数据，再对所获得的数据进行科学分析，制定出人工定额的方法是（　　）。

A. 统计分析法　　　　　　　　B. 比较类推法

C. 经验估计法　　　　　　　　D. 技术测定法

2. 以合格扩大分项工程和结构构件为对象编制的定额是（　　　）。

　　A. 施工定额　　　　　　　　　B. 材料消耗定额

　　C. 预算定额　　　　　　　　　D. 概算定额

3. 编制预算定额人工消耗量时，人工幅度差用工是指人工定额中未包括的，而在一般正常施工情况下又不可避免的一些（　　　）。

　　A. 返工用工　　　　　　　　　B. 低效率用工

　　C. 用工浪费　　　　　　　　　D. 零星用工

4. 在机械工作时间消耗分类中，由于工人装料数量不足引起的机械不能满负荷工作的时间属于（　　　）。

　　A. 有根据地降低负荷下的工作时间

　　B. 机械的多余工作时间

　　C. 正常负荷下的有效工作时间

　　D. 低负荷下的工作时间

5. 关于预算定额基价的说法，正确的是（　　　）。

　　A. 预算定额基价的编制本质上是编制工料机的单价

　　B. 预算定额基价只包括人工费、材料费、施工机具使用费和企业管理费

　　C. 预算定额基价应以全国为范围进行编制

　　D. 编制预算定额基价时，材料价格应以本地区市场价格为依据

6. 关于周转性材料消耗及其定额的说法，正确的是（　　　）。

　　A. 周转性材料消耗量只与周转性材料一次使用量和周转次数相关

　　B. 定额中周转材料消耗量应采用一次性使用量和摊销量两个指标表示

　　C. 施工企业成本核算或投标报价时应采用周转性材料的一次使用量指标

　　D. 周转性材料的周转使用次数越多，则每周转使用一次材料的损耗越大

7. 编制人工定额时，工人定额工作时间中应予以合理考虑的情况是（　　　）。

　　A. 由于工作地点组织不良引起的停工时间

　　B. 由于工人在工作时间内聊天造成的工时损失

　　C. 材料供应不及时造成的停工时间

　　D. 由于电网故障导致停电引起的停工时间

8. 下列施工机械工作时间中，属于必需消耗的时间是（　　　）。

　　A. 不可避免的无负荷工作时间　　B. 低负荷下工作时间

　　C. 多余工作和停工的时间　　　　D. 施工本身造成的停工时间

9. 某现浇混凝土结构施工采用的木模板，一次净用量为230m²，现场制作安装不可避免的损耗率为1.5%，可周转使用6次，每次补损率为5%。该模板的周转使用量为（　　　）m²。

　　A. 48.64　　　　　　　　　　　B. 48.00

C. 49.44   D. 51.00

10. 施工企业采购的某建筑材料出厂价为 4500 元／吨，运费为 300 元／吨，运输损耗率为 1%，采购保管费率为 3%，则计入建筑安装工程材料费的该建筑材料单价为（   ）元／吨。

    A. 4745.05   B. 4748.51

    C. 5073.06   D. 4993.44

11. 某施工机械预算价格为 50 万元，假定全部形成固定资产原值，折旧年限为 10 年，年平均工作 225 个台班，残值率为 5%，则该机械台班折旧费为（   ）元。

    A. 211   B. 222

    C. 2110   D. 2220

12. 某预制混凝土构件的模板净用量为 $200m^2$，预制过程中的操作损耗率为 3%，模板可周转使用 5 次，则该模板使用的摊销量为（   ）m^2。

    A. 40.00   B. 41.20

    C. 43.20   D. 51.50

二、多项选择题

13. 施工中材料的消耗可分为必需的材料消耗和损失的材料两类性质。必需消耗的材料是指在合理用料的条件下，生产合格产品所需消耗的材料，包括（   ）。

    A. 直接用于建筑和安装工程的材料净用量

    B. 不可避免的施工废料

    C. 多余工作的材料消耗

    D. 不可避免的材料损耗

    E. 工人违反劳动纪律的材料损失

14. 编制人工定额时，工人工作必须消耗的时间包括（   ）。

    A. 由于材料供应不及时引起的停工时间

    B. 工人擅自离开工作岗位造成的时间损失

    C. 准备工作时间

    D. 由于施工工艺特点引起的工作中断所必需的时间

    E. 工人下班前清洗整理工具的时间

15. 编制机械台班使用定额时，机械工作必需消耗的时间包括（   ）。

    A. 不可避免的中断时间   B. 不可避免的无负荷工作时间

    C. 有效工作时间   D. 低负荷下工作时间

    E. 由于劳动组织不当引起的中断时间

16. 编制预算定额人工消耗指标时，下列人工消耗量属于人工幅度差用工的有（   ）。

    A. 施工过程中水电维修用工   B. 隐蔽工程验收影响的操作时间

    C. 现场材料水平搬运工   D. 现场材料加工用工

    E. 现场筛沙子增加的用工量

17. 编制人工定额时需拟定正常的施工作业条件，其内容包括拟定（   ）。

A. 施工作业内容   B. 施工作业方法

C. 施工作业地点组织   D. 施工作业人员组织

E. 施工安全措施方案

第 15 章 设计概算与施工图预算

一、单项选择题

1. 某单位建筑工程初步设计已达到一定深度，建筑结构明确，能够计算出概算工程量，则编制该单位建筑工程概算最适合的方法是（   ）。

     A. 类似工程预算法   B. 概算预算法

     C. 概算定额法   D. 生产能力指数法

2. 下列投资概算中，属于单位建筑工程概算的是（   ）。

     A. 机械设备及安装工程概算   B. 电气设备及安装工程概算

     C. 工器具及生产家具购置费用概算   D. 通风空调工程概算

3. 当初步设计有详细设备清单时，编制设备及安装工程概算宜采用的编制方法是（   ）。

     A. 扩大单价法   B. 概算指标法

     C. 预算单价法   D. 类似工程预算法

4. 关于设计概算的说法，错误的是（   ）。

     A. 设计概算是在建设项目初步设计阶段，以初步设计技术文件为基础编制的

     B. 市场经济条件下，编制设计概算不考虑当地和主管部门颁布的概算定额、概算指标

     C. 设计概算是初步设计阶段进行工程总承包招标投标时编制最高投标限价的依据

     D. 设计概算书是项目初步设计文件不可缺少的重要组成部分

5. 设计概算审查时，对图纸不全的复杂建筑安装工程投资，通过向同类工程的建设、设计、施工企业征求意见判断其合理性，这种审查方法属于（   ）。

     A. 对比分析法   B. 专家意见法

     C. 联合会审法   D. 查询核实法

6. 某工程项目所需设备原价 800 万元，运杂费率为 2%，安装费率为 9%，则该项目的设备及安装工程概算为（   ）万元。

     A. 816   B. 72

     C. 888   D. 800

7. 某新建住宅建筑面积 $4000m^2$，按概算指标和地区材料预算价格计算出土建工程单位造价为 1304 元 /m^2（其中人、材、机费用为 900 元 /m^2）。按当地造价管理部门规定，管理费费率为 8%；规费以人、材、机和企业管理费之和为计算基础，规费费率为 15%；利润以人、材、机、企业管理费和规费之和为计算基础，利润率为 7%；增值税税率为 9%。由于土建工程与概算指标相比结构构件有部分变更，变更后每 $100m^2$ 土建工程的人、材、机费用比概算指标对应部分的费用增加 3000 元。则修正后的土建工程单位造价为（   ）元 /m^2。

A. 1070 B. 1155

C. 1347 D. 1236

8. 某拟建砖混结构工程，结构特征与概算指标相比，仅外墙装饰面不同。概算指标中，外墙面为水泥砂浆抹面，单价为 8.75 元 /m²，每平方米建筑面积消耗量为 0.62m²；拟建工程外墙为贴釉面砖，单价为 41.50 元 /m²，每平方米建筑面积消耗量为 0.84m²。已知概算指标为 508 元 /m²，则该拟建工程修正后的概算指标为（   ）元 /m²。

A. 467.72 B. 502.58

C. 537.44 D. 542.86

9. 施工图预算审查时，将分部分项工程的单位建筑面积指标归纳为工程量、价格、用工三个单方基本指标，然后利用基本指标对拟建项目分部分项工程预算审查的方法称为（   ）。

A. 筛选审查法 B. 对比审查法

C. 分组计算审查法 D. 逐项审查法

10. 定额单价法编制施工图预算的工作主要有：① 计算工程量；② 套用定额单价，计算人、材、机费用；③ 按计价程序计取其他费用，并汇总造价；④ 编制工料分析表；⑤ 准备资料，熟悉施工图纸。正确的步骤是（   ）。

A. ④－⑤－①－②－③ B. ⑤－①－④－②－③

C. ⑤－①－②－④－③ D. ⑤－②－①－④－③

11. 关于采用定额单价法编制施工图预算时套用定额单价的说法，错误的是（   ）。

A. 当分项工程的名称、规格、计量单位与定额单价中所列内容完全一致时，可直接套用定额单价

B. 当分项工程的主要材料品种与定额单价中规定材料不一致时，应按实际使用材料价格换算定额单价

C. 当分项工程施工工艺条件与定额单价不一致而造成人工、机械的数量增减时，应调价不换量

D. 当分项工程不能直接套用定额、不能换算和调整时，应编制补充定额单价

二、多项选择题

12. 单位建筑工程概算的常用编制方法有（   ）。

A. 概算定额法 B. 预算定额法

C. 概算指标法 D. 类似工程预算法

E. 生产能力指标法

13. 当设备清单不完备时，编制设备安装工程概算宜采用的方法有（   ）。

A. 生产能力指数法 B. 扩大单价法

C. 预算单价法 D. 类似工程预算法

E. 概算指标法

14. 关于设备安装工程概算审查内容的说法，正确的有（   ）。

A. 材料预算价格的审查以耗用量最大的主要材料作为审查的重点

B. 审查设备采购流程及运输方式是否合理合规

C. 审查采用预算单价计算安装费时的单价是否合适、工程量计算是否符合规则要求

D. 审查采用概算指标计算安装费时的指标是否合理、计算结果是否达到精度要求

E. 审查需计算安装费的设备数量及种类是否符合设计要求

15. 下列公式中，属于采用概算指标法计算设备安装工程费的有（   ）。

A. 设备安装费＝设备购置费×设备安装费率

B. 设备安装费＝设备原价×设备安装费率

C. 设备安装费＝设备总吨数×每吨设备安装费

D. 设备安装费＝设备台数×每台设备安装费

E. 设备安装费＝建筑面积×单位建筑面积安装费

16. 施工图预算对于工程造价管理部门的作用主要有（   ）。

A. 是监督检查执行定额标准的依据

B. 是项目立项审批的依据

C. 是合理确定工程造价的依据

D. 是审定最高投标限价的依据

E. 是测算造价指数的依据

第 16 章　工程量清单计价

一、单项选择题

1. 根据《建设工程工程量清单计价标准》GB/T 50500—2024，分部分项工程量清单项目编码以五级编码设置，采用十二位阿拉伯数字表示，应根据拟建工程的工程量清单项目名称设置的是第（   ）位。

A. 三至四　　　　　　　　　B. 五至六

C. 七至九　　　　　　　　　D. 十至十二

2. 发包人要求检测承包人已具有合格证明的材料，经检测该项材料符合合同约定的质量标准的，正确的处理方法是（   ）。

A. 发包人应要求承包人及时采取措施，由此增加的费用和（或）工期延误由承包人承担

B. 发包人应承担由此增加的费用和（或）工期延误，但不需向承包人支付利润

C. 发承包各自承担相应比例的费用

D. 发包人应承担由此增加的费用和（或）工期延误，并应按计价标准规定计算由此引致的承包人损失和修复工程所发生的费用

3. 根据《建设工程工程量清单计价标准》GB/T 50500—2024，编制工程量清单时，计日工表中的人工应按（   ）列项。

A. 职称　　　　　　　　　　B. 工种

C. 职务　　　　　　　　　　D. 技术等级

4. 关于招标工程量清单中措施项目清单设置的说法，正确的是（　　）。

    A. 可参考拟建工程的常规施工组织设计和施工技术方案

    B. 需适应投标企业的资质等级、规模和采取的特殊施工方案

    C. 需考虑拟建工程施工现场可能出现的零星工作

    D. 不考虑设计文件中不足以写进施工方案但要通过技术措施才能实现的内容

5. 投标过程中，若投标人发现招标工程量清单项目特征描述与施工图纸不符时，应以（　　）为准进行报价。

    A. 招标工程量清单的项目特征　　　　B. 招标文件中的施工图纸说明

    C. 实际施工的项目特征　　　　　　　D. 投标人按规范修正后的项目特征

6. 根据《建设工程工程量清单计价标准》GB/T 50500—2024，编制最高投标限价时，对计日工中的人工单价和施工机械台班单价可（　　）。

    A. 按承包人的企业定额标准计算

    B. 按招标人规定的单价计算

    C. 参考省级、行业建设主管部门或其授权的工程造价管理机构公布的单价计算

    D. 按当时当地市场价格计算

7. 根据《建设工程工程量清单计价标准》GB/T 50500—2024，某工程项目的钢筋由发包人在施工合同签订后与承包人一起招标采购。编制招标工程量清单时，招标人将HR335 钢筋暂估价定为 4200 元/吨，已知市场平均价格为 3650 元/吨。若甲投标人自行采购，其采购单价低于市场平均价格，则甲投标人在投标报价时 HR335 钢筋应采用的单价是（　　）。

    A. 甲投标人自行采购价格　　　　　　B. 4200 元/吨

    C. 3650 元/吨　　　　　　　　　　　D. 预计招标采购价格

8. 已知招标工程量清单中土方工程量为 2000m³，某投标人根据施工方案确定的土方工程量为 3800m³。根据测算，完成该土方工程的人工费为 50000 元，机械费为 40000 元，材料费为 10000 元。管理费按照人、材、机费用之和的 10% 计取，利润按人、材、机费用以及管理费之和的 6% 计取。其他因素均不考虑。则该土方工程的投标综合单价为（　　）元/m³。

    A. 58.30　　　　　　　　　　　　　B. 30.53

    C. 30.68　　　　　　　　　　　　　D. 58.00

9. 编制某项目最高投标限价的数据如下：建筑分部分项工程费 5000 万元，安装分部分项工程费 2400 万元，装饰装修分部分项工程费 3000 万元，其中定额人工费占分部分项工程费用的 25%。措施项目费以分部分项工程费为计费基础，费率合计 11%。其他项目费合计 900 万元。增值税税率 9%。该项目的最高投标限价为（　　）万元。

    A. 12756.00　　　　　　　　　　　B. 13692.00

    C. 14138.04　　　　　　　　　　　D. 13563.96

10. 某招标工程量清单中挖土方工程量为 30000m³。定额子目工程量为 36000m³，挖土方定额人工费 10 元/m³、定额材料费 2 元/m³、定额机械使用费 3 元/m³，管理费取人、

材、机费用之和的12%，利润率取人、材、机费用与管理费之和的6%。不考虑其他因素，该挖土方工程的综合单价为（ ）元/m³。

  A. 21.95   B. 21.37

  C. 12.31   D. 11.40

11. 按照工程量清单计价标准，采用总价合同价格形式的工程，已标价分部分项工程项目清单的准确性和完整性由（ ）负责。

  A. 承包人   B. 发包人

  C. 招标投标监督机构   D. 清单编制人

12. 合同未约定因物价变化应予调整价款的清单项目，但当市场物价异常波动超出合同约定幅度，或合同未约定物价波动幅度、但市场物价异常波动且有经验的承包人不能预见的，对此正确的处理方式是（ ）。

  A. 除合同另有约定外，合同价格不应做调整

  B. 发承包双方可参照计价标准的规定调整受异常波动物价变化影响的相关清单项目价款，费用可由发承包双方合理分摊

  C. 参照计价标准的规定调整受异常波动物价变化影响的相关清单项目价款，费用由发包人承担

  D. 参照计价标准的规定调整受异常波动物价变化影响的相关清单项目价款，费用由保险支付

13. 承包人按合同要求对合同图纸进行施工深化设计引起深化图纸与合同图纸存在差异，而且引致合同价格变化的，合同价格应（ ）。

  A. 按价格指数调差法计算并调整

  B. 按计价标准的规定计算调整

  C. 按合同约定方法调整，增加的费用由发承包双方合理分摊

  D. 不做调整

二、多项选择题

14. 根据《建设工程工程量清单计价标准》GB/T 50500—2024，关于项目特征的说法，正确的有（ ）。

  A. 分部分项工程量清单的项目特征是确定综合单价的重要依据

  B. 项目特征主要涉及项目自身特征、工艺特征及对项目施工方法可能产生影响的特征

  C. 项目特征应根据《建设工程工程量清单计价标准》GB/T 50500—2024 的项目特征进行统一描述，招标人不应根据拟建项目实际情况更改项目特征的描述

  D. 项目名称相同、项目特征不同的清单项目应分别列项

  E. 项目特征是指构成分部分项工程量清单项目、措施项目自身价值的本质特征

15. 根据《建设工程工程量清单计价标准》GB/T 50500—2024，工程量清单计价计算公式，正确的有（ ）。

  A. 措施项目费＝∑分部分项工程量×分部分项工程综合单价

B. 分部工程工程费＝∑分部工程工程量×分部分项工程综合单价

C. 单项工程造价＝∑单位工程造价

D. 单位工程造价＝∑分部分项工程费

E. 建设项目总造价＝单项工程造价＋工程建设其他费用＋建设期利息

16. 某施工企业投标一个单独招标的分部分项工程项目，招标清单工程量为3000m³。经测算：该分部分项工程直接消耗的人、材、机费用为300万元，管理费为45万元，利润为40万元，风险费用为3万元，措施费为60万元（其中：安全生产措施费为15万元），税金为10万元。不考虑其他因素，根据《建设工程工程量清单计价标准》GB/T 50500—2024，关于该工程投标报价的说法，正确的有（   ）。

A. 为了中标，可将综合单价确定为990.00元/m³

B. 综合单价为1293.33元/m³

C. 安全生产措施费应按国家或省级、行业主管部门的规定计算确定

D. 投标总价为458.00万元

E. 若竞争激烈，标书中可将各项费用下调10%

17. 建设工程采用工程量清单招标模式时，关于投标报价的说法，正确的有（   ）。

A. 投标人应对已标价工程量清单填报价格的一致性和合理性负责，承担不合理报价及总价合同工程量清单缺陷等风险

B. 投标报价只能由投标人编制，不能委托造价咨询机构编制

C. 投标报价不得低于工程成本

D. 招标工程量清单的工程数量与施工图纸不完全一致时，应按照招标人提供的清单工程量填报投标价格

E. 如投标人对措施项目清单有疑问或异议，可按招标文件规定以书面形式提请招标人澄清或修正

18. 按照《建设工程工程量清单计价标准》GB/T 50500—2024，采用工程量清单计价的下列说法中正确的是（   ）。

A. 使用财政资金或国有资金投资的建设工程，应采用工程量清单计价

B. 清单项目的税金应填写在增值税中，其中包括专业工程暂估价的增值税

C. 无论是采用单价合同或总价合同，按项编制的措施项目清单的完整性及准确性均由承包人负责

D. 工程量清单的清单项目综合单价及合价应为不含增值税的税前全费用价格

E. 采用总价合同价格形式的，已标价分部分项工程项目清单的准确性和完整性由发包人负责

19. 按照《建设工程工程量清单计价标准》GB/T 50500—2024，下列事项引起的计量计价风险由发包人承担、承包人的投标价可不考虑的是（   ）。

A. 采用单价合同的工程，发包人提供的除措施项目清单外的项目清单存在清单缺陷

B. 计价标准规定范围和波动幅度内的市场物价变动和汇率波动

C. 发包人提供的工程项目原始数据和基准资料错误

D. 采用总价合同的工程，已标价工程量清单存在的缺陷

E. 措施项目的准确性及完整性

第17章　工程计量与支付

一、单项选择题

1. 根据《标准施工招标文件》（2007年版），在施工过程中遭遇不可抗力，承包人可以要求合理补偿（　　）。

    A. 费用　　　　　　　　　　B. 利润

    C. 成本　　　　　　　　　　D. 工期

2. 某工程项目预付款120万元。合同约定：每月进度款按结算价的80%支付；每月支付安全文明施工费20万元；预付款从开工的第4个月起分3个月等额扣回。开工后前6个月结算价见下表，则第5个月应支付的款项为（　　）万元。

月份	1	2	3	4	5	6
结算价（万元）	200	210	220	220	220	240

    A. 136　　　　　　　　　　B. 160

    C. 152　　　　　　　　　　D. 156

3. 根据《建设工程工程量清单计价标准》GB/T 50500—2024，采用总价合同的工程因工程变更引致工程量变化超过15%，且发承包双方约定的已标价工程量清单不适用于工程变更，工程变更发生的清单项目（　　）。

    A. 由承包人根据市场价格定价计价，并报发包人备案

    B. 可由发承包双方根据工程实施情况、市场价格，结合已标价工程量清单计价规则及报价水平，重新确定综合单价并计价

    C. 按照价格信息调差法调价公式计算确定计价

    D. 按照工程造价管理机构发布的信息价格直接确定单价并计价

4. 某施工项目因80年一遇的特大暴雨停工10天，承包人在停工期间按照发包人要求照管工程发生费用2万元，承包人施工机具损坏损失10万元，已经建成的永久工程损坏损失20万元，之后应发包人要求修复被暴雨冲毁的道路花费2.5万元，修复道路时因施工质量问题发生返工费用1万元。根据《建设工程施工合同（示范文本）》，以上事件产生的费用和损失中，承包人应承担（　　）万元。

    A. 10.0　　　　　　　　　　B. 11.0

    C. 13.5　　　　　　　　　　D. 21.0

5. 关于工程保修期内修复费用的说法，正确的是（　　）。

    A. 因第三方原因造成的工程损坏，可以委托承包人修复，发包人应承担修复费用，并支付承包人合理利润

    B. 因承包人原因造成的工程缺陷，承包人应负责修复，并承担修复费用，但不

承担因工程缺陷导致的人身伤害

    C. 因发包人不当使用造成的工程损坏，承包人应负责修复，发包人应承担合理的修复费用，但不额外支付利润

    D. 因不可抗力造成的工程损坏，承包人应负责修复，并承担相应的修复费用

6. 根据《建设工程工程量清单计价标准》GB/T 50500—2024，关于合同履行期间因招标工程量清单缺陷导致合同价格调整的说法，正确的是（   ）。

    A. 采用单价合同的工程，已标价工程量清单中有适用于工程量清单缺陷项目的，采用该项目的综合单价加成计价

    B. 新增分部分项清单项目应按额外工作处理，由监理工程师提出，发包人批准

    C. 已标价总价计价措施项目清单费用包干，合同价格按约定的利润百分比调整

    D. 采用总价合同的工程，合同价格及合同工期不因招标工程量清单缺陷而调整

7. 某土方工程招标文件中清单工程量为 $3000m^3$，合同约定：土方工程综合单价为 80 元 $/m^3$，当实际工程量增加 15% 以上时，增加部分的工程量综合单价调为 72 元 $/m^3$。工程结束时实际完成并经发包人确认的土方工程量为 $3600m^3$，则该土方工程价款为（   ）元。

    A. 259200   B. 283200

    C. 288000   D. 286800

8. 某工程施工合同约定采用价格调整公式调整合同价款。已知不调值部分占合同总价的比例为 20%，各可调部分的费用类型、占合同总价的比例和相关价格指数见下表。若结算当月已完成的合同工程量价款为 1000 万元，则需调整的价款差额为（   ）万元。

	占合同总价的比例	基准日期价格指数	合同签订时价格指数	现行价格指数
人工	25%	110	115	120
钢筋	20%	108	112	125
水泥	15%	105	109	120
木材	10%	102	105	115
汽油	10%	110	120	130

    A. 67.079   B. 106.564

    C. 1067.079   D. 1106.564

9. 工程实施过程中，发包人要求合同工程提前竣工的，根据《建设工程工程量清单计价标准》GB/T 50500—2024，其正确的做法是（   ）。

    A. 通过监理工程师下达变更指令要求承包人必须提前竣工，并支付由此增加的提前竣工费用

    B. 征得承包人同意后，与承包人商定采取加快工程进度的措施，并承担承包人由此增加的提前竣工补偿费用

    C. 增加合同补充条款要求承包人采取加快工程进度措施，发包人不承担赶工费用

D. 发承包双方应签订补充合同约定提前竣工的赶工费用总额，并各承担 50% 的费用

10. 某建设工程施工过程中，由于发包人设计变更导致承包人暂停施工，致使承包人自有机械窝工 10 个台班，该机械的台班单价为 400 元 / 台班，台班折旧费为 300 元 / 台班；承包人的租赁机械窝工 10 个台班，台班租赁费用为 500 元，工作时每台班燃油动力费 100 元；人员窝工 20 个工作日，人工工资单价 300 元 / 工日，人工窝工补贴 100 元 / 工日。不考虑其他因素，则承包人可以索赔的费用为（　　）元。

A. 10000
B. 14000
C. 15000
D. 16000

11. 关于工程计量，下列说法中正确的是（　　）。

A. 按计价标准，发承包双方只能按合同约定的工程进度节点进行工程计量

B. 发包人未在约定时间内提供承包人计量成果的核对结果，可视为承包人提交的计量成果已获得发包人认可

C. 发承包双方通过核对、复核、复查仍无法对工程计量成果达成一致的，可直接通过诉讼方式解决

D. 无论合同如何约定，承包人为完成永久工程所实施的临时工程均应予计量

12. 采用单价合同的工程，按规定完成工程量清单缺陷修正的，应予价款调整的措施项目是（　　）。

A. 大型机械设备进出场及安拆

B. 材料二次搬运

C. 环境保护

D. 以综合单价计价，在分部分项工程项目清单中所列属于措施项目的模板工程

13. 发生工程变更、工程索赔而引起措施项目、合同工期变化的，应分别调整措施项目费用和合同工期，合同总价（　　）。

A. 不做任何调整

B. 应按所确定的调整价格与暂列金额差异调整

C. 应扣减按规定计算的暂列金额

D. 清单缺陷规则调整

14. 发包人在招标工程量清单中给定的专业工程暂估价不属于依法必须招标的，可参照新增工程的相关规定，（　　）。

A. 确定含增值税的专业工程价格，并以此取代专业工程暂估价，调整合同价格

B. 由发包人根据市场情况确定专业工程价格，并以此取代专业工程暂估价，不调整合同价格

C. 由承包人确定含增值税的专业工程价格，取代专业工程暂估价，调整合同价格

D. 以合同的专业工程暂估价确定为专业工程价格，不需调整合同价格

15. 若合同约定的发包人提供材料变更为承包人提供的，发承包双方应按规定调整相应分部分项工程项目清单的综合单价，并（　　）。

A. 增加相应比例的发包人提供材料的总承包服务费

B. 由发包人按规定向发包人索赔

C. 按新增工程的规定增加新的总承包服务费

D. 扣除合同总价中计取的相应发包人提供材料的总承包服务费

16. 合同工程发生不宜按合同约定和相关工程国家及行业工程量清单计价标准等计价的，发承包双方可（　　）。

A. 采用总承包服务费计价方式计价

B. 采用工程变更规则计价

C. 采用计日工方式进行计价

D. 采用新增工程规则计价

17. 因非发承包人双方原因导致工期延长，在工期延长期间出现上述规定的法律法规及政策性变化的，合同价格调整的做法正确的是（　　）。

A. 合同价格调增的不予调整，合同价格调减的予以调整

B. 合同价格调减的不予调整，合同价格调增的予以调整

C. 合同价格应按实调整，同时调整合同价中的管理费和利润

D. 合同价格应按实调整，其合同总价及合同单价内的管理费及利润不应调整

二、多项选择题

18. 根据《标准施工招标文件》（2007 年版），下列事件中，承包人向发包人既可索赔工期又可索赔费用不能索赔利润的有（　　）。

A. 发包人原因导致的工程缺陷和损失

B. 承包人遇到不利物质条件

C. 发包人要求向承包人提前交付工程设备

D. 施工过程发现文物

E. 承包人遇到异常恶劣的气候条件

19. 关于安全生产措施费的说法，正确的有（　　）。

A. 发包人应在开工后 28 天内预付不低于安全生产措施费总额的 50%

B. 发包人没有按时支付安全生产措施费的，承包人可以直接停工

C. 承包人对安全生产措施费应专款专用，不得挪作他用

D. 发承包双方在计算应付工程进度款时，应不扣回预付的安全生产措施费

E. 承包人应将安全生产措施费在财务账目中单独列项备查

20. 因不可抗力导致合同无法履行，发包人和承包人均有权解除合同。合同解除后，发承包人应协商确定发包人应当支付的款项，该款项包括（　　）。

A. 合同解除前承包人已完成工程的价款

B. 承包人为合同工程合理订购且已交付的材料和其他物品的价款

C. 发包人要求承包人退货或解除订货合同而产生的费用

D. 承包人撤离施工现场以及遣散承包人施工人员的费用

E. 因合同解除导致承包人的利润损失

21. 按照《建设工程工程量清单计价标准》GB/T 50500—2024 的规定，承包人实施的下列工程及工作中，不予计量的有（   ）。

    A. 承包人为实施新增工程所发生的措施项目

    B. 由于工程变更引致的措施项目变化

    C. 承包人所完成、但不符合合同图纸及合同规范要求的工程

    D. 承包人责任造成的返工

    E. 承包人原因造成超出合同约定工程范围的工程

22. 按照《建设工程工程量清单计价标准》GB/T 50500—2024 的规定，下列关于分部分项工程计量的做法中正确的有（   ）。

    A. 对于单价合同，当清单缺陷引起工程量增减应按规定调整合同价款，其中，以项计价的清单项目也应重新计量及调整价款

    B. 除招标工程量清单中说明为暂定数量单价计价的分部分项工程项目清单和工程变更外，总价合同的分部分项工程项目清单不应重新计量

    C. 总价合同约定的分部分项工程项目清单工程量为暂定数量的单价计价清单项目，应按单价合同的规定计量

    D. 分部分项工程项目清单存在工程量清单缺陷的，总价合同的合同价格不应调整

    E. 单价计价清单项目应依据发包人提供的工程实际施工图纸及颁发和确认的变更指令，按照合同约定的国家及行业工程量计算标准及补充的工程量计算规则进行重新计量

23. 以下工程项目或零星工作可采用计日工计量计价的有（   ）。

    A. 不能依施工图纸、工程变更及合同约定计量规则进行计量的增加工程

    B. 发包人责任事件引致承包人已完成的部分工程的返工

    C. 承包人为实施新增工程所发生的措施项目

    D. 因发包人暂停工程引致工程延期而必须更换的材料设备的费用

    E. 非承包人原因导致的修复被损坏的微小工程

24. 关于工程变更的计量与计价，下列说法中正确的有（   ）。

    A. 采用单价合同的工程，因工程变更或清单缺陷引起分部分项工程的清单工程量增加 15% 以上，发承包双方应结合因增加工程数量引起的人工及材料采购价格优惠的影响而合理下调其合同单价及新增综合单价后，计算相应清单项目价格，调整合同价格

    B. 采用总价合同的工程，因工程变更引致的清单项目或其工程数量变化，合同总价不作调整

    C. 发包人提出的工程变更取消了合同中的某项原定工作或工程，且承包人发生的费用或（和）应得的收益没有包括在其他已支付或应支付的项目中或在任何替代的工作或工程中，发包人应补偿承包人的损失费用及合理的预期收益

    D. 如果合同不利一方未提出调整措施项目费用的，则视为工程变更不引起措施项目费用的变化或合同不利一方放弃调整措施项目费

E. 完成工程变更所需增加的（现场没有的）施工机具，应按合同清单中计日工清单的相关施工机具计价

25. 因工期延误导致工程索赔，发承包双方正确的做法有（　　　）。

A. 因承包人原因延误工期导致索赔，如果承包人支付了误期赔偿费，即能免除承包人应承担的责任和应履行的义务

B. 发生工程索赔事件后，合同任何一方当事人没有采取有效措施导致损失扩大的，应对扩大的损失承担责任

C. 因发承包一方原因导致工期延误，且在延长的工期内遭遇不可抗力的，不可抗力事件造成的损失由责任方承担

D. 在工程竣工之前，合同工程内的某单项（位）工程已通过了竣工验收，且该单项（位）工程接收证书中表明的竣工日期并未延误，而是合同工程的其他部分因承包人原因产生了工期延误时，承包人不需支付误期赔偿费

E. 发承包双方应约定误期赔偿费的计算方法或金额和赔偿费用上限

第18章　工程总承包计价

一、单项选择题

1. 下列情形中，发包人不宜采用设计采购施工总承包，可采用设计施工总承包（EPC）模式进行发包的是（　　　）。

A. 发包人未编制《发包人要求》

B. 发包人以施工图项目进行工程计量或计价

C. 发包人要密切监督或控制承包人的工作，或审查大部分施工图纸

D. 发包人在可行性研究报告批准后发包

2. 设计施工总承包合同的发包人要求中，由发包人负责的数据和资料存在错误，导致承包人的费用增加和工期延误，则下列说法正确的是（　　　）。

A. 承包人承担增加的费用、延误的工期和利润损失

B. 发包人承担增加的费用、延误的工期，并向承包人支付合理的利润

C. 发包人仅承担增加的费用，承包人承担延误的工期和利润损失

D. 发包人仅承担增加的费用和延误的工期，承包人承担利润损失

3. 在可行性研究报告批准或方案设计后实行工程总承包发包的项目，其投资控制目标应根据发包内容，按照（　　　）确定。

A. 投资估算中与发包内容对应的总金额

B. 设计概算中与发包内容对应的总金额

C. 已标价工程量清单中的总价金额

D. 设计概算中与发包内容对应的工程费用总金额

4. 下列费用中不属于工程总承包其他费的是（　　　）。

A. 工程保险费　　　　　　　　　B. 系统集成费

C. 设备安装工程费　　　　　　　D. 工程技术咨询费

5. 按照《建设项目工程总承包计价规范》T/CCEAS 001—2022 规定，在可行性研究或方案设计后发包的，发包人宜采用（   ）为最高投标限价的限额，按照相关规范适当修订后计列。

    A. 初步设计概算中与发包范围一致的概算金额

    B. 投资估算中与发包范围一致的估算金额

    C. 施工图预算与发包范围一致的概算金额

    D. 计价定额与发包范围一致的估算金额

6. 按照《建设项目工程总承包计价规范》T/CCEAS 001—2022 规定，工程总承包采用固定总价合同的，预备费（   ），合同价款不予调整。

    A. 由投标人自主报价

    B. 由发包人按当时当地的市场价格确定

    C. 按当地造价管理机构发布标准计算

    D. 按招标文件中列出的金额填写

7. 在工程总承包中，当承包人文件中存在错误、遗漏、含糊、不一致、不适当或其他缺陷时，但发包人作出了同意或批准，则下列说法正确的是（   ）。

    A. 发包人承担增加的费用、延误的工期和利润损失

    B. 发包人仅承担增加的费用，承包人承担延误的工期和利润损失

    C. 发包人仅承担增加的费用和延误的工期，承包人承担利润损失

    D. 承包人仍应对此问题带来的缺陷和工程问题进行改正，并应承担相应费用和工期延误

二、多项选择题

8. 下列关于工程总承包模式计价方法的说法中，正确的是（   ）。

    A. 总承包人的报价应该包含合同约定的工程范围内的全部费用

    B. 工程总承包以施工图项目作为计量和计价的基础，因此工程量清单计价方式对工程总承包也适用

    C. 采用工程总承包模式发包时，应由承包人负责材料和设备的采购、运输和保管

    D. 工程总承包为固定总价合同的，预备费可作为风险包干费用，归发包人所有

    E. 承包人若需更换材料设备时，应报发包人核准

9. 关于工程总承包项目工程变更及价款调整，下列说法中正确的有（   ）。

    A. 因发包人提出工程变更引起承包人施工方案改变并导致措施项目发生变化时，承包人应事先将拟实施的方案提交发包人确认，并应按规范确定措施项目费的调整

    B. 承包人对方案设计或初步设计文件进行的设计优化，如满足发包人要求，其形成的利益应归发包人享有

    C. 当发包人提出的工程变更因非承包人原因删减了合同中的某项原定工作或工程，承包人有权提出并应得到合理的费用及利润补偿

    D. 承包人需要对发包人要求做出修改的，应以书面形式向发包人提出合理化建议

E. 价格清单中没有适用也没有类似于变更工程项目的，该工程项目应按成本加利润原则调整适用新的费率或价格

10. 下列工程总承包项目中承包人索赔的一般原则中，错误的是（　　　）。

A. 由发包人减少合同内的工作导致的索赔，承包人可以索赔一定的利润

B. 由审批延迟导致的索赔，承包人可以索赔工期、费用和利润

C. 由发包人要求错误导致的索赔，承包人不但可以索赔工期和费用，还可以索赔一定的利润

D. 由发包人对竣工试验的干扰导致的索赔，承包人仅能对成本和工期进行索赔

E. 由发包人提供的技术文件设计深度不够导致索赔，承包人仅能对成本和工期进行索赔

11. 根据《建设项目工程总承包合同（示范文本）》GF—2020—0216，关于工程总承包项目进度款结算和支付的说法正确的是（　　　）。

A. 与按月支付方式相比，里程碑付款方式回收款项的时间不固定

B. 工程总承包合同必须采用里程碑付款的方式进行进度款支付

C. 发包人应按照合同价款支付分解表支付进度款，进度款支付比例不应低于90%

D. 发承包双方对进度款支付不能达成一致时，发包人在争议解决前无需支付进度款

E. 复核已签发的进度款支付证书时发现错误的，发包人和承包人均有权提出修正申请

第19章　国际工程投标报价

一、单项选择题

1. 在国际工程投标报价中，当机械设备所占比重较大、使用的均衡性较差、搁置时间过长而使其费用增大时，机械使用费一般宜采用（　　　）进行计算。

A. 定额估价法 　　　　　　　　B. 匡算估价法

C. 作业估价法 　　　　　　　　D. 概算指标法

2. 某国际工程投标过程中，投标人员在复核工程量时发现土方部分的工程量计算存在较大误差，其应采取的正确做法是（　　　）。

A. 按自己核算的正确的工程量计算报价，并在投标函中予以说明

B. 按照有利的原则选择招标文件的工程量或自己核算的工程量报价

C. 按招标文件的工程量填报自己的报价，并在投标函中予以说明

D. 按招标文件的工程量和自己核算的工程量分别报价并加以说明

3. 国际工程项目招标中，如果业主规定了暂定工程量的分项内容和暂定总价款，且规定所有投标人都必须在总报价中加入这笔固定金额，则投标人对该暂定工程的报价策略是（　　　）。

A. 单价可适当降低 　　　　　　B. 总价应适当降低

    C. 单价可适当提高   D. 总价可适当提高

4. 关于国际工程投标报价的说法，错误的是（　　　）。

    A. 施工企业现场管理费应作为待摊费用分摊在各项综合单价中

    B. 现场试验设施费作为开办费应依据招标文件决定是否单列

    C. 暂定金额由业主工程师决定是否全部或部分使用

    D. 人工费工日基价应按在工程所在国招募工人的平均日工资单价计算

5. 国际工程投标报价时，在工程所在国当地采购的材料设备，其预算价格应包括材料设备市场价、运输费和（　　　）。

    A. 采购保管损耗费   B. 港口费

    C. 样品费   D. 银行手续费

6. 国际工程投标报价时，考虑工程项目的不同特点、类别、施工条件等情况宜采用低价策略的情形是（　　　）。

    A. 支付条件不理想的工程   B. 专业要求高的技术密集型工程

    C. 竞争对手少的工程   D. 施工条件好的工程

二、多项选择题

7. 国际工程投标报价的组成中，应计入现场管理费的有（　　　）。

    A. 贷款利息   B. 现场办公费

    C. 保险费   D. 保函手续费

    E. 固定资产使用费

8. 在国际工程报价中，投标人为了既不提高总报价，又能在结算中获得更理想的经济效益，运用不平衡报价法时，可以适当偏高报价的有（　　　）。

    A. 对工程内容说明不清的工程

    B. 经核算预计今后工程量会增加较多的项目

    C. 因设计图纸不明确可能导致工程量增加的项目

    D. 预计工程量可能减少的项目

    E. 能早日结账收款的工程项目

9. 投标人在国际工程投标的标前会议上的做法，正确的有（　　　）。

    A. 对招标文件中图纸与技术说明矛盾之处，提出己方的修改建议

    B. 提出对业主有利的设计方案修改建议

    C. 对工程内容范围不清的问题请业主做出说明

    D. 对容易产生歧义理解的合同条件，请业主给予解释

    E. 详细阐述己方施工方案的优势和竞争力

第 20 章　工程计价数字化与智能化

一、单项选择题

1. 根据《建筑信息模型施工应用标准》GB/T 51235—2017，施工图预算 BIM 应用的典型流程中，计算工程量的下一步骤是（　　　）。

A. 总价计算
B. 单项计价
C. 创建施工图预算模型
D. 确定工程量清单项目

2. 大数据的"4V"特征的是（　　　）。
   A. 多变性、规模性、合法性、高速性
   B. 规模性、应用性、直观性、边界性
   C. 规模性、多样性、合法性、物理性
   D. 规模性、多样性、高速性、多变性

3. 大数据的一般处理流程为（　　　）。
   A. 数据抽取与集成→数据解释→数据分析→数据应用
   B. 数据收集→数据分析→数据应用→数据解释
   C. 数据分析→数据解释→数据抽取与集成
   D. 数据收集→数据分析→数据集成→数据应用

二、多项选择题

4. 根据《建筑信息模型存储标准》GB/T 51447—2021，组成 BIM 数据模式架构的概念层有（　　　）。
   A. 核心层
   B. 共享层
   C. 专业领域层
   D. 资源层
   E. 应用层

5. 关于人工智能在工程计价中的应用，下列说法正确的是（　　　）。
   A. 人工智能通过自动化的数据处理和机器学习等技术，减少人为误差，优化计价流程
   B. 不利于项目相关方审查和验证结果，降低了计价透明度
   C. 人工智能算法具有透明性，决策过程可解释性强，以便后续工作的解释和审查
   D. 与 BIM 侧重于物理模型不同，人工智能强调数据驱动的决策，促进设计与施工之间的无缝协作，提高了工程计价的整体连贯性与效率，降低项目变更和返工风险
   E. 人工智能完全利用公开数据，不会引发数据泄露，也不会带来任何法律和合规性问题

★★第3篇模拟强化练习答案★★

第13章　建设项目总投资构成及计算

一、单项选择题

1. A;　　2. B;　　3. C;　　4. B;　　5. B;　　6. C;　　7. A;　　8. A;
9. C;　　10. B;　　11. B;　　12. B;　　13. C;　　14. C;　　15. D;　　16. D

17. A、B、C、D;　　18. A、B、D;　　　19. A、B、D;　　　20. A、B、D;
21. B、C、E

第14章　工程计价依据

一、单项选择题

1. D;　　2. D;　　3. D;　　4. D;　　5. D;　　6. B;　　7. D;　　8. A;
9. A;　　10. D;　　11. A;　　12. B

二、多项选择题

13. A、B、D;　　　14. C、D、E;　　　15. A、B、C;　　　16. A、B;
17. A、B、C、D

第15章　设计概算与施工图预算

一、单项选择题

1. C;　　2. D;　　3. C;　　4. B;　　5. D;　　6. C;　　7. C;　　8. C;
9. A;　　10. C;　　11. C

二、多项选择题

12. A、C、D;　　　13. B、E;　　　　14. A、C、D、E;　　15. B、C、D、E;
16. A、C、D、E

第16章　工程量清单计价

一、单项选择题

1. D;　　2. D;　　3. B;　　4. A;　　5. A;　　6. C;　　7. B;　　8. A;
9. D;　　10. B;　　11. A;　　12. B;　　13. D

二、多项选择题

14. A、B、D、E;　　15. B、C;　　　16. B、C、D;　　　17. A、C、D、E;
18. A、C、D;　　　19. A、C

第17章　工程计量与支付

一、单项选择题

1. D;　　2. D;　　3. B;　　4. B;　　5. A;　　6. D;　　7. D;　　8. B;
9. B;　　10. A;　　11. B;　　12. D;　　13. B;　　14. A;　　15. D;　　16. C;
17. D

二、多项选择题

18. B、D;　　　　19. A、C、D、E;　　20. A、B、C、D;　　21. C、D、E;
22. B、C、D、E;　　23. A、D、E;　　24. A、C、D、E;　　25. B、C、E

第18章　工程总承包计价

一、单项选择题

1. C；　　2. B；　　3. A；　　4. C；　　5. B；　　6. A；　　7. D

二、多项选择题

8. A、C、E；　　　　9. A、C、D、E；　　　10. A、B、D；　　　11. A、E

第19章　国际工程投标报价

一、单项选择题

1. C；　　2. C；　　3. C；　　4. D；　　5. A；　　6. D

二、多项选择题

7. B、E；　　　　8. B、C、E；　　　　9. C、D

第20章　工程计价数字化与智能化

一、单项选择题

1. B；　　2. D；　　3. B

二、多项选择题

4. A、B、C、D；　　5. A、B、D